通往东北振兴之路

——金融理论实践与探索

初本德 著

辽宁大学出版社

图书在版编目（CIP）数据

通往东北振兴之路：金融理论实践与探索/初本德著.
-沈阳：辽宁大学出版社，2007.11
ISBN 978-7-5610-5475-8

Ⅰ.通…　Ⅱ.初…　Ⅲ.金融事业-研究-东北地区　Ⅳ.F832.73

中国版本图书馆CIP数据核字（2007）第161535号

出 版 者：辽宁大学出版社
（地址：沈阳市皇姑区崇山中路66号　　邮政编码：110036）
印 刷 者：沈阳市政二公司印刷厂
发 行 者：辽宁大学出版社
幅面尺寸：170mm×240mm
印　　张：14.75
字　　数：260千字
出版时间：2007年11月第1版
印刷时间：2007年11月第1次印刷
责任编辑：胡家诗
封面设计：邹本忠
责任校对：春　礼

书　　号：ISBN 978-7-5610-5475-8
定　　价：35.00元

联系电话：024-86864452
邮购热线：024-86830665
网　　址：http://press.lnu.edu.cn
电子邮件：lnupress@vip.163.com

作 者 简 介

初本德，1953 年 12 月出生，山东烟台人。高级经济师，中共中央党校党史专业硕士研究生。中国人民银行沈阳分行党委副书记、副行长，国家外汇管理局辽宁省分局副局长。《中国外汇》杂志学术委员会编委、中国金融会计学会理事、辽宁省金融会计学会第一届专家委员会主任、辽宁省金融会计学会第三届理事会会长、辽宁省台湾研究会常务理事。

多年来，一直致力于经济金融理论与实践相结合的研究与探讨，在《人民日报》、《金融时报》、《中国金融》和《中国外汇》等国家级报纸和经济类一级刊物上发表论文多篇。出任《国际反洗钱行动与中国外汇领域反洗钱实践》、《振兴东北老工业基地外汇管理实践与探索》、《东北革命根据地货币史》、《振兴东北老工业基地利用外资外汇管理业务指南》和《利用外资管理实务》等书的主编。

2003年-2007年主要工作事迹

1 全国首推财政转贷款外汇管理方式改革；

2 破获辽宁某股份有限公司非法买卖外汇案；

3 2004年6月1日，签订《中国人民银行沈阳分行、辽宁省公安厅、国家外汇管理局辽宁省分局反洗钱合作规定》；

4 连续三年积极争取支持东北老工业基地振兴外汇管理新政策共计30余项惠及东北三省，并获沈阳市市长特别奖；

5 全国率先实现出口网上核销退税无纸化；

6 全国首推银行外汇业务合规经营诚信等级评价试点工作；

7 制定并实施《辽宁省边境贸易外汇管理实施细则》；

8 打击地下钱庄，成功破获辽宁地区2005年"6.16"和"6.21"专案；

9 个人支票和本票系统成功上线运营，填补了辽宁省支付系统空白；

10 全国率先实现外汇管理各项系统异地灾难互备；

序 言

鲁昕

调查研究是谋事之基、成事之道，更是党的思想路线、群众路线的具体体现。加强调查研究工作，提高理论水平可以减少工作的盲目性，增强工作主动性、积极性和前瞻性；可以提高工作质量、水平和效率。做好调查研究，可以推动各项工作更加顺利的开展。

2003年，党中央、国务院做出了振兴东北老工业基地的重大战略决策，为东北经济发展提供了难得的历史机遇。东北地区资源丰富、工业基础雄厚，如何抓住这难得的历史机遇，重振东北老工业基地昔日雄风，成为摆在每位对东北振兴有责任感和使命感的同志面前的一项重大课题。

近年来，为贯彻落实党中央、国务院以及辽宁省委、省政府的各项政策要求，中国人民银行沈阳分行以支持东北老工业基地振兴为主线，立足外汇管理与服务职能，结合实际，本着促进贸易和投资便利化原则，积极研究外汇管理支持东北老工业基地进一步扩大对外开放新举措，争取新政策，并获得了国家外汇管理局的批准，为加快东北老工业基地的全面振兴起到了非常积极的作用。

初本德同志自2003年调任中国人民银行沈阳分行党委副书记、副行长、国家外汇管理局辽宁省分局副局长以来，在沈阳分行党委的领导下，一直不遗余力地致力于支持东北老工业基地振兴各项金融新举措的研究与思考。在沈阳工作期间，他着力贯彻落实科学发展观，求真务实、开拓创新，努力提高思想水平和责任意识，在做好东北老工业基地振兴金融政策支持的同时，推进金融调控各项措施的落实，积极为辽宁省的银行和企业争取金融和外汇管理各项改革试点和新政策，促进地方金融稳定，不断强化金融服务意识，提高金融服务质量和水平，为辽宁省乃至东北老工业基地的全面振兴做出了卓有成效的工作和贡献。

本书集结了初本德同志2003年以来对我国宏观经济热点问题和中国人民银行在中央银行职能调整的新时期工作中所面临的难点和热点问题的深入研究和积极探索，是作者理论研究成果的提炼和实践工作的总结。希望本书的出版能为支持振兴东北老工业基地、发挥中央银行职能作用提供指导和借鉴。

2007年8月

目 录

理论研究篇

实践探索篇

外汇管理部分

热点问题评述篇

理论研究篇

东北老工业基地经济增长的资源禀赋问题研究

一、东北三省的资源禀赋特征

地区经济增长中生产要素的比例构成了该地区的资源禀赋特征。生产要素比例在促进经济增长、发展经济中起到了至关重要的作用，它决定着该地区的发展潜力和国际分工位置。本文就是从分析东北三省的资源禀赋（见下表）特征着手来分析东北三省的经济发展潜力并提出了建议。

东北三省经济增长的资源禀赋对比表

		辽宁省	吉林省	黑龙江省
经济增长率		10%	12.4%	13.6%
GDP 比重		5.1%	2.2%	3.8%
三产比重		10：48：42	20：45：35	12：57：31
		资源禀赋系数值		
土地存量占全国比重		3.3%	3.1%	9.4%
劳动力资源禀赋系数（2002）		0.49	0.69	0.58
劳动力成本为全国倍数（2002）		0.94	0.8	0.8
国有及国有控股工业企业		0.92	0.92	1.24
三资工业企业		1.0	2.6	1.1
资本存量（2002）		处于全国中游水平		
人力资本	知识含量（2002）	2.12	2.05	2.03
	技术含量（2002）	有待提高		
市场化程度（2002）		0.28	0.4	0.43
经济开放度（2002）		0.38	0.15	0.1

资料来源：《中国统计年鉴2003》，东北三省统计年鉴2003，三省人口普查公报等等。

（一）土地资源

这里使用的统计数据是耕地面积。其反映一个地区还可以加以利用的土地存量，这种利用可以是农业上的，也可以是工业征用，也可以是基本项目建设等等。

老工业基地具有得天独厚的自然条件。辽宁省耕地面积为432万公顷，占全国的3.3%。吉林省耕地面积为400万公顷，占全国的3.1%，而且吉林省采取有效措施，保持了耕地总量的动态平衡，耕地总面积年均略有增加。黑龙江省耕地面积达13363.5万亩，占全国耕地面积9.4%，人均占有耕地3.6亩，总面积和人均占有量均居全国第一位。

东北三省耕地面积合起来占到我国耕地总面积的15.8%。这一点决定了三省可以适度发展土地密集型产业。

（二）劳动力资源

可以各地区年底就业人员数这一总量来表示其劳动力丰富程度。资源禀赋系数是国际上常用的一种能够比较准确地反映一个地区某种资源相对丰富程度的计算指标。计算三省劳动力占全国的比重，然后与三省占全国GDP的比重相比，得出的最终数值，称作各省的资源禀赋系数。

计算结果表明，2002年东北三省的劳动资源禀赋系数很高，其中吉林省此项指标值最高，达到0.69，这表明东北老工业基地的劳动力资源是非常丰富的。

（三）资本存量

由于统计资料的问题，使用固定资本存量代替整个资本存量。通过比较发现，辽宁省的资本资源远远超过吉林和黑龙江，排在全国中游水平。2002年辽宁省全社会固定投资额1605.6亿元，占全国的3.7%；黑龙江省全年完成固定资产投资1046亿元，占全国的2.4%。吉林省则仅占全国的1.9%，为834亿元。

（四）人力资本

关于人力资本的测算，仅仅按照不识字、小学、初中、高中、大专以上学历所占从业人员的比重进行比较是不够的，因为百分比指标无法真正体现出存量的概念。

从人力资本的知识含量来看，使用如下的测算方法：定义不识字的从业人员的人力资本存量为0，小学水平为1，初中为2，高中为4，大专以上为8，也就是说，以一种指数的形式增加，然后取各自的知识含量与不同教育水平的从业人员占总体人员的比重的乘积。

通过计算，可以得出，2002年辽宁省、吉林省、黑龙江省人力资本存量分别为2.12、2.05和2.03，三省均高于全国平均1.87的水平。

从人力资本的技术含量来看，东北三省还存在着很大差距。一份有关2000年我国15个副省级城市拥有科技人员情况的报告中指出，沈阳市每万人从事科技活动的科学家与工程师人数为66.87，列15个省市中的第7位。长春为51.42，列第8位，而哈尔滨为33.43人，仅列第14位。据中国科学院2000年提供的研究报告，全国平均每万人拥有科学家、工程师的人数为11.2人，同期北京、上海分别为120.7人、71.8人。综合来看，东北三省的人力资本整体素质还有待提高。

（五）市场化程度

各地区国有和非国有企业的比例来表示市场的开放度。测算方法如下：市场化程度 =（国有企业创造产值/总产值）×国有企业数量比重 +（集体企业创造产值/总产值）×集体企业数量比重 +（外商投资企业创造产值/总产值）×外商投资企业数量比重 +（其他企业创造产值/总产值）×其他企业数量比重，相当于各种企业类型的数量比重作为权数。

通过以上的计算方法，2002年，辽宁省的市场化程度为0.28，吉林为0.4，黑龙江为0.43，同年全国水平为0.3。

（六）经济开放度

衡量经济开放度可以采用贸易依存度和外资依存度(外资占GDP的比重)来表示。使用下列方法测算：经济开放度 = 贸易依存度 + 外资依存度，相当于外贸、外资在整个GDP中的地位，它衡量外来资本、国际市场对该省GDP的贡献程度。

通过计算，2002年辽宁省经济开放度指数为0.38，吉林省为0.15，黑龙江省为0.1。

从外贸额来看，2002年辽宁省进出口额占全国的3.5%，吉林省和黑龙江省分别占全国外贸总额的0.6%和0.7%。

从利用外资来看，东北三省中，辽宁省实际利用外资占全国比重最高，为6.5%，吉林省和黑龙江省均不到全国总量的1%。

事实上，2002年辽宁的进出口中62%是由外商投资企业创造的。这意味着辽宁较高的对外开放度不但与贸易有关，而且也与外国直接投资有关。同期吉林的进出口中47%是由外商投资企业创造的，而黑龙江此项比例仅仅为15%。

比较差距可以看出，黑龙江省有必要继续扩大开放力度，加大引资力度，发挥外来资本的积极作用。当然值得指出的一点是，黑龙江省的情况有些特殊，边境小额贸易比重占到很大比重，约为50%，超过一般贸易40%的比重，而且近年来小额贸易比重还在逐渐提高。

二、东北老工业基地的国际分工选择

地区之间的要素禀赋差异，导致各省在国际分工中的位置不同。对于东北老工业基地这样的地区来说，应当选择什么样的产业参与国际分工才是合适的呢？根据以上所作的统计分析，对三省的资源禀赋特征加以综合整理：一是东北三省的土地资源禀赋处于全国最高水平；二是老工业基地劳动力丰富，劳动力成本较低；三是三省的资本存量居全国中游水平；四是三省的人力资本，尤其是科技人才数量有待提高；五是对外开放度不高，市场开放度高于全国水平。

基于以上几点特征，我认为，东北老工业基地的资源禀赋协调程度很高。具体来说，三省均适宜发展土地密集型产业和劳动密集型产业。三省第三产业的比重较高，说明发展服务业的空间巨大。同时，应该积极对外开放，努力建设外向型经济大省。

（1）对于劳动密集型产业来说，老工业基地发展现代制造业是和本地区资源禀赋相吻合的，三省的经济增长与劳动就业需要有强大的制造业给予支撑。丰富的劳动力资源和低廉的劳动力成本，是发展现代制造业的前提条件，不过三省的劳动生产率差距很大。从企业主体来看，2002年辽宁省国有及国有控股工业企业全员劳动生产率达到60328元/人·年，吉林为60556元/人·年，黑龙江省则高达81365元/人·年，高出辽宁、吉林两省34%。同期三省三资工业企业的全员劳动生产率相差更大，辽宁省和黑龙江省相差不大，分别为83529、87115元/人·年，而吉林省则高达210142元/人·年，居于全国最高水平。由此来看，东北老工业基地中，辽宁省的劳动生产率最低。因此建议：提高劳动生产率应该作为未来辽宁省政府工作的第一要务。根据劳动生产率的量化公式，提高生产率本质上是效率问题，最为关键的就是加强人力资本投资，改善教育体系，增加人力资本的知识、技能存量。

（2）适度发展土地密集型产业。辽宁是我国农产品出口大省。2002年东北三省农产品出口占中国农产品出口总额的15.8%，辽宁占全国的8%。不过东北老工业基地发展土地密集型产品，必须优化出口商品结构，可以考虑加大绿色有机食品的生产。

随着生物技术的发展，转基因食品发展迅速，逐渐被很多国家接受。据《人民日报》报道，已有6种转基因植物被我国批准商品化，其中食品有西红柿、甜椒等。然而，由于目前对转基因食品的安全性尚未做出科学的结论，消费者对食用转基因食品还保持着谨慎态度。同时，绿色有机食品对人类的生命和健康有百益无一害，备受欢迎，因此目前应该加大绿色有机食品的生产和宣传。东北老工业基地劳动力丰富，有机肥料多，气候多样性，再加上传统的栽培技术，可以在绿色有机食品方面大显身手。而这一点，恰恰是美国、加拿大等大国的弱项。

（3）依托港口，发展加工贸易，建设外向型经济大省。加工贸易是一种以“资源换资源”的贸易方式。在发挥地方劳动力资源优势、赚取加工费的同时，加工贸易还带来了我国稀缺的资源和技术。目前三省的加工贸易出口比重还较低，存在着发展的巨大空间。2002年吉林省和黑龙江省外贸依存度仅仅为14%和9%，尽管辽宁省外贸依存度达到33%，但还是远远低于其他省份和同年全国50%的水平。东北三省，尤其是辽宁省要想成为全国乃至世界装备制造业基地和重要原材料工业基地，就必须充分利用国内、国外两个市场、两种资源，进一步扩大对外开放。同时，东北三省应该利用辽宁独特的临港经济，实现三省资源的整合和集聚，经由辽宁省优越的港口集群条件，共同发展。

（写作时间：2003年3月）

改进外汇管理工作　支持东北老工业基地振兴

党的十六大作出“支持东北地区等老工业基地加快调整和改造”的重大战略部署，为东北三省提供了难得的历史发展机遇。为全面贯彻落实振兴东北老工业基地战略，充分发挥外汇管理工作在振兴东北老工业基地中的作用，应积极转变管理思路、更新管理理念、探索管理方式，加大对老工业基地调整、改造和振兴的外汇政策支持力度，加快促进东北老工业基地的振兴。

一、东北三省产业结构及涉外经济基本情况

在经济体制转型和经济结构调整过程中，受历史形成的结构性、机制性矛盾影响，东北地区经济发展遇到了很多困难，主要是产业结构偏向重型化，技术落后；所有制结构单一；城镇失业下岗人员多；资源枯竭地区矛盾突出，没有形成接续产业；投资供给不足，财政拮据。尽管东北地区经济发展面临很多困难，但东北地区仍具备雄厚的发展基础和巨大的发展潜力。在对外经贸方面，对外资具有较强的吸引力，可能成为新的吸引外资的热点地区。2004 年上半年，东北三省实际利用外资已达 28.56 亿美元，比上年同期增长 31%，占全国的 9%，增幅高于全国增速近 20 个百分点。外商直接投资主要集中在制造业，所占比重一直保持在 65% 以上，反映出东北地区对外资尤其是国际制造产业具有较强的吸引力。东北三省政府在发展规划中都提出了要形成全面开放的格局。因此，三省的外汇管理工作也应围绕东北地区外经贸的特点和当地政府的发展规划，研究新问题，制定具体措施和服务重点。

二、支持振兴东北老工业基地外汇管理新政策的落实情况

（一）根据企业实际需要，调整经常项目外汇账户限额

2004 年 3 月以来，三省分局组织辖内各分支局对经常项目外汇账户

使用情况进行全面检查和清理。根据境内机构经常项目外汇收支的实际情况，分档次重新核定经常项目外汇账户限额。在实际工作中，三省分局对大型国有和三资企业，给予重点关注，根据企业的实际需要，适当调高这类企业经常项目外汇账户限额，在一定程度上降低了企业的汇兑成本，得到了企业的一致好评。像华晨宝马汽车有限公司这样进口量较大的企业，新的账户限额核定方法能基本满足其对账户限额的需要。自新政策实施到2004年6月底，三省共有经常项目外汇账户14024户，账户限额35.5亿美元，账户余额8.2亿美元。新的账户限额核定方法也更加科学，特别是取消地区总限额限制，更有利于外汇管理局根据地方实际情况调整经常项目外汇账户限额。目前反映出来的经常项目外汇账户管理政策需进一步调整的问题主要有：一是部分企业反映强制结汇期限过短，不便于企业充分、合理使用超限额外汇资金；二是全额收汇企业范围需进一步扩大；三是账户限额调整较为频繁，增加了外汇局管理成本；四是一些大型国有企业集团的调研中发现，大型企业集团的境内母公司及子公司之间的经常项目外汇资金，不能通过彼此的经常项目外汇账户进行划转，影响大型企业外汇资金的集中管理。

（二）区别对待，解决国有外贸企业改制核销问题

为解决国有外贸企业改制所引发的核销问题，即改制企业名称发生了变化导致出口单位与收汇单位名称不一致而无法核销。针对本地区的实际情况，制定了具体的核销操作细则。通过审核改制企业出口合同及相应核销单据，为辽宁新艺有限公司、黑龙江省龙宝机械进出口公司等改制企业办理了“境外收汇过户”手续。

（三）制定对朝边境贸易外汇管理实施细则，解决边贸结算问题

经过辽宁、吉林口岸的对朝贸易占全国对朝贸易的80%以上，由于中朝双方银行没有建立直通式结算关系，对朝贸易主要通过第三国和以外币现钞或人民币结算。汇路不畅导致外币及人民币现钞被大量用于贸易结算，利用非居民和居民个人账户频繁从事贸易结算的现象十分突出，产生了出口收汇核销难的问题。为促进中朝边境贸易健康发展，辽宁省分局与吉林省分局在深入调研和充分论证的基础上，制定了《辽宁省边境贸易外汇管理实施细则》，使对朝边贸结算渠道不畅等问题都有了具体的解决方案。该细则的实施，将有利于解决当前中朝边贸结算渠道不畅及进出口收付汇核销难问题，有利于促进对朝边境贸易发展。

（四）扩大简化对俄边贸进口异地付汇备案手续的试点范围

进一步扩大简化对俄边贸进口企业异地付汇备案手续的试点范围，为边贸企业发展提供绿色通道。在各地区试点工作进展状况良好的情况下，黑龙江省分局又将试点范围扩大到黑龙江省其他口岸地区。该政策的实施极大地支持了黑龙江省边境地区经济发展。目前，简化对俄边贸进口异地付汇备案手续的试点范围从黑龙江省扩大到吉林省和辽宁省。

（五）增加中俄边境地区银行外币兑换点，积极推进本币结算试点工作

截至2004年5月末，中俄边境地区共有按浮动汇率办理美元兑换业务的银行外币兑换点14家，办理现钞结汇业务11920万美元。外币兑换点在解决口岸边贸出口携入外币现钞结汇，提高出口收汇核销率方面发挥了积极的作用。在增加外币兑换点的同时，黑龙江省分局组织、协调绥芬河、东宁两口岸的8家银行签订了《绥芬河、东宁两地银行业外币兑换业务浮动汇率协议定价联席会议制度》，使外币兑换点汇率能够更加及时、敏感地反映市场需求，扩大兑换业务量，并且保证了边贸地区汇率的相对稳定，避免了银行间的恶性竞争。此外，黑龙江省分局积极推进本币结算试点工作。黑河中、农、建三家银行与俄方四家银行签署了互设本币账户协议，并开办了本币结算业务。边贸本币结算业务的开通，对规范边境贸易结算、降低边贸企业结算成本、支持边境贸易发展发挥着重要作用。目前，中俄边贸中仍然存在的问题是：中俄两国本币在边贸结算中未起到应有的作用，功能有待完善；外币兑换点只买不卖，功能未能得以完全发挥。

（六）积极稳妥做好境外投资外汇管理改革试点工作

2003年以来，境外投资外汇管理改革力度不断加大，国家外汇管理局连续出台了一系列改革措施。为支持东北老工业基地振兴，国家外汇管理局批准辽宁、吉林、黑龙江三省分局进行境外投资管理改革试点。

随着境外投资管理改革的实施，东北三省境外投资出现了快速增长势头。辽宁省2003年通过境外投资资金来源审查的中方投资总额5728万美元，其中外汇投资5618万美元，几乎相当于2002年以前境外投资中外汇投资的总和。2004年前6个月，辽宁省分局共办理境外投资外汇登记金额4630万美元，批准投资外汇汇出646万美元。黑龙江省截至2004年7月，办理境外投资外汇登记金额3188万美元，批准投资外汇汇出792万美元。虽然目前吉林省暂时没有发生大的投资项目，但吉林省分局已经主动与省商务厅等有关部门取得联系，协同鼓励和支持境外投资，引导投资者及时到外汇管理部门进行登记，取得合法地位，降低资金风险。同时制定了《吉林省境外投资外汇管理改革试点暂行办法》，并获得总局批准。

东北三省境外投资呈现新的特点：一是实物投资大幅度下降。境外投资外汇年检数据显示，2002 年以前，境外投资中的实物投资占到 50%，2003 年后，随着境外投资用汇政策的放宽，境外投资中实物投资部分只占了 1.5%。二是外汇投资占了绝对比重。在外汇投资中使用银行外汇贷款投资占到 93%。主要原因是境外投资用汇政策比以前更加灵活，投资主体可以根据需要在不同的外汇资金来源中进行选择。三是境外投资呈现集团化、规模化。如 2003 年以来，辽宁省 4 个超过 1000 万美元的大型境外投资项目的投资总额几乎超过了过去境外投资的总和。境外投资一改过去小规模、低档次的投资策略，演变为大规模、集约式的投资模式。东北三省境外投资虽然取得了一定的发展，但在实施“走出去”战略上仍处于初级阶段。目前三省境外投资存在的主要问题：一是境外投资审批管理不对称；二是企业实际投资能力需要进一步培养；三是某些“走出去”的企业因受资金的困扰难以做大做强。

（七）指导企业进行债务结构调整，防范外汇资金风险

东北三省分局积极主动开展工作，指导企业进行债务结构调整。辽宁省分局辖区内外汇管理部门积极指导和督促重点外债企业尽快制定外债风险管理制度，帮助企业调整外债结构方案，使外债风险管理规范化、制度化。同时，要求银行在债务重组中适应需求，主动营销，通过债务置换改善银行资产质量，拓展银行业务。在此期间，辽宁省共有 7 家企业计 8 笔外债进行了债务结构调整，总计金额 54947 万美元，占全省外债总余额的 9%。债务调整后可为企业节省财务成本预计 28879 万美元。吉林省分局根据企业外债统计监测指标，给予企业有关外债风险提示，指导企业进行债务结构调整。黑龙江省分局指导企业利用债务置换，积极实现银企双赢，截至 2004 年 5 月底，共办理债务置换 4.2 亿美元，为企业节约财务成本约 1.9 亿美元。东北三省企业债务调整呈现以下特点：一是债务调整项目多为大型基础设施和交通能源项目。20 世纪 90 年代上马的交通、电力、城市供水项目多是利用亚洲开发银行贷款，具有金额大、利率高、期限长等特点，这些项目现已陆续进入还贷高峰期；二是置换的债务类型全部是外债转贷款；三是外债调整多以国内外汇低利率贷款置换高利率的国际商业贷款。

（八）加强合作，维护地区金融安全

为给东北老工业基地振兴提供安全的信用环境，辽宁省分局与辽宁省公安厅联合起草并下发《辽宁省公安厅、国家外汇管理局辽宁省分局外汇领域反洗钱合作规定》，制定了《银行外汇业务诚信等级评价办法》和《银行外汇业务诚信等级评价办法考核评分标准》；吉林省分局会同吉林省公安厅和人民银行成立了吉林省打击外汇领域违法犯罪活动联合办公室，在全省范围内组织开展联合打击外汇领域违法犯罪活动；黑龙江省分局与公安、工商、海关、商业银行等部门联合组成推进组到中俄边境地区，加强检查和指导工作。

三、在外汇管理工作中发现的新问题

（一）利用外资改组改造国有企业中存在的管理问题

充分利用跨国资本改造老工业基地产业结构是东北三省产业结构调整的重要途径，也是东北老企业将外资并购作为吸引外资的主要方向。从东北三省外汇局的验资询证数据看，外资并购股权登记仅占验资询证总额的2%，说明外资并购在东北三省还有很大的发展空间。目前，外资并购中外汇管理存在的主要问题是由于历史原因及溢价、折价造成的并购价格无法确认等问题，给外汇管理工作带来困难。

（二）财政转贷款审批环节多、数据统计失真

2004 年东北三省积极向国家财政部申请利用世界银行、亚洲开发银行等国际金融组织贷款项目，争取贴息贷款（最低贴息到零利率）的优惠政策。因此，如何对财政转贷款进行有效管理是各相关管理部门面临的一个主要问题。比较而言，管理模式与国内外汇贷款情形相似的财政转贷款，却仍旧沿用十多年来的老做法，管理的局限性日益凸显：一是统计口径不一致，造成外债底数不清；二是登记、开户、结汇手续烦琐。

（三）进出口核销中存在的问题

一是进出口差额核销手续有待进一步简化。由于商品价格在国际市场波动较大和质量原因造成的差额核销手续复杂问题比较突出；二是对进口量比较大、异地进口付汇等进口付汇核销管理方式有待进一步简化。

（四）境外承包工程外汇管理存在的问题

近年来东北三省境外承包工程和劳务输出规模不断扩大，2003 年新签国际工程承包合同额 4.37 亿美元，劳务输出 3932 人/次，境外工程承包项目质量和水平进一步提高。由于境外工程承包期长，企业在境外所采购的设备或是带出境的设备在投入使用后，需等到工程结束才能作出相应处理，加上相应外汇管理法规制定的滞后，给境外承包工程的外汇管理工作带来困难，存在难以核查进口付汇的真实性，现金收汇及不能全额收汇造成的核销难等问题。

（五）预算外出国用汇标准有待提高

随着东北地区对外经济合作的扩大，招商引资、经贸洽谈、境外展览等活动日益增多。据辽宁省分局粗略统计，辽宁省预算外因公出国人员用汇月均140多万美元，人数为600多人次，预算外因公出国用汇量占因公出国总用汇量的85%以上，并有逐年扩大的趋势。目前，预算外单位因公出国用汇存在的主要问题是供汇标准偏低，供汇项目少。

（六）保税区外汇管理存在的主要问题

大连保税区是东北三省唯一的一个保税区，2003年大连保税区实现工业总产值47亿元，合同利用外资额5.15亿美元，实现进出口总额17.5亿美元，自营出口7亿美元。世界500强的跨国公司已有14家进驻保税区，这些企业的入驻，吸引了大连乃至东北地区的一些中小企业与其进行配套，保税区在地方经济发展中起的作用越来越大。而目前对保税区企业的购汇限制、区内企业向区外企业预付货款被禁止及保税区企业之间及保税区之间支付没有明确规定等问题阻碍了保税区企业的发展。

（七）保险外汇市场业务量与对外经贸发展水平不相配

目前辽宁省有10家、吉林省有5家、黑龙江省有4家主体保险公司开办了外汇业务，外汇保费收入只占本币保费收入的1%，外汇保险业务以财产险为主，占外汇保险保费总收入的99%。东北三省外汇保险业仍处于起步阶段，与国内发达地区相比还有很大差距。东北三省外汇保险业务量小、发展缓慢的主要原因，一方面保险公司自身经营观念落后，缺乏明确的发展战略和国际竞争力；另一方面是东北三省外汇保险业务的实际情况与现行外汇管理政策存在矛盾。主要反映在普遍存在以外币签订保单但收取人民币保费、收取外币现钞无法存入外汇账户及境内居民个人不能购汇支付境内保险公司外币保费等问题。

（八）边境地区跨境投资问题

辽宁、吉林两省边境跨境投资主要针对朝鲜，黑龙江省边境跨境投资主要针对俄罗斯。跨境投资者主要为边贸企业和个人。所投资行业主要是采矿业、木材加工业、农业种植、商业和饮食服务行业，投资规模比较小，如截至2003年底，丹东地区以各种形式在朝投资企业约100家，投资总额100万美元。目前东北边境地区跨境投资存在投资审批手续烦琐、自然人跨境投资政策存在空白及人民币不能直接作为跨境投资货币的问题。

（九）会计师事务所等中介机构行为亟待规范

会计师事务所等中介机构存在出具虚假验资报告、验资未作询证等违规行为。

四、支持东北老工业基地振兴外汇政策建议

东北三省具有基本相同的历史和文化传统，经济和社会发展水平的差异不大，资源和产业结构具有很强的互补性，而且都面临相似的问题和困难，也具有实施统一政策、解决同样问题的条件。因此，在支持东北老工业基地振兴中，应按照原则性与灵活性相统一的思路，积极稳妥地开展工作。

（一）进一步放宽经常项目外汇账户管理，逐步推进经常项目账户改革

进一步放开对经常项目账户的限额和划转限制。适当延长企业超限额后强制结汇的期限，进一步扩大全额保留外汇收入的企业的范围，放宽经常项目资金在境内的划转限制，支持国有大型企业集团的发展。

（二）灵活解决外资购买国有股权转让价格的确认问题，促进外资并购

本着可操作性、灵活性、安全性的原则，将资产评估结果作为确定股权转让价格的基础。对于在兼并收购时出现溢价或折价导致合并后的企业注册资本出现变动的情况，确定一定的浮动区间，灵活解决外资购买国有股权转让价格的确认问题，并在利润汇出环节加强管理，维护国有资产安全。

（三）按照“三统一”的原则，改革财政转贷款管理方式

建议在东北地区实行对省级财政部门财政转贷款的一级管理，将外汇局的全部监管环节由事前转变为事后，通过银行实现转贷资金借用、偿还以及账户的间接监管。

（四）通过总量核销和提高差额标准进一步简化进出口收付汇核销手续

通过评定出口收汇企业的信誉等级，适当增加自动核销企业的数量，扩大总量核销企业的范围和提高差额核销基点来进一步简化进出口收付汇

核销手续。

（五）推进境外投资外汇管理改革，加大对境外投资项目支持力度

通过统一规划和完善境外投资审批管理体系，适当放宽境外投资企业与境内投资者之间的资金管制，加大对境外投资的支持力度。

（六）适当放宽境外承包工程核销标准，积极支持“走出去”战略

尽快完善或专门出台境外承包工程外汇管理法规，在政策的制定中应注意增大政策的弹性空间，对于境外工程项下的进口，可根据工程进度情况，给予一定的宽限期，实行总量核销管理。

（七）继续完善东北地区边境贸易管理办法

建议通过调整完善现有边贸人民币流通管理政策，放宽边境地区人民币出入境限额，并建立携带人民币出入境的全额统计报告制度，来完善对朝边贸外汇管理。通过发挥现有政策的作用，加强中俄银行间的合作，建立区域性的中俄合资银行，完善外币兑换点售钞业务管理来完善对俄边贸外汇管理。

（八）提高预算外出国用汇标准、扩大供汇项目

适当提高预算外因公出国用汇标准和项目。对公杂费、不可预见费界定参照标准，便于银行操作。增加供汇项目，如城市区间交通费、商务活动费、招待费、宴请费、参展费等方面费用项目。

（九）进一步完善保税区外汇管理

建议在保税区实行收付汇核销制度，解除对保税区企业的购汇限制，允许区内企业向区外企业预付出口货款，促进企业扩大出口。并对保税区企业之间及保税区之间支付方式尽快作出明确规定。

（十）拓展外汇保险业务

建议对货运险保费项下的小额换汇设定限额，对于以人民币收取保费的，保险公司可以按季度购汇存入外汇账户；对于以外币现钞收取保费的，允许开立外汇现钞账户或钞转汇存入保险公司外汇账户。并通过扩大人身险投保人主体范围，允许境内企业或居民个人购汇支付境内保险项下外币保费。

（十一）采取有效措施规范中介机构行为

建议采取通报制度、执业资格认定制度等来规范中介机构行为。

（十二）加强各方面政策的衔接和各部门的配合

外汇管理部门应该加强与“上游”管理部门的信息交流，加强各方面政策的衔接，应建立特定的业务管理磋商机制，如对类似股权转让和资产并购管理等业务互相征求意见，达成共识，缩小部门间管理目标的差异，提高各部门处理问题的协同性。

（十三）全方位展开宣传，增强社会公众对管理政策的认知度

在宣传的层面上，既要以总局为主，各分支局也要给予充分的重视。在宣传对象上，除通过互联网、媒体等对全社会进行广泛宣传外，还应把宣传重点放在各外汇指定银行和中介机构上。一方面义务对各外汇指定银行和中介机构从业人员进行培训；另一方面拨出专项经费用于在外汇指定银行窗口进行对外宣传。

（写作时间：2005 年 3 月）

附：

本文节选自笔者在2007年6月25日在沈阳召开的振兴东北老工业基地外汇政策通报会议上的讲话。笔者自2003年10月担任国家外汇管理局辽宁省分局副局长以来，一直致力于振兴东北外汇管理政策效果的研究与落实，本文全面总结了自国家实施东北老工业基地振兴战略以来，辽宁省分局的主要工作、政策效果和工作措施。

进一步加大外汇政策支持力度
努力开创支持东北振兴工作新局面

同志们：

这次会议的主要任务是：贯彻落实全国金融工作会议、中国人民银行总、分行工作会议和全国外汇管理工作会议精神，通报沈阳分行暨外汇管理部门支持东北老工业基地振兴新举措，安排部署新政策实施工作。下面我讲三个问题。

一、沈阳分行暨辽宁省分局在支持东北老工业基地振兴方面所做的主要工作

国家实施东北老工业基地振兴战略以来，人民银行沈阳分行暨国家外汇管理局辽宁省分局在总行、总局和辽宁省委、省政府的领导下，积极采取各种措施支持东北老工业基地振兴。一是2004年向总行和国家外汇管理局上报关于支持东北老工业基地振兴的金融政策措施，获得总行和总局的政策支持后，又于2006年向国家外汇管理局上报了《关于支持东北老工业基地进一步扩大对外开放外汇政策措施意见和建议》，得到了总局批复，新政策的实施得到地方政府、外汇指定银行和企业的充分肯定，政策效果已初步显现。如，为产权交易机构开立了“托管与结算外汇账户”；增加了辖区外资银行短期外债指标；规范境内居民通过设立特殊目的公司融资及返程投资，支持了非公有制经济和高新技术企业的发展；下放审批权限，支持企业多渠道、多方式境外投资。2006年共批准沈阳机床集团

等63家企业境外投资外汇资金来源审核，登记中方投资额2.7亿美元，同比增长175%。核准鞍钢集团997万美元作为开发境外矿产资源前期费用。批准葫芦岛有色金属集团公司2006年境外期货套期保值风险敞口额度增加到800万美元。实施财政转贷款外汇管理方式改革试点成效显著，截至2006年末，辽宁省财政转贷款余额为5.6亿美元，占全省外债转贷款总额的24.2%。沈阳分行还针对辖区实际制定了《关于加快信贷方式创新 支持东北三省经济发展和老工业基地振兴的指导意见》，这些政策措施为东北老工业基地振兴提供了坚实有力的支持。二是合理运用金融稳定再贷款等手段，处置了东北地区比较突出的“两债”风险和地方性中小金融机构风险，三省人民银行共投入资金89.3亿元。至2006年末，基本化解了“两债”风险，三家高风险金融机构完成了市场退出，十一家金融机构处置工作进展顺利，为老工业基地振兴营造了稳定的金融环境。三是加强窗口指导和信贷政策指导，引导金融机构重点支持了三省装备制造、原材料加工、医药、汽车、高新技术等支柱产业的发展。增强对中小企业、就业、助学、农业等薄弱环节的信贷支持，三年共发放国家助学贷款16.7亿元、下岗失业人员小额担保贷款24.3亿元，投放支农再贷款497亿元。四是切实改进外汇管理，率先在东北地区实施了一系列外汇改革试点工作，促进了贸易和投融资的便利化。五是金融基础设施的改善和现代化金融服务手段的广泛应用，为支持东北老工业基地振兴注入了新的活力。

经过不懈努力，东北地区经济和社会发展加快，发展活力明显增强，振兴东北老工业基地迈出坚实步伐。一是经济持续稳定增长，产业结构得到改善。2006年三省地区生产总值比2003年增长42.8%，三次产业结构比例更加协调。工业结构调整步伐加快，一批重大项目顺利实施，优势产业拉动作用明显。二是对外开放迈出新步伐，对外贸易保持较快增长。2006年，三省进出口总额、实际利用外资额和境外投资额分别为692亿美元、71.5亿美元、5.7亿美元，比2003年分别增长82%、92%、795%。三是金融运行环境明显好转。2006年末，三省金融机构存、贷款分别比2003年末增长43.9%、30.7%；主要金融机构不良贷款率下降至17.4%；实现盈利45亿元，比2003年末减亏增盈170亿元。

上述成绩是在全省各级政府及有关部门、各金融机构和企业的大力支持和密切配合下取得的，特别需要指出的是，沈阳分行暨辽宁省分局每一次支持东北老工业基地政策的出台都得到了辽宁省委、省政府及有关部门的高度重视，省委、省政府的领导同志多次给予重要批示和大力支持，特别是近期省政府负责金融工作的副省长鲁昕同志，省委常委、沈阳市委书记陈政高同志分别在沈阳分行、辽宁省分局报送的《专报函》上又做出了重要批示。借此机会，我谨代表人民银行沈阳分行暨辽宁省分局全体同志对省、市领导及有关部门、各金融机构、各家企业多年来对沈阳分行暨辽宁省分局工作的大力支持表示诚挚的感谢！

二、加大支持东北老工业基地振兴工作力度所采取的措施

在振兴东北老工业基地的过程中，东北地区与发达地区的发展水平还有较大差距，制约经济发展的体制性、机制性和结构性矛盾尚未得到根本解决，经济增长方式粗放，企业融资观念滞后，融资渠道单一，就业和再就业压力依然很大。面对上述问题，在全国经济社会处于较快发展阶段的大背景下，支持东北老工业基地振兴工作显得更为迫切和重要。2007 年初，全国金融工作会议和人民银行工作会议之后，人民银行沈阳分行要求辖内各级人民银行要切实从贯彻落实科学发展观、促进构建和谐社会的高度来充分认识支持老工业基地振兴工作的重要性，紧紧把握辽宁省委、省政府“十一五”规划的目标和思路，提出努力做好十个方面工作：

一是要组织力量积极开展调查研究，针对当地经济社会的实际情况，制定符合实际的、具有可操作性的支持老工业基地振兴工作措施。二是加强政策研究，及时对符合地区实际、具有普遍指导意义的经验做法进行理论总结，形成政策措施向上级行提出建议，进一步指导和推进工作。三是要大力推动金融生态建设，促进社会信用持续好转。四是运用各种有效形式，加强金融知识的宣传和普及工作，促进社会及地方党政关注、了解金融，重视和科学运用金融手段。五是要创新工作机制，研究建立与地方政府各部门、各金融监管机构、各金融机构间不同层次、不同内容的协商与沟通制度，定期分析形势、交流信息、通报政策、反馈意见，形成支持老工业基地振兴的合力。六是要综合运用信贷政策、风险提示等方式引导金融机构按照产业政策支持经济增长和产业结构调整。七是要引导企业树立面向市场融资的观念，通过推动企业利用发行短期融资券等方式，大力促进直接融资。八是密切关注系统性金融风险，继续做好辖内高风险金融机构处置工作，为老工业基地振兴提供安全稳定的金融环境。九是要继续深入贯彻国家外汇管理局关于支持东北老工业基地进一步扩大开放的外汇管理政策措施，支持外资有序流入，大力实施“走出去”战略。进一步完善中朝、中俄贸易外汇管理，推进边贸健康快速发展。十是要加强金融基础

设施建设，充分发挥支付结算、国库、货币发行等工作的金融服务功能，大力发展金融信息技术，推动和支撑业务创新，提高金融服务水平和效率。

按照沈阳分行党委统一部署，2007 年 3 月，国家外汇管理局辽宁省分局联合吉林、黑龙江省分局及大连市分局，针对企业新的政策需求，在深入调研和论证的基础上，本着深化外汇管理体制改革，促进贸易和投资便利化的原则，提出具体措施意见，形成《关于进一步支持东北老工业基地振兴外汇政策措施的意见和建议》。三省一市分局负责人专程赴京汇报了相关情况。总局对三省一市分局的请示给予高度重视，立即组织各业务司积极研究并很快给予了批复。5 月 30 日，国家外汇管理局对辽宁省分局下达《关于进一步支持东北老工业基地振兴外汇政策措施的批复》(汇复[2007] 169 号)，从八个方面批复 11 条政策措施，标志着国家支持东北老工业基地振兴新一轮外汇政策即将实施。

新政策的实施将给辽宁乃至东北地区企业贸易和投资提供更多便利，有利于企业降低经营成本，加快资金周转，有利于企业“走出去”，有利于银行改进管理和服务，有利于外汇局提高监管效能。与原有政策比较，各项新政策将给企业带来多方面的好处：一是改进管理方式，企业可网上申请办理直接投资项下核准业务；简化外商投资企业外汇变更登记手续；放宽对非金融机构法人担保的限制条件，为外商直接投资提供便利。二是扩大企业境外投资项下自主用汇，不设购汇额度限制，企业在资金使用上具有更大的灵活性和选择性，有利于多渠道开展境外投资，推动企业跨国并购的发展。三是鼓励境外上市公司采取上市股票认股期权及员工持股计划等激励机制，境内个人在履行必要的核准、登记手续后，可进行符合国家规定的境外投资，有利于促进资金有序流出。四是放宽个人财产对外转移审批权限。由现行的个人财产对外转移分局审批权限为 50 万元人民币以下，上调至 100 万元人民币以下。五是改进境外承包工程进口付汇核销管理方式，采取更符合企业实际情况的不收汇方式核销，解决以往境外工程项下逾期未核销的难题，解决承包工程项下进口付汇未核销问题，降低采购成本，便利资金调度，提高资金周转率。六是简化货代、船代和物流企业购付汇手续，采取符合这类企业特点和与国际接轨的付汇方式，有利于企业加速资金周转，节约人力和交易成本，促进大连等地国际运输业发展，支持大连东北亚航运中心建设。七是改进保税监管区域外汇管理，允许保税监管区内企业的资本项下和经常项下外汇支出使用自有外汇或购汇支付，简化出口加工区企业结汇管理，为保税监管区域的发展提供了新的契机。

三、对贯彻落实新政策的几点意见

按照全国金融工作会议、中国人民银行总行及分行工作会议和全国外汇管理工作会议部署，人民银行和外汇管理系统要从支持东北老工业基地加快振兴和进一步扩大对外开放的政治高度进一步统一思想，提高认识，增强责任意识和大局意识。要继续以深入贯彻落实《关于促进东北老工业基地进一步扩大对外开放的实施意见》（国办发［2005］36号）为主线，紧紧围绕省委、省政府“十一五”规划目标和思路，按照沈阳分行支持振兴工作统一部署，充分发挥中央银行职能作用，结合本单位、本地区实际，本着“推改革、促流出、重监管、抓手段”的总体思路和“安全、规范、和谐、创新”总体要求，以创新的思维、创新的举措，不断加大对老工业基地振兴的支持力度，努力开创央行支持东北振兴工作新局面。

近期将要实施的新政策是总局从支持东北老工业基地进一步扩大对外开放的政治高度，顺应区域经济发展需要给予的又一轮政策支持，体现了总局对东北振兴政策环境的高度重视，我们要深刻认识总局《批复》的重大意义，结合各地实际，认真贯彻落实好新政策。近期我们要做好以下几方面的工作：

第一，建立健全管理制度和办法，积极组织实施新政策。各市分支局要按照辽宁省分局正式下发的《关于进一步支持东北老工业基地振兴外汇政策措施实施细则》，迅速组织所辖外汇局、银行和企业学习和实施新政策。同时要按照新政策内容，重新修订和完善有关内控制度和操作规程，加强内部管理，确保新政策顺利实施。

第二，扩大政策宣传和培训，做好实施效果反馈。各分支局要及时采取有效方式，使政府部门、企业、银行及社会公众全面了解掌握新政策，尽快将政策资源转化为现实生产力。各市分支局要注意跟踪总结各项新政策实施中的经验和存在的问题，及时研究改进意见和建议上报省分局。

第三，对这次新政策涉及的试点内容，有关分支局要进一步细化实施方案，加强与总局、省局的沟通，及时总结上报试点工作开展情况，注意做好相关业务的跟踪检查和风险防范。同时，各分支局要深入开展支持东北老工业基地接续性政策研究，及时对符合地区实际、具有普遍指导意义的经验做法进行总结，形成政策措施向省分局报告。

第四，各外汇指定银行要积极配合外汇管理部门做好新政策的组织实施。银行是为市场交易主体服务的前沿部门，随着外汇体制改革不断深化，银行需要承担越来越多的代位监管职责，在确保各项外汇政策正确执行的起始环节发挥着不可替代的决定性作用。严格遵守和执行外汇管理政策规定，是各外汇指定银行的一项义不容辞的责任。为确保新政策的实施，请各家银行认真组织分支机构开展相应的学习和培训，围绕《实施细则》内容，修订内部操作规程和管理办法，指导企业正确履行新政策赋予的用汇便利，积极配合外汇局做好事后核查和监管，同时注意反馈新政策执行效果、遇到的问题和改进建议。

第五，用好用足新政策，促进企业快速发展。新一轮政策的实施体现了国家对东北老工业基地外向型经济发展的高度重视和大力支持，各家企业要珍惜来之不易的有利条件，借助政策优势大力推进本企业进出口贸易和投融资业务的快速发展，最大限度地发挥新政策效能，同时要配合银行和外汇局做好有关外汇业务的核查和监管，共同维护和营造优良的政策环境和市场秩序。

同志们，加速推进东北老工业基地全面振兴是历史赋予我们的使命，人民银行沈阳分行暨国家外汇管理局辽宁省分局全体同志一定要在总行、总局及省委、省政府的领导下，增强工作使命感和紧迫感，认清形势，转变观念，奋发进取，开拓创新，在有关方面的支持和配合下，认真贯彻落实新一轮支持东北老工业基地振兴政策措施，努力把各项工作提高到一个新水平，以支持辽宁全面振兴的出色成绩迎接党的“十七大”胜利召开！

谢谢大家！

本文节选自笔者在中共中央党校学习期间的硕士毕业论文。当时恰逢党的十六大提出“整顿和规范市场经济秩序，健全现代市场经济的社会信用体系”的战略任务。社会信用体系建设成为社会各界和专家学者热烈讨论的题目，论述社会信用体系的文章和书籍也丰富起来，并取得初步成果。但在当时从一个专业监管部门开展社会信用体系建设的角度出发，专门集中讨论我国外汇市场信用体系建设的论文很少看到。笔者在国家外汇管理局工作多年，参与了国家外汇管理局外汇市场信用体系建设课题的研究工作，在参与外汇市场信用体系建设的设计和讨论过程中形成了一些自己的理论观点和政策建议。这篇论文填补了当时外汇领域没有信用体系建设方面的理论空白。

中国外汇市场信用体系建设研究

第一部分　中国外汇市场信用体系建设的现状

一、中国外汇市场信用体系建设的特点及地位、作用

随着涉外经济的发展和对外交往的扩大，中国涉汇经济主体越来越多，外汇市场在整个社会主义市场体系中的地位日益重要，为促进中国对外贸易发展、外商直接投资和国际经济往来发挥着积极作用。截至 2002 年底，在中国共有中、外资外汇指定银行近 200 家，外商投资企业 43.6 万家，2002 年全年外汇市场(含结售汇市场)交易量为 5432.7 亿美元①。

相对于金融市场的其他组成部分而言，除在国内市场经济体系中占有重要地位以外，外汇市场信用还呈现出国际性的特点。中国涉汇企业在国际贸易和劳务往来中是否严格按照合同支付款项，外汇指定银行在国际资金融通和跨境资金收付是否按国际惯例合法合规经营等，这些经济主体的

① 数据来源于《中国外汇管理年报 2002》，国家外汇管理局印制，第 6 页。

信用交易记录，不仅是国际金融组织、国外政府和国际著名评级机构判断中国涉外经济主体资信状况的主要依据，也是判断中国国家主权信用级别的重要依据。这些信用评级，不仅直接影响中国企业和政府部门在国际资本市场上的融资成本，而且还会影响中国政府在国际经济和国际政治舞台上的形象与地位。

二、中国外汇市场信用体系建设的现状

（一）已开展的工作

在总结多年来打击外汇非法交易等外汇违法违规行为的经验基础上，国家外汇管理局明确提出建设外汇市场信用体系是整顿和规范外汇市场经济秩序的治本之策。建设外汇市场信用体系不仅是社会信用体系建设的一个重要组成部分，而且也是国家外汇管理局整顿和规范外汇市场经济秩序的治本之策和国家外汇管理局的一项重点工作。

长期以来，外汇管理部门采取疏堵并举，标本兼治，严厉打击各种外汇违法行为，不断加大查处力度，严厉查处逃骗汇、以“地下钱庄”为代表的外汇非法交易等违法行为；有计划、有步骤，分期、分批地组织对外汇指定银行、涉汇企业的专项检查，并对检查中发现的违规问题及时予以纠正和处理，在建立外汇市场信用体系方面积累了大量的经验。

对如何建设外汇市场信用体系这一新课题，外汇管理部门高度重视，组织有关部门进行了多次讨论和深入研究，决定加快外汇市场信用体系建设，并积极进行探索和尝试。2003 年 5 月份，国家外汇管理局在总结了近年来外汇管理部门在外汇市场信用制度建设方面所做工作的基础上，结合外汇管理特点和中国社会信用体系建设现状，制订了外汇市场信用体系建设五年工作方案。其中，确立了外汇市场信用体系建设的总体目标和外汇市场信用体系的主要内容。最终形成一个诚实守信、遵纪守法的外汇市场环境。外汇市场信用体系的主要内容包括完善的外汇管理法规体系，规范的行政执法和内控制度，畅通的政策宣传和反馈渠道，高效的外汇市场信用信息管理系统，互通互联的信用信息共享系统，科学的信用评价和奖惩制度以及严格的失信惩戒机制。

实现外汇市场信用体系建设的总体目标，必须首先从管理对象出发，建立以涉汇金融机构为重点的、包括所有外汇市场经济主体在内的外汇市场交易信用记录和信用数据库，研究制定外汇业务合规性的考核指标体系、评级方法和管理制度，通过法律规范、宣传教育、检查惩处、分类管

理等手段，促进管理对象自觉守信。同时，也必须从管理者出发，通过提高外汇管理部门履行政务的透明度、规范和公开业务操作程序、避免政策调整的随意性等措施，树立外汇管理的公信力。这样，才能形成管理对象和管理者双向的外汇市场信用体系建设合力，逐步实现外汇市场信用体系建设的总体目标。

此外，还应充分利用各种新闻媒体、政府网站大力宣传外汇管理法规，不断增强政策法规的透明度，提高涉汇主体守法的自觉性。外汇指定银行和涉汇企业以前由于不了解外汇法规政策而违规的情况目前逐渐减少，其守法合规性明显增强。

（二）取得的成效

近年来，在外汇市场信用体系建设中，外汇管理部门已经按照信用状况进行分类管理和将“奖优惩劣”的原则运用于实际工作中，并取得一定效果。如“出口核销荣誉企业制度”，就是外汇局联合商务部实行的较为成型的针对出口企业的信用分级管理制度。按照出口收汇核销率和交单率指标，对所有外贸企业进行季度考核和年度考核，评出等级称号，对不同级别的企业实行奖优惩劣的管理政策，区别对待，并将评定结果向外经贸部门、海关、银行和税务部门进行通报。从1999年实行这一制度后，企业出口收汇率明显提高，出口收汇核销状况得以改善，1999年的平均出口收汇率达到98%，比1998年提高了11个百分点①。2000年“出口收汇荣誉企业”占84%，比1999年上升了4个百分点；“出口收汇高风险企业”的占比则由13%下降到10%②。从2003年10月份开始，进一步完善出口收汇核销信用管理体系，具体而言，就是根据企业的信誉程度，参考企业的贸易方式，进行分类管理，分别实行“逐笔核查”、“批量核查”和“总量核查”三种管理模式。

三、存在问题及今后发展方向

虽然外汇管理部门已经为外汇市场信用体系建设创造了一些基础条件，但是还任重道远：外汇市场信用体系建设与外汇体制改革的目标和重点有待进一步整合；外汇市场信用体系建设整体设计和切实可行的工作方案有待论证和充实；现行的外汇管理法规体系有待进一步完善；经济主体

① 数据来源于《中国外汇管理年报1999》，国家外汇管理局印制，第12页。

② 数据来源于《中国外汇管理年报2000》，国家外汇管理局印制，第13页。

的自觉守法和诚信经营意识还需要不断加强。具体表现在缺少信用体系建设方面的研究立项及资金短缺；缺乏部门之间的信息共享，避免重复建设；外汇市场信用体系建设与外汇体制改革的目标和重点有待进一步整合；现行的外汇管理法规体系有待进一步完善；经济主体的自觉守法和诚信经营意识还需要不断加强等方面。

第二部分 促进中国外汇市场信用体系建设的政策建议

一、中国外汇市场信用体系建设的总体目标和主要内容

建立健全外汇市场信用体系的总体目标是：在完善经常项目外汇管理，稳步推进资本项目可兑换的外汇管理改革总体目标指导下，切实转变管理方式，重点加大对涉汇金融机构的监管力度，逐步实现事后监管和间接管理为主的管理模式，疏堵并举、标本兼治，分阶段有步骤地构建外汇市场信用体系框架和运行机制，最终形成一个诚实守信、遵纪守法的外汇市场信用体系。

外汇市场信用体系建设应该结合外汇管理的中心工作，重点从管理对象和管理者两方面出发，规划和构建外汇市场信用体系。一方面，建立以涉汇金融机构为重点的、包括所有外汇市场经济主体在内的外汇市场交易信用记录和数据库，研究制定主要是基于涉汇经济主体在外汇业务合规性方面的统一的考核指标体系、评级方法和管理制度，并通过法律规范、宣传教育、征信评级、分类管理、检查惩处等手段，促进管理对象自觉守信；另一方面，通过提高管理机构履行政务和金融机构办理业务的透明度、避免政策调整的随意性、规范和公开业务操作程序等措施，树立外汇管理的公信力。

二、开展外汇市场信用体系建设的主要措施

应从管理对象和管理者两方面出发，规划和构建外汇市场信用体系。

从管理对象出发，建立以涉汇金融机构为重点的、包括所有外汇市场经济主体在内的外汇市场交易信用记录和数据库，研究制订主要是基于涉汇经济主体在外汇业务合规性方面的统一的考核指标体系、评级方法和管理制度，并通过法律规范、宣传教育、检查惩处、征信评级、分类管理等手段，促进管理对象自觉守信。

具体而言，一是以外汇指定银行为切入点，建立金融机构信用管理制度；二是建立对企业和个人进行分类监管的信用管理体系；三是整合外汇管理信息系统，逐步建立外汇市场信用信息管理系统；四是建立科学的信用评价奖惩制度。

从管理者出发，通过提高管理机构履行政务和金融机构办事的透明度、避免政策调整的随意性、规范和公开业务操作程序等措施，树立外汇管理的公信力。

具体而言，一是逐步完善外汇市场法规体系；二是加强内控建设，规范行政执法，提升外汇管理部门的诚信形象；三是建立严格的失信惩戒机制，严惩失信违约行为。

今后在外汇市场信用体系建设方面，建议应重点开展以下工作：

（一）完善和健全现有制度，逐步形成信用管理的部门规章

在总结外汇市场信用体系建设的实践经验和健全外汇市场信用管理政策的基础上，逐步形成信用管理的部门规章，以进一步规范外汇市场信用体系建设工作，同时也为建立中国的信用管理法律法规体系而积累经验。

发达国家都有较完善的信用体系法律法规体系，规范信用信息收集、使用、分享和披露等信用信息管理的各个方面。中国尚没有关于社会信用体系的专门立法。为进一步规范外汇市场信用体系建设工作，同时，也为建立中国专门的信用管理法律法规体系积累经验，在现有信用实践和信用制度的基础上，尝试制定关于外汇市场信用体系建设的部门规章。

一方面要借鉴国际经验，着眼于与国际信用管理制度接轨；另一方面要考虑中国国情，结合外汇管理特点，高起点地尝试制定关于信用体系建设的部门规章。该规章的主要内容是对外汇市场所有被监管对象信用交易信息的采集、处理、使用条件、范围和评价评级标准等信用管理的各个方面，制定规范性、实用性和可操作性强的部门法规。在法规制定过程中，应注重从实践中提炼信用信息标准化的指标，科学设置评价评级指标体系和分类管理制度，便于与社会其他部门的接口衔接，便于中国全社会范围内分类管理，引导企业和个人走到守法的路径上来。

（二）以外汇指定银行为切入点，建立金融机构信用管理制度

1. 外汇管理部门首先重点记录外汇指定银行在进出口结售汇、国际收支统计申报、大额可疑外汇资金异常流动报告和反洗钱等监督执法和数据报送等方面(既包括正面信息又包括负面信息)的守法守信记录。这些记录主要针对外汇指定银行在自身执行外汇法规和代位监督审核方面的合规性以及报送统计数据信息的时效性、准确性、完整性和真实性。

2. 外汇指定银行的守法守信记录，除依法提供给专业性的银行评级机构供其进行独立评级外，外汇管理部门应根据守法守信记录，制订对外汇指定银行在外汇业务方面的单项的评价体系和总体的评价体系，并据此评定其合规性方面的等级，将外汇指定银行列入不同的合规性级别，同时依法向银行监管和社会信用管理部门进行通报。

3. 根据信用纪录和不同的合规性等级，对外汇指定银行实行分类监管。对于合规性等级较好的银行，除定期通报表彰外，建议银行监管部门在手续性和程序性审批等业务下放银行和外汇业务市场准入等方面时优先考虑。对于合规性等级较差的银行，外汇管理部门将其作为重点检查和监管的对象，对银行违规行为进行处罚，并根据情况建议银行监管部门减少或暂停部分业务授权。

4. 建立保险公司在各项外汇业务上的合法合规记录和信用信息管理体系。通过政府网站，定期公布具有外汇业务经营资格的保险公司的业务范围和外汇业务合规性等各项管理信息，并与保监会建立信用信息定期交换机制。

5. 逐步建立证券公司，在经营范围、账户管理和境外投资者证券外汇资金汇出入报告及有关外汇业务统计数据报送等各项外汇业务合规性的信用记录和评价评级体系，定期在政府网站或专业杂志上公布其评价结果，对合规性等级高的证券公司建议证券管理部门适当给予政策上的倾斜，如在审批外汇业务市场准入资格时，适当放宽其经营范围等。

（三）建立对企业和个人进行分类监管的信用管理体系

1. 在出口收汇核销管理方面，在进一步完善出口收汇核销荣誉企业制度的基础上，根据企业的信誉程度，建立出口收汇自动核销绿色通道，将企业的资信情况与核销模式挂钩，分别实行“逐笔核查”、“批量核查”和“总量核查”三种管理模式。

2. 在进口付汇核销方面，以核销率为核心，确立进口企业的“进口付汇贸易真实性可信度”概念，以此将进口企业分成若干资信等级，对进口企业实行分类管理。外汇管理部门应对企业的资信等级等信用信息实时提供给银行，作为其审核进口企业开证、付汇的参考信息。

3. 建立企业在国际收支统计申报、外汇登记、外债担保登记和履约核准、境外投资批准和年检等各项业务方面的信用记录和评价体系，并根据考核结果分别采取奖惩措施。如在联合年检中不合格的外商投资企业，在办理某些业务时需经外汇局批准和核准；而在联合年检中合格的企业可免去某些行政审批程序。

4. 对境外上市外资控股公司（H股企业）和境外中资控股上市公司的境内持股单位，根据办理境外上市股票外汇登记、及时足额调回境外上市外汇资金和规范使用外汇账户等指标，将其外汇管理信用等级可评定为三级：守法、基本守法和不守法，定期在政府网站上或专业杂志上公布其信用等级评价结果，并与证监会建立监管信息交流机制。

5. 逐步建立个人在国际收支申报、大额可疑外汇资金异常流动报告、个人购汇和个人资产对外转移等各项外汇业务上的信用记录、评价评级和分类管理信用体系。

（四）整合信息资源，建立统一、完整的外汇市场信用信息管理系统和科学的信用指标体系

对信用的评价主要是建立在信用历史记录的基础上。因此，一个功能完善的信用信息管理系统就成为建立外汇市场信用体系建设的技术保障。在法律规定范围内，充分利用现有的各种外汇管理信息资源，并根据经济形势的发展变化和实际工作需要不断完善相关系统，建立统一的外汇市场信用信息管理系统，利用电子化手段全面反映涉汇主体的相关信用信息，对有关信用信息进行公正科学的评估，并将评估结果由政府部门进行适当范围内的实时披露，实现对涉汇主体信用的数字化管理和网络化管理。

科学判断、区分优劣是信用管理的一个主要内容。外汇市场信用评价奖惩制度将通过建立科学的分类标准和考核制度，有效利用外汇市场信用信息数据，对有关信用信息进行公正科学的评估，并将评估结果进行适当范围内的及时披露，借助市场力量和社会舆论，引导更多企业加入“守信荣誉企业”的行列，多层次地推动外汇市场信用体系的建立和健全。

从信用管理出发，以现有系统的信息资源为基础，通过资源整合，建立起一个按照交易主体身份（企业通过统一的机构代码，个人通过身份证号码）、包含其所有交易信用记录的外汇市场信用信息管理系统，实现对交易主体的信用考评，建立起一套科学的信用指标体系。该指标体系应满足信用指标的全面性、可用性和可维护性等要求。同时，该系统应根据全国整规办制定的中国社会信用体系发展总体规划和实施方案，逐步进行调整和修改，最终纳入中国统一、规范和完备的社会信用体系。

（五）加强对外汇交易活动的监督管理，维护外汇市场的良好秩序

1. 逐步完善外汇市场法规体系

法制是信用经济的保障，一个完善、规范的法律体系是信用经济合理运作、健康发展的重要基础。在外汇管理法规体系建设中，要切实消除管理漏洞，避免朝令夕改、前后矛盾，对于没有明确界定市场主体失信行为标准的，要予以准确、合理地界定；对于没有规定失信行为处罚标准的，要研究规定相关罚则，按照“疏堵并举、公开透明、简明实用、统一稳定”的原则，尽快完成外汇管理法律法规的修订完善工作，建立一个科学、合理、简明的外汇法规体系。

2. 加强内控建设，规范行政执法，提升外汇管理部门的诚信形象

依法行政、廉洁高效是树立政府管理公信力的基本要求。外汇管理涉及面广、管理环节较多，依法行政和执法水平高低将直接关系到千千万万企业和个人的切身利益。为此，需要进一步完善行政执法程序，保证行政相对人的合法权益；加强外汇管理系统内控制度建设，强化每个工作人员的社会信用意识，严格依照法定权限和程序行政，切实提高外汇管理的行政执法水平，体现公平、公正、公开的原则，做外汇市场诚信的表率。

3. 建立严格的失信惩戒机制，严惩失信违约行为

严格惩处失信者，加大失信成本，是保障守信者利益，促进市场信用体系建立健全的必要手段。建立外汇市场失信惩戒机制，要继续保持对外汇非法交易和各种外汇违法违规行为打击的高压态势，与相关执法部门密切配合，充分发挥与公安部“全国打击非法买卖外汇违法犯罪活动联合办公室”的作用，加大对“地下钱庄”、外汇非法交易的打击力度，依法坚决惩治外汇市场的违法违规行为。进一步加大对失信主体的惩罚力度，不仅要进行经济处罚、行政处罚，还要落实对责任人以及经营权的处罚，确实使失信违约者付出高于其非法所得的成本，放弃失信违约的侥幸心理。通过对失信行为的严惩，保障守信者的合法权益，促进外汇市场信用体系的建立。

4. 加强政策宣传力度，营造外汇主体守信氛围

政策信息的及时上通下达，是社会知法守信的前提，也是提高行政透明度的重要手段。建立畅通的外汇管理政策传递渠道，一方面要广泛进行政策宣传教育，扩大外汇管理的普及度，使外汇市场主体知法守法，普遍树立“守信为荣、失信为耻”的观念；另一方面要建立有效的政策反馈渠道，及时了解政策执行情况和异常动态，提高各类信用信息的透明度和可

信度。

5. 部门间互通互联，信息共享，形成信用建设合力

完整的信用信息是全面评价一个市场主体信用状况的基本依据。外汇市场既是金融市场的一个重要组成部分，又与商品市场和其他要素市场密切相关。所以，外汇市场信用信息管理系统作为社会信用信息系统中的一个子系统，要与海关、工商、银行、税务等部门尽快协商解决相关的用户标识、数据转化、交换接口等技术问题，实现数据共享、互联互通，以便各部门协同作战，共同推动社会信用体系的建立步伐，并最终形成包括政府、同业协会、中介机构以及企业在内的完整的社会信用体系。

（写作时间：2003 年）

附：

商业银行外汇业务合规经营等级评价指标体系及实证研究

引　言

随着我国改革开放的深入和社会主义市场经济的发展，涉外经济和对外交往日益频繁，涉汇经济主体日益增多，涉汇业务不断壮大，创建和谐、规范、健康、发展的外汇市场是增强国家信誉、优化吸引外资的前提和条件，而涉汇主体的合规经营、稳健发展是外汇市场繁荣有序的基础和保障。商业银行既是外汇市场中举足轻重的经济主体，又是涉汇单位和个人办理外汇业务的载体和中介，其诚信经营外汇业务的程度将对整个社会外汇市场信用体系的建设产生深远影响。因而，探索引导和规范商业银行依法合规经营外汇业务的行为准则，研究建立符合外汇业务发展趋势和外汇管理要求的银行外汇业务合规经营等级评价指标体系，是兼顾外汇管理部门监管职责和服务职能的双重使命，也是确定重点监管对象，明确主要监管内容及提升外汇监管效率的重要规范和平台。本文运用实证分析方法对商业银行经营外汇业务的内部和外部环境进行综合考察，提出适合评价商业银行合规经营外汇业务的定性和定量指标体系及评价操作方法。

一、商业银行外汇业务合规经营等级评价指标体系的设计思路

商业银行在国家金融业中占有非常重要的地位，其经营和信用状况的好坏将对整个国民经济发展产生巨大的影响。商业银行的外汇业务也同其他业务一样，在经营过程中面临着诸多未知的影响因素和各种风险，如何确定商业银行外汇业务的合规经营状况、诚信风险大小，提升商业银行社会信誉、竞争地位以及规避、减少非合规操作的成本，是商业银行外汇业

务合规经营等级评价的一个重点。具体来说，商业银行外汇业务的信用评级就是在全面分析商业银行内、外部经营环境的基础上，运用一定的方法确定其违规经营的可能性有多大，以及按期偿还债务的能力有多强，并用一种简单的字母组合来表示这种信用程度的高低。

商业银行外汇业务合规经营的信用评级是银行监管框架的重要组成部分，是监管机构对商业银行的合规经营操作能力、合规风险表现形态和内在风险控制能力进行的科学、审慎的评估与判断。监管机构对商业银行外汇业务的合规经营状况和风险状况的评级，既不同于商业银行的自身评价，也不同于社会中介机构对商业银行的信用评级。它是以合规经营、防范风险为目的，通过对商业银行外汇业务风险及经营状况的综合评级，系统地分析、识别商业银行存在的合规风险，实现对商业银行持续监管和分类监管，促进商业银行稳健发展。

建立完整、科学、合理的评价指标体系来衡量和动态反映商业银行经营外汇业务的合规性，应当遵循以下四项基本原则：一是客观性。设置的评价指标能够真实地反映商业银行外汇业务的经营现状、发展变化；二是完整性。设计的评价指标能够以商业银行为整体，多角度、全方位、系统性地反映商业银行经营外汇业务的水平和能力；三是科学性。能够清晰、合理地设置评价指标的结构和层次，科学地施以定量、定性分析，最终形成对商业银行外汇业务的科学判断；四是可操作性。评价指标的分析计量方法应力求简单，资料来源易于获取，评价结论适用于分值方式直观表达。

二、商业银行外汇业务合规经营等级评价指标体系的主要内容

评价商业银行外汇业务合规经营的指标体系应符合外汇市场信用体系建设的总体要求，要体现外汇管理方式的循序转变，要拥有包括各个外汇业务环节在内的完整的信用信息。因此，本文评价指标的设计内容涵括了商业银行经营外汇业务的整体素质、偿债能力、信用状况（外汇业务的合规性）、经营状况、获利能力、发展前景以及其他信用记录7方面64个评价项目，力图在全面掌握商业银行日常监管信息、非现场监管信息和现场检查获取的银行各类信息基础上，客观、准确、全面地评价商业银行合规经营外汇业务的诚信等级。

（一）评价指标的内涵

1. 银行素质：包括4类8项指标。考察商业银行的领导素质、职工素质、管理水平及创新能力等。

序号	评价指标名称	评价内容或计算公式	参照值	满分
1	管理者素质	外汇管理人员的文化程度、专业水平及年限、开拓精神、工作业绩	外汇业务的管理人员应具备与从事外汇管理职能相关的大专以上学历，5年以上从事金融工作经历或3年以上从事外汇业务工作经历，且经营业绩良好，无不宜从事金融工作的不良行为和较大失误等。	2
2	员工素质	外汇从业人员的文化程度、专业水平及敬业精神	50%的外汇从业人员应具有2年以上从事外汇业务的工作经历，平均文化程度及专业水平应符合所经营外汇业务的实际需要。（从事本外币混合业务的前台对外窗口工作人员可不计考评范围）	1
3	管理水平	开展外汇业务的营业场所及设施情况	是否具备开展外汇业务的经营场所和经营不同外汇业务种类所必须的设施、设备、机具及安全措施。	0.5
4		外汇业务岗位设置及人员配备情况	是否设立符合外汇业务现状及发展的岗位，各岗位人员配置是否合理。	1
5		外汇业务各项档案建立和保存情况	各类外汇业务的档案资料是否完整、真实，是否符合档案管理的相关要求。	1
6		外汇业务管理制度及内控制度建立健全及落实情况	是否具有已开办各类外汇业务的管理办法、操作规程和有效的识别、监测、衡量及控制各种风险的制度；是否严格执行制度规定且检查监督制度的执行情况。	3
7		外汇业务的风险特征分析及风险防范措施	是否对外汇业务的风险特征进行定性、定量分析，是否建立有效的风险防范措施。	1
8	创新能力及业务实力	外汇业务品种的创新及业务规模	是否具有创新外汇业务品种及外汇业务技能的能力及行为，外汇业务规模是否呈正向增长，增长幅度是否高于同期。	0.5

$$A=\sum_{i=1}^{8}A_i$$

其中：A：代表银行素质的总得分；A_1 至 A_8：代表组成银行素质 8 个评价指标的分别得分。

2. 偿债能力：包括 10 项指标。考察商业银行外汇资产负债结构的优劣程度及其经营风险。

序号	评价项目名称	评价内容或计算公式	参照值	满分
1	资本负债比例	(外汇负债总额 + 外汇担保余额)/自有外汇资金	≤20	1
2	外汇存贷款比例	各项外汇贷款期末余额/各项外汇存款期末余额 * 100%	≤85%	1
3	资产流动性比例	外汇流动资产期末余额/外汇流动负债期末余额 * 100%	≥60%	1
4	不良贷款比例	不良外汇贷款期末余额/各项外汇贷款期末余额 * 100%	≤15%	1
5	境外资金运用比例	(境外贷款 + 境外投资 + 存放境外资金)期末余额/外汇资产期末余额 * 100%	≤30%	1
6	国际商业借款比例	(自借国际商业借款 + 境外发行债券)期末余额/资本净额 * 100%	≤50%	1
7	中长期外汇贷款比例	余期一年期以上(不含一年期)外汇中长期贷款期末余额/各项外汇贷款期末余额 * 100%	≤60%	1
8	外汇存款准备金比例	外汇存款准备金账户余额/各项外汇存款期末余额 * 100%	≥3%	1
9	资本充足率	资本净额/表内、外风险加权资产 * 100%(本外币合并计算)	≥8%	1
10	单个贷款比例	对同一借款客户贷款余额/资本净额 * 100%(本外币合并计算)	≤10%	1

$$B=\sum_{i=1}^{10}B_i$$

其中：B：代表偿债能力的总得分；B_1 至 B_{10}：代表组成偿债能力 10 个评价指标的分别得分。

3. 信用状况：包括16类30项指标。考察商业银行与外汇管理等监管部门及其客户之间业务往来中的信用状况，亦即以监管部门外汇业务的监管内容考核商业银行合规经营情况。

<table>
<tr><th>序号</th><th>评价项目名称</th><th colspan="2">评价内容或计算公式</th><th>参照值</th><th>满分</th></tr>
<tr><td>1</td><td>经营资格的合规性</td><td colspan="2">经营外汇业务的资格是否经监管部门审批或审核</td><td></td><td>1</td></tr>
<tr><td>2</td><td>经营业务的合规性</td><td colspan="2">经营的外汇业务是否经监管部门核准</td><td></td><td>1</td></tr>
<tr><td>3</td><td>外汇业务负责人任职资格的合规性</td><td colspan="2">外汇业务负责人是否经监管部门审查批准</td><td></td><td>1</td></tr>
<tr><td>4</td><td>外汇利率执行的合规性</td><td colspan="2">执行的外汇利率是否符合利率管理的相关规定；是否对重点行业或部门、群体执行优惠政策</td><td></td><td>1</td></tr>
<tr><td>5</td><td rowspan="4">汇率执行的合规性</td><td rowspan="2">美元</td><td>现汇买卖价的浮动幅度是否在规定的范围内：现汇浮动幅度＝（现汇买卖价－中间价）/中间价＊100%</td><td>－0.2%≤现汇浮动幅度≤0.2%</td><td>0.5</td></tr>
<tr><td>6</td><td>现钞买入价的浮动幅度是否在规定的范围内：现钞浮动幅度＝（现钞买卖价－现汇中间价）/现汇中间价＊100%</td><td>－1%≤现钞浮动幅度≤1%</td><td>0.5</td></tr>
<tr><td>7</td><td rowspan="2">非美元</td><td>（现汇卖出价－现汇买入价）/现汇买卖中间价＊100%</td><td>≤0.8%</td><td>0.5</td></tr>
<tr><td>8</td><td>（现钞卖出价－现钞买入价）/现汇买卖中间价＊100%</td><td>≤4%</td><td>0.5</td></tr>
</table>

续表

序号	评价项目名称	评价内容或计算公式		参照值	满分
9	结、售汇业务的合法、合规性	定量	本月结汇发生额 - 上月结汇发生额	≤该行月平均结汇发生额否则分析异常并判断	0.5
10			本月售汇发生额 - 上月售汇发生额	≤该行月平均售汇发生额否则分析异常并判断	0.5
11			本月结汇发生额 - 本月售汇发生额	≥该行月平均结售汇顺差（逆差）金额否则分析异常并判断	0.5
12		定性	结、售汇周转头寸管理的合规性		1.5
13			自身结汇、售汇业务管理的合规性		2
14			与客户之间结汇、售汇业务管理的合规性		3
15	外汇营运资金变动的合规性	本期外汇营运资金与上期比较发生的变化是否合规			0.5
16	外债管理的合规性	定量	短期借款 + 境外发生短期债券	≤所持有的短贷指标（或比例）	0.5
17			境外长期借款 + 境外发生长期债券	≤所持有的中长期贷款指标比例	0.5
18		定性	外债管理和使用的合规性		2

续表

序号	评价项目名称		评价内容或计算公式	参照值	满分
19	外汇账户管理的合规性	定量	本月末对公外汇账户余额－上月末对公外汇账户余额	≤该行月平均对公存款增加额　否则分析异常判断	0.5
20			本月末个人存款余额－上月末个人存款余额	≤该行月平均个人存款增加额　否则分析异常判断	0.5
21		定性	外汇账户开立和使用的合规性		2
22	外汇结算的合规性		外汇业务是否符合相关结算办法的规定		2
23	各种报表及数据的综合分析		外汇汇入总额＝国际收支对公收入总额＋国际收支对私收入总额		0.5
24			外汇汇出总额＝进口付汇总额＋非贸易汇出总额＋资本项目汇出总额＋因私汇出汇款总额		0.5
25	国际收支业务数据、报表的准确性、及时性、完整性、真实性及关联数据的匹配程度				5
26	经常项目业务数据、报表的准确性、及时性、完整性、真实性及关联数据的匹配程度				4
27	外汇账户数据质量考核情况				1
28	资本项目业务数据、报表的准确性、及时性、完整性、真实性及关联数据的匹配程度				5
29	外汇检查业务数据、报表的准确性、及时性、完整性、真实性及关联数据的匹配程度				4
30	案件发生情况案件发生的性质、责任等情况				2

$$C=\sum_{i=1}^{30}C_i$$

其中：C：代表信用状况的总得分；C_1 至 C_{30}：代表组成信用状况(合规经营情况)30 个评价指标的分别得分。

4. 经营状况：考察商业银行外汇业务发展、资金营运状况。

序号	评价项目名称	评价内容或计算公式	参照值	满分
1	外汇资产比例	外汇资产总额/资产总额＊100%	≥去年同期	0.5
2	市场风险比率	市场风险资产/资本净额	≤去年同期	0.5
3	外汇业务收入增长率	（本年外汇业务收入/上年外汇业务收入－1）＊100%	≥0	0.5
4	权益增长率	（本年所有者权益/上年所有者权益－1）＊100%	≥0	0.5
5	利润增长率	（本年利润总额－上年利润总额）/｜上年利润总额｜	≥0	1

$$D=\sum_{i=1}^{5}D_i$$

其中：D：代表经营状况的总得分；D_1 至 D_5：代表组成经营状况 5 个评价指标的分别得分。

5. 获利能力：考察外汇指定银行从事外汇业务的获利状况。

序号	评价项目名称	评价内容或计算公式	参照值	满分
1	资产利润率	期末税前利润/报告期初至报告期末的季平均资产＊100%（本外币合计核算）	≥1%	1
2	利息回收率	本期实收利息总额/本期到期应收利息总额＊100%（本外币合计核算）	≥75%	1
3	资本利润率	利润期末总额/资本期末总额＊100%（本外币合计核算）	≥15%	1

$$E=\sum_{i=1}^{3}E_i$$

其中：E：代表获利能力的总得分；E_1 至有 E_3：代表组成获利能力 3 个评价指标的分别得分。

6. 发展前景：考察外汇指定银行的市场定位、竞争能力等。

序号	评价项目名称	评价内容或计算公式	参照值	满分
1	市场地位	市场占有率及竞争力情况	外汇业务总量的占比排名上升（下降）及外汇业务的综合收益与同期比较	3
3	发展潜力	新业务品种的研发能力、科技手段的运用能力及上级部门的授权、授信，享受特殊政策等情况		2

$$F=\sum_{i=1}^{2}F_i$$

其中：F：代表发展前景的总得分；F_1 至有 F_2：代表组成发展前景2个评价指标的分别得分。

7. 其他信用记录(其他现场检查、核查等事项)：共计2类6项指标。考察外汇指定银行违反经济、金融法规及与外汇管理部门的合作情况。

序号	评价项目名称	评价内容或计算公式	满分
1	人民银行及外汇局现场检查、核查和调查情况	国际收支申报数据现场核查情况	5
2		外汇业务专项检查（调查）情况	4
3		既往检查或核查问题的整改情况	2
4		人民银行组织的专项检查及处罚情况	4
5	配合外汇局情况	重大问题及异常情况及时向外汇管理机关报告情况	4
6		积极参与配合外汇管理机关的外汇管理工作情况，反馈外汇管理法规执行情况及有关政策建议情况	5

$$G=\sum_{i=1}^{6}G_i$$

其中：G：代表偿债能力的总得分；G_1 至有 G_6：代表组成其他信用记录6个评价指标的分别得分。

（二）评价级别的设定

评价级别	分值区间
A级	94分以上(含94分)
	94－91分(含91分)
	91－90分(含90分)
B级	85－90分(含85分)
	80－85分(含80分)
C级	75－80分(含75分)
	60－75分(含60分)
D级	59分以下

（三）评价程序

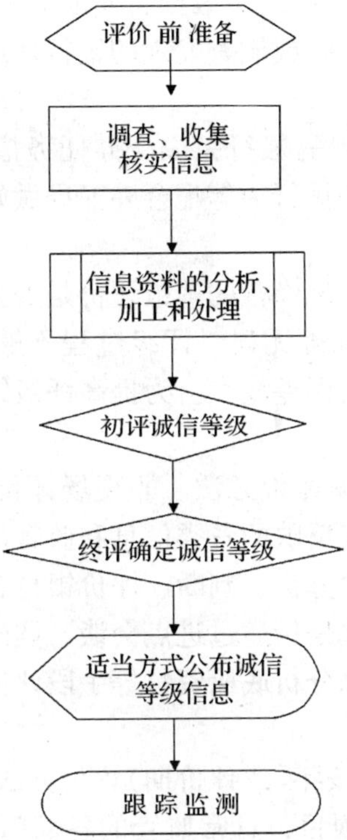

（四）评价依据

实施外汇业务合规经营等级评价需要全面掌握商业银行的日常监管信息、非现场监管信息和通过现场检查发现的各类违法、违规经营情况等信息。这些评价依据的取得大多需要日常的非现场积累，也需要现场的随机抽查和检查，更需要吸纳外汇管理部门现场检查和核查的结论，参考使用人民银行、银监局等监管部门的检查定论。

1. 非现场日常监管信息：包括银行每日、旬、月和季定期上报的各类外汇业务报表和业务监管电子数据。

2. 银行基本情况信息：包括银行从事外汇业务的高级管理人员、一般从业人员专业知识水平和外汇业务工作经验情况，外汇业务岗位人员配置情况，经营外汇业务的场所和与业务有关的设施配备情况，银行外汇业务规模和经营状况等银行基本情况。

3. 非现场经营及风险情况信息：包括资产负债、资产质量、信贷风险、获利能力、偿债能力等情况，是根据银行评价期末资产负债表、利润表及业务报表数据进行非现场评价的依据。

4. 现场检查情况信息：人民银行、外汇局和银监局等部门对银行外汇业务进行现场检查、核查或调查发现的银行违反外汇管理政策、法规等情况。

5. 监管部门日常积累的银行完成交办任务情况及银行主动提出工作建议，举报外汇违法、违规行为等配合外汇局做好管理工作等情况。

（五）评价方法

商业银行外汇业务合规经营的等级评价是否公正、客观、合理取决于评级的过程与方法是否准确无误。评级过程不够严谨，评级方法不够周详，都将导致评级结果的误差放大。为提高评级结果的准确率，评价中应采用如下方法：

1. 非现场评价和现场评价方法。非现场评价方法是指通过商业银行向监管部门报送监管报表反映的各类信息和监管部门通过其他途径获得的信息，按规定标准和程序分析、判断、评价银行合规经营外汇业务诚信等级的方法；现场评价方法是指通过进点会谈、调阅审核资料、履行检查程序、编制工作底稿、汇总分析底稿资料等手段评价商业银行经营行为及结果的方法。

2. 按月(季)评价和按年(或评价期)评价方法。按月(季)评价就是对需按月(季)评价的定量项目，日常监管的各部门要于下月(季)初对银行上报的上月(季)报表进行分析、汇总、计算出评价数值及得分数值，评价期末以月(季)算术平均值作为评价期的得分数值。对按月(季)评价的定性项目，监管部门要在分析定性后以报表的重要程度为权数，加权平均计算后得出每月(季)分值，评价期末再以月(季)算术平均数作为评价期的得分数值。按年(或评价期)评价与按月(季)评价相同，对于不分重要程度的定性评价项目可以月(季)算术平均数作为评价期的得分数值。

3. 定量评价与定性评价方法。定量评价是财务(资产负债表、损益表等)和业务报表分析的重要内容，是指按照数学模型(计算公式)计算出可量化指标的数值，并与参照数值进行对比分析后再按评分标准得出该评价指标的最终分值。如：资产流动性比例和利润增长率等。定性评价是对非量化指标的质化评估，需通过现场检查、调查及历史资料积累，并经主观分析判定而得出的评价结论。如：银行素质，结售汇业务的合规性等。

4. 静态评价与动态评价方法。静态评价是针对时点数据或时点信息而进行的评价，是相对的静态，能反映某一时点的指标数值或情况。如：

外汇存贷款比例等。动态评价是针对一定时期的数据或信息而进行评价，是相对的动态，可反映一定时期的项目指标情况。如：月平均结汇发生额、月平均售汇发生额等。

5. 宏观要素分析与微观要素分析的评价方法。宏观要素分析主要是针对被评价银行的外部环境进行的分析，包括当前经济形势、产业政策、货币政策及授权授信程度、其总行系统在金融行业的发展水平等。微观要素分析主要是针对被评价银行的内部环境进行的分析，包括银行的管理机制、经营外汇业务的行为或结果、市场占有率、未来发展规划等。

三、商业银行外汇业务合规经营等级评价指标体系的实证研究

（一）样本选择和数据描述

本文用于校验商业银行外汇业务合规经营等级评价指标的样本选自辽宁省 14 地市的 85 家外汇指定银行。样本数据是该 85 家银行 2004 年度的各类非现场与现场监管信息。

单一银行的样本数据见下表：

商业银行外汇业务合规经营等级评价样本数据（一）

序号	项　　目	单　位	金额（季度）
1	资产总额本外币合计	万人民币	1, 350, 421. 00
2•	外汇资产总额	万美元	10, 065. 96
3	负债总额本外币合计	万人民币	1, 341, 259. 27
4	外汇负债总额	万美元	9, 819. 71
5	外汇担保余额	万美元	49. 87
6	自有外汇资金余额	万美元	1, 152. 75
7	各项外汇存款余额	万美元	9, 481. 34
8	各项外汇贷款余额	万美元	5, 183. 59
9	外汇流动资产期末余额	万美元	6, 344. 61
10	外汇流动负债期末余额	万美元	3, 127. 12

续表

序号	项　　目	单　位	金额（季度）
11	不良外汇贷款期末余额	万美元	3,632.31
12	中长期外汇贷款	万美元	1.29
13	境外资金期末余额	万美元	—
14	国际商业借款余额	万美元	—
15	外汇存款准备金账户余额	万美元	854.68
16	资本净额	万美元	非一级法人，故为0
17	最大外汇贷款客户贷款余额	万美元	548.41
18	或有负债	万美元	—
19	外汇汇入总额	万美元	15,949.50
20	外汇汇出总额	万美元	15,241.90
21	表内、外市场风险加权资产余额	万美元	非一级法人
22	本年外汇业务收入	万美元	371.35
23	去年外汇业务收入	万美元	91.75
24	本年外汇利润总额	万美元	246.23
25	上年外汇利润总额	万美元	-375.11
26	本年外汇所有者权益	万美元	246.23
27	上年外汇所有者权益	万美元	-375.11
28	期末利润总额（本外合计）	万人民币	6,312.97
29	期末税前利润总额（本外合计）	万人民币	10,786.43
30	短期外债余额	万美元	—
31	长期外债余额	万美元	—
32	外汇营运资金	万美元	700.00
33	实收利息金额（本外币合计）	万人民币	32,504.17
34	应收利息金额（本外币合计）	万人民币	5,356.03

商业银行外汇业务合规经营等级评价样本数据（二）

<table>
<tr><td>银行名称</td><td colspan="3"></td><td>联系人</td><td></td></tr>
<tr><td>负责人</td><td></td><td>电话号码</td><td></td><td>电话号码</td><td></td></tr>
<tr><td>地址</td><td colspan="3"></td><td>邮政编码</td><td>110003</td></tr>
<tr><td>经营范围</td><td colspan="3">办理人民币存款、贷款、结算；办理票据贴现；代理发行金融债券；代理发行、兑付、销售政府债券；代理收付款项；外汇存款；外汇贷款；外汇汇款；外币兑换；国际结算；结汇；售汇；总行授权的外汇担保；总行授权的代客外汇买卖；资信调查、咨询、见证业务。经批准的其它业务。</td><td>评价期新开办业务种类</td><td>外汇理财 A 计划；年金业务；短期融资券；银关通；银税保；银税通；准全额保证金票据业务等</td></tr>
<tr><td rowspan="2">所辖机构情况</td><td>总数</td><td>分行</td><td>支行（含营业部）</td><td>营业所（分理处）</td><td>储蓄所（专柜）</td></tr>
<tr><td>14</td><td>1</td><td>11</td><td>3</td><td>14</td></tr>
<tr><td colspan="2">银行外汇从业人员结构</td><td>管理层人数</td><td>占管理层比例</td><td>一般从业人员人数</td><td>占总人数比例</td></tr>
<tr><td rowspan="3">文化结构</td><td>研究生</td><td></td><td></td><td>3 人</td><td>9.68%</td></tr>
<tr><td>大专及本科</td><td>2 人</td><td>100%</td><td>28 人</td><td>90.32%</td></tr>
<tr><td>中专及以下</td><td></td><td></td><td></td><td></td></tr>
<tr><td rowspan="3">职称结构</td><td>高级</td><td>2 人</td><td>100%</td><td>2 人</td><td>6.45%</td></tr>
<tr><td>中级</td><td></td><td></td><td>17 人</td><td>54.84%</td></tr>
<tr><td>初级</td><td></td><td></td><td>6 人</td><td>19.35%</td></tr>
<tr><td rowspan="2">从事金融工作年限</td><td>5 年以上（含 5 年）</td><td>2 人</td><td>100%</td><td>29 人</td><td>93.55%</td></tr>
<tr><td>5 年以下</td><td></td><td></td><td>2 人</td><td>6.45%</td></tr>
<tr><td rowspan="3">从事外汇工作年限</td><td>3 年以上（含 3 年）</td><td>2 人</td><td>100%</td><td>27 人</td><td>87.10%</td></tr>
<tr><td>2－3 年（含 2 年）</td><td></td><td></td><td></td><td></td></tr>
<tr><td>2 年以下</td><td></td><td></td><td>4 人</td><td>12.90%</td></tr>
</table>

续表

银行和管理层奖惩情况	该行自1999年成立后，先后有集体、个人获得总行、其它社会机构数十项奖励，如2001年度总行规范化管理先进单位、私人业务发展进步奖；2002年度总行私人业务、稽核工作、宣传工作先进奖；2003年度总行先进集体奖，对公业务、私人业务发展进步奖，信贷管理、计财工作先进集体奖等。被辽宁省银行同业协会授予"市民关注指数最高的商业银行"称号。 外汇业务所受奖励：2003年度国际业务部被授予总行国际业务先进单位、分行先进集体称号；2004年我行获得沈阳市政府表彰进出口贸易先进单位"引用外资进出口服务"二等奖等。

商业银行外汇业务合规经营等级评价样本数据（三）

序号	岗位名称		人员编制	实际配置	备注
1	管理岗	进口业务管理岗	2	2	业务相互交叉
2		出口业务管理岗	2	2	业务相互交叉
3		代理行管理岗	1	1	业务相互交叉
4		进口售付汇审批管理岗	2	2	业务相互交叉
5		外汇政策管理岗	2	2	业务相互交叉
6		产品经理岗	2	2	业务相互交叉
7		第一负责人(总经理)岗	1	1	
10	结算岗	进口结算岗	2	2	业务相互交叉
11		出口结算岗	2	2	业务相互交叉
12		结售汇岗	2	2	业务相互交叉
13		汇出汇入汇款岗	2	2	业务相互交叉
14		托收岗	2	2	业务相互交叉
15		结汇岗	2	2	业务相互交叉
16		印鉴、密押岗	1	1	业务相互交叉
21	会计岗	外汇会计岗	20	20	兼职
22		外汇资金岗	1	1	兼职
23		代客外汇买卖岗	1	1	兼职
24		会计事后监督岗	3	3	兼职

续表

序号	岗位名称		人员编制	实际配置	备注
29	综合岗	国际收支统计申报岗	1	1	
30		经常项目报表统计申报岗	1	1	
31		资本项目报表统计申报岗	1	1	
32		反洗钱报表统计申报岗	1	1	
33		外汇利率、汇率管理岗	1	1	
34		其它岗	1	1	
合　计			31	31	

（二）实证结果

按照上述评价方法及评分标准计算得出的辽宁省85家商业银行评价结果的分值区间如下：

辽宁省商业银行外汇业务合规经营等级评价结果分类表

评价级别	分值区间	外汇指定银行数量
A级	94分以上(含94分)	
	94－91分(含91分)	2家
	91－90分(含90分)	3家
B级	85－90分(含85分)	44家
	80－85分(含80分)	26家
C级	75－80分(含75分)	9家
	60－75分(含60分)	1家
D级	59分以下	
合计		85家

辽宁省商业银行外汇业务合规经营等级评价结论分布图

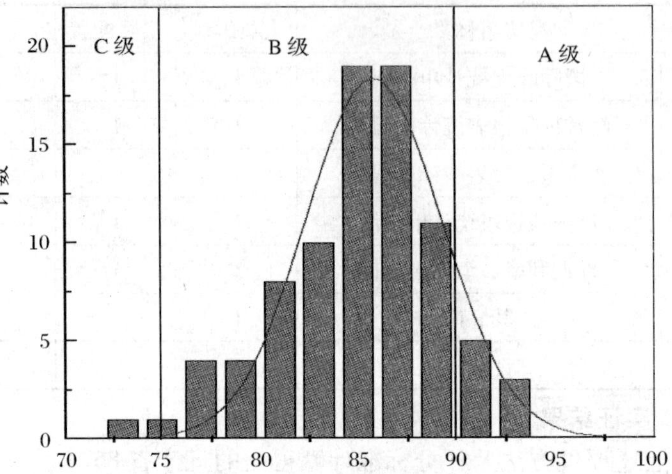

四、结论及建议

本文实证研究结果表明，辽宁省85家商业银行合规经营外汇业务的诚信等级的评价分值基本呈正态分布，符合统计学规律。

评定商业银行外汇业务合规经营的信用等级能为监管当局区别不同对象、实施分类监管提供有力的信息支持。即监管部门可以根据银行的诚信级别及评级过程中发现的差异性问题，客观、全面、准确地把握各家银行的突出问题和风险点，按照“分类监管，区别对待，一行一策”的监管要求，制定各家机构的分类监管框架，配备相应的监管资源，提升监督管理的针对性、持续性和有效性。同时，还能够促使商业银行自觉规范自身经营行为，营造银行间公平竞争的良性氛围，从而引导外汇市场的规范发展和壮大。

（一）加速信用体系建设，逐步扩大外汇业务合规经营等级评价的主体范围。企业是市场经济的主体，是银行资金融通的服务对象。建立外汇市场信用体系，应在提高商业银行诚信经营意识，规范外汇指定银行外汇业务的同时，逐步把涉汇企业、涉汇个人也纳入其中，以便提高全部涉汇主体的诚信经营意识，规范外汇业务行为，并从根本上建立外汇市场的信用体系。

（二）建立、健全外汇业务合规经营等级评价体系的配套措施。一是建立、健全信用体系框架下的各项法律规章制度；二是加快涉汇主体的诚信体系建设步伐，提高涉汇主体的依法经营意识；三是完善外汇业务合规经营等级评价的信息披露制度，充分发挥舆论监督作用，从外部推动外汇业务诚信等级评价体系的健全与完善。

（写作时间：2006 年）

中央银行经理国库的现实意义及发展趋势研究

国库是办理国家预算收入的收纳、划分、留解和库款支拨的专门机构。国家的全部预算收入必须按规定期限全部缴入国库，国家的一切预算支出必须通过国库拨付。

综合世界各国的国库体制，尽管由于政治、财政、金融体制、传统习惯等方面的不同而存在一定差异，但仅从国库历史发展来看，国库体制一般分为独立国库制和委托国库制两大类。独立国库制是指专门设立独立于财政部和中央银行之外的国库机构，用于办理财政预算资金的收纳、保管和支出，其主要特征是相对独立，与财政共同管理国库资金。委托国库制是指委托银行(通常是中央银行)办理国库预算资金的收支和保管，并赋予中央银行一定的资金运用权，其主要特征是发挥中央银行在资金管理和支付清算方面的优势，保证公共资金运用的安全和效率。目前我国实行的是委托国库制，具体是政府委托中国人民银行经理国库。

一、中央银行经理国库的沿革背景和法律地位

我国由中央银行经理国库由来已久，由于银行在货币保管和资金汇兑上的先天优势，自清朝末年国家银行产生时起，历经北洋政府、南京国民政府到新中国成立至今，中央(国家)银行就一直担负经理(代理)国库的职责。1985 年 7 月 27 日，国务院颁布的《中华人民共和国国家金库条例》对国库的性质、任务、职责、权限做了明确规定，并确定由中国人民银行具体经理国库，负责办理国家预算收支，明确了我国的国库委托制及中央银行对国家金库的经理职责。主要是为了加强对日益增长的国库资金收支的处理、促进部门间的协调及防范国库资金的风险。1994 年颁布的《中华人民共和国预算法》规定：“中央国库业务由中国人民银行经理，地方国库业务依照国务院的有关规定办理”；1995 年颁布的《中华人民共和国中国人民银行法》首次以立法形式明确了“经理国库”是中国人民银行的职责之一，正式确定了中国人民银行经理国库的法律地位。

《中华人民共和国预算法》及《预算法实施条例》规定，县级以上各级预算必须设立国库，具备条件的乡镇也应当设立国库。国库分为中央国库和地方国库。目前，我国国库机构，按照统一领导、分级管理的财政体制设立，原则上一级财政设立一级国库。有人民银行机构的地方，国库机构设立在人民银行，在不设人民银行机构的地方，国库由人民银行委托当地的商业银行办理，形成了以人民银行为主导、商业银行和其他金融机构为补充，较为完善的国库组织机构体系，即：总库——分库——中心支库——支库——乡镇国库。

我国由中央银行经理国库，主要是基于以下原因：一是由我国的预算体制决定的。在我国，各级财政负责预算收支计划的编制，各级人大负责预算收支计划的审批，这就需要有一个立场相对超脱的机构来行使监督和执行的职能，避免一个部门既当“运动员”，又做“裁判员”，因此，国家选定中央银行经理国库。二是由中央银行的优势决定的。当前人民银行国库部门组织机构健全，规章制度严密，清算渠道畅通，服务手段先进，中央银行经理国库比商业银行代理国库有着更多的优势，主要体现在：

（1）库款调拨灵活。中央银行组织商业银行的资金清算，特别是国库直接参加现代化支付系统后，国库直接参加清算，大大提高了财政资金的划拨速度和使用效率。

（2）资金安全，核算准确。中央银行制定了健全的保证资金安全的制度体系，建立了全国统一的、安全高效的核算体系。

（3）有利于中央银行的宏观调控。财政库款是中央银行重要的资金来源之一，随着财政库款的不断增加，中央银行要进行充分的研究和利用，实现货币政策和财政政策的协调。

（4）有利于发挥中央银行的监督作用。中央银行经理国库，对预算收入的及时收纳入库有促进作用，对财政支出的拨付使用更易于发挥监督作用。

二、国库在支持老工业基地振兴中所做的贡献

（一）发挥国库执行作用，有利地保证了地方各级政府预算资金的分配运用

国库是国家财政预算体系的重要组成部分，是实现国民收入分配与再分配过程中的一个重要环节。国库资金取之于民，用之于民。国库资金的主要来源就是税收。如：个人工资薪金要缴纳个人所得税；办企业、经

商、投资要缴纳各种企业所得税、营业税等；买卖、出租房屋要交纳房产税、契税；购物、消费活动也间接形成了增值税、消费税等。在各种社会活动中，也会涉及各项行政性收费、罚没款，这些收入最终都进入国库，形成了国库收入。国库支出也是用之于民，服务于社会。如：机关事业单位职工的工资支出、政府投资大型项目建设（如三峡工程、奥运工程等）支出、社会公共事业、公共基础设施（如国防、安全、交通、城建、电信、环保等）支出、各种社会保障（如社会保险、社会福利、社会救助、社会优抚、农村社会保障、住房保障等）支出，都是来自于国库资金。因此，国库承担着办理预算收入的收纳、划分、报解、库款支拨和国债发行等业务，是财政资金运行的枢纽，一切财政资金的收支都与国库密切相关。辽宁各级国库根据《国库金库条例》职责和权限的要求，切实履行自己的权利和义务，准确、及时、高效地核算各级预算收支，按照规定办理财政资金的拨付和退付，配合财政部门发行国债，筹集财政资金，积极推动国库单一账户改革，配合财政推进国库管理制度改革，建立了新的国库会计核算体系。国库业务处理量逐年增长、处理手段日益先进、服务效率不断提高，保证国家预算收支任务的圆满完成。数千亿的财政资金进入国库，形成财政收入，又通过国库流出，用于维护国家机器的正常运转和国民经济建设。“十五”期间，辽宁各级国库办理中央级预算收入 1678.40 亿元，地方预算收入 2421.81 亿元，地方预算支出 3631.55 亿元，保证了国家预算收支任务顺利完成。

（二）发挥国库的促进作用，为相关部门提供优质高效的金融服务，促进财税体制改革的顺利开展，促进地方经济持续健康发展

随着财政国库管理体制改革的不断深入，各级政府先后推进国库单一账户改革、政府统一采购改革、财政统发工资改革、财政国库制度改革等一系列与经济发展和社会建设密切相关的重大改革，这些改革需要有先进的金融服务为保障，否则会影响改革的进程和步伐。辽宁各级国库以先进的服务手段和服务方式，不断拓宽国库服务领域，为财税、银行等部门提供优质高效的金融服务，促进了各项改革的顺利进行，推动辽宁经济、金融和社会的协调发展。（1）统一了国库业务程序。在全省推广使用了国库会计核算系统、国库统计分析系统、国库监管系统、国库综合报表系统、国债管理系统等业务操作系统，形成了业务处理微机化、操作程序标准化、通讯系统网络化、管理手段现代化的国库业务操作管理模式，满足了政府财政各项改革的需要。（2）建立了国库资金清算体系，开辟了快速的资金汇划渠道。辽宁各级国库都建立了以国库直接加入现代化支付系统、参加同城票据交换、开通国库内部往来为主要标志的国库资金清算新体系，开辟了快速的国库资金的汇划渠道，国库通过自己的资金清算汇划渠道，可以直接办理国库资金的收纳和支拨，所有的预算收入都由国库直接收纳入库，所有支出都由国库直接拨付，改变了以往通过会计营业部门清算资金的历史，大大加速了资金的汇划速度，为中央银行更好地行使经理国库职能，为财政、税务、海关及各预算单位提供更加快捷、高效、安全的资金清算服务。（3）实行国库资金序时滚动报解，资金入库速度进一步加快。省分库制定下发了《辽宁省国库资金收支汇划办法》，组织全省各级国库部门充分利用大小额支付系统平台，对国库资金实行分级次、分时间、分轻重缓急，序时、滚动的报解方式，人民银行国库当天收纳的预算收入，当天到达最终收款国库，实现了国库资金汇划报解“零在途”。仅从辽宁省省级预算收入入库情况分析，每日提前入库的资金多达0.93亿元，由此产生的经济效益，若以活期存款利率计算，每年可为省级财政增收近900万元。（4）实现了税库行横向联网，工作效率大幅提高。2007年，辽宁已经在全省实现了国库与税务、银行间的横向联网。即在国库、税务、银行、信用社等部门间建立电子信息通道，实现税款自动扣划、资金实时到账，信息实时传递，为税收收入的征缴、入库等业务提供安全准确、方便快捷的电子处理手段，为财政、税务等部门提供详实准确的信息资源。

事例1：从2001年开始，辽宁省国库部门承担了办理社会保险基金中基本养老保险个人账户基金的收纳、划转工作，每年都收纳、划转社会基本养老保险个人账户基金数十亿元。

事例2：2007年，辽宁省直115个预算单位、13个市及22个县的2451多个预算单位实行了国库集中支付改革；另外，将一部分归属于地级市的经济管理权和社会管理权直接赋予县（市），在财政体制等方面实行“省管县”。辽宁各级国库积极适应各项行政、财政改革，创新金融服务手段，为改革提供优质的金融服务，确保了改革的顺利进行。

事例3：2005年，辽宁各地发生了矿难、洪灾、禽流感等重特大事故和自然灾害，各有关国库加班工作，开通专项救灾资金快速通道，对专项救灾资金做到随到随办，及时划拨救灾资金1.95亿元，确保了救灾资金的及时快速到位，为抗击灾害和维护灾区的稳定做出了贡献。

（三）发挥国库监督作用，有效维护了国家预算资金的安全与完整

国库资金是维持国家政权机关正常运转、提高公共服务水平、维护社会稳定的财力保证。同时，国库资金作为中央银行资金的重要来源，其稳定性、安全性对金融稳定起到了至关重要的作用。多年来，我国对财政预算的编制、预算资金的使用形成了“三位一体”的监督机制，即：人大负责事前监督，保证财政预算制定的合理有效；国库负责事中监督，保证财政收入和支出的合规合法；审计部门负责事后监督，保证财政资金运用的安全有据。可见，国库是预算资金执行国家方针、政策和财经纪律的把关者。国库负责事中监督的依据是《国家金库条例》。《条例》中明确规定国库必须认真贯彻执行国家的方针、政策和财经制度，发挥国库的促进和监督作用；并规定了国库具有督促检查国家预算收入是否按规定全部缴入国库，发现违规不缴的，应及时查究处理；对擅自变更各级财政之间收入划分范围、分成留解比例、不符合国家规定要求办理退库的、随意调整库款账户之间存款余额的、任何单位和个人强令办理违反规定的事项，有权拒绝执行；监督财政存款的开户和财政库款的支拨等六项权限。这种权限更多体现为一种制约，即制止在国家预算收支中任何违反国家财经纪律的行为，这也是党和人民赋予国库的崇高职责，让国库把好预算资金执行国家方针、政策和财经纪律的关口。

辽宁各级国库在办理预算收支业务中，利用国库处于预算执行第一线的优势，更新监督观念，改进监督手段，加强凭证真实性与合理性的审核，建立与财政、征收机关信息沟通和工作协调机制，构建完善的国库内控体系和外部监督体系，切实防止国库资金被挤占、挪用现象的发生，有效维护预算资金的安全与完整。（1）为国家守计划把口子，监督国家预算的正确执行，监督预算收入是否及时、足额、完整缴入国库，是否存在截留、挤占、挪用预算收入的行为。（2）监督财政机关正确执行上级规定的收支划分和留解比例，监督预算收入是否按相应预算级次、税种、比例划分。（3）监督各单位是否按照国家的规定，办理库款的退付和预算支出的拨付。是否按人大批准的预算收支计划执行；拨往非预算单位等特殊支出、专项支出是否提供文件依据；直接支付、授权支付是否直接拨往财政零余额账户和单位零余额账户；支出是否在库存额度内；是否存在从预算内拨往预算外资金现象。“十五”期间，辽宁各级国库拒办不合理的拨款、退库、更正金额分别为10.97亿元、2.73亿元、2.57亿元。

事例1：2006年9月21日，鞍山市公安局根据省公安厅下发的文件到鞍山市中心支库办理授权支付业务，共计403万元，用途是为基层派出所配备警车经费。但经过国库前台接柜人员严格审核，发现此笔拨款的用途并不在财政局下发的经费额度项目之内，根据《中华人民共和国预算法实施条例》，国库拒绝办理，后经市公安局与市财政局协商，财政局同意为市公安局追加此项目额度276万元后，国库部门才准予办理。

事例2：2007年4月，辽宁省锦州市中心支库办理业务时，发现锦州市商业银行城建支行上划的土地出让金1亿元，银行上划日期与财政局凭证填制日期相差7天。经查证，为商业银行占压资金行为。锦州市中心支库根据相关规定，给予该行罚款10万元的处罚。

（四）发挥国库反映作用，为货币政策和财政政策的制定、执行提供可靠依据

中央银行的三大职能之一是“政府的银行”，国库是联结财政政策和货币政策的“桥梁”和“纽带”，因此，经理国库是中央银行不可分离的业务，并成为财政政策和货币政策的结合点。一方面，国库资金是各级政府在中央银行的存款，属于财政资金的范畴；另一方面，国库资金是中央银行的信贷资金来源，其资金的流动能够影响货币供应量。特别是随着市场经济体制的不断完善、经济规模的不断扩大和财政资金的迅速增加，国库资金变化对货币政策与财政政策的影响不断增大，中央银行要实现货币币值的稳定和相应的宏观经济目标，在实施货币政策时就必须考虑到国库收支变化对货币供给的影响。另外，国库负责办理财政收支，对财政政策、税收政策的制定依据、实施过程、影响范围、作用效果能够作出比较客观的分析与判断，对财政收支的情况和问题能够及时加以了解、反映、预测，而国库所提供的宏观经济运行信息，不仅可以作为财政政策制定和执行的依据，也是中央银行制定和执行货币政策时一个重要信息来源。三是由于财政资金的收支、国债的发行和兑付对市场货币供应量及金融市场都有直接的影响，中央银行需要掌握财政资金运行的具体情况，把握其内在规律，以便采取相应的货币政策，保持宏观经济体系的稳定。

为充分发挥国库的反映作用，辽宁各级国库从以下四个方面入手：一是开展对国家预算执行情况的反映；二是加强对国家经济有关情况分析的反映；三是做好对预算收入退库及支出拨付情况的反映；四是完成对国库资金、国债有关情况的反映。由于国库部门在预算收支执行过程中，能够掌握详细、真实、要素齐全的数据信息，通过对这些数据进行加工、处理、分析、预测，发现预算收支管理运行中的问题，向人民银行总行及货币政策部门提供国库资金管理信息和建议；针对国库资金运行的特点以及对宏观经济、金融影响等突出的问题，深入开展调查研究，为地方政府提供有价值、有分量的分析资料和政策性建议，为货币政策与财政政策的制定、执行提供可靠依据。辽宁省分库坚持按月向省委、省政府报送辽宁省国库收支月度分析报告，得到省委、省政府主要领导的认可和高度重视。

三、国库发展趋势探讨

随着我国社会主义市场经济体制的逐步建立和财税、金融体制改革的深化，国库必须依法履行职能，以监督生权威，以服务促创新，以发展树形象，将国库建设成现代化、规范化、法制化的国库。

（一）中央银行经理国库的地位和作用将会得到进一步巩固和强化

党的十六大提出："完善国家计划和财政政策、货币政策等相互配合的宏观调控体系，发挥经济杠杆的调节作用。完善预算决策和管理制度，加强对财政收支的监督，强化税收征管"。按照中央的精神，未来我国国库体制的建立应本着部门互相制约、体制运转高效、资金流转通畅、财力运用经济的原则，使财政资金的管理和使用真正做到"取之于民、用之于民、造福于民"。即：充分发挥在预算编制过程中人大的参与力度和审批力度；发挥国库在财政资金单一账户、收入收缴和拨付及退付中的服务和监督作用；强化财政部门对预算资金的管理权和支配权；加强审计对预算执行和资金使用的事后监督。建立多个部门互相制约、互相监督、互相服务的制衡机制，加强财政预算和资金使用的透明度，以保证财政资金的高效安全。由此可见，中央银行经理国库的地位和作用会得到进一步巩固和强化，国库利用管理单一账户的资源优势，加强对财政资金整个运行过程的参与深度、监督力度和分析水平，为财政政策和货币政策提供服务。

（二）大力提升国库业务电子化程度

随着电子技术的发展及财税体制改革的深入，只有国库业务电子化程度的大幅提升，才能适应工作需要。国库业务电子化建设是国库自身的一次革命，是最高效、最科学的发展之路，必将对国库的生存和发展产生深远的影响。为此，笔者认为国库电子化的发展要从以下几个方面开展：一是要实行国库会计集中核算和数据集中。即实现会计账户物理上集中摆放，逻辑上分散管理，各地国库通过远程终端登录系统进行业务处理，通过内部往来实现各自账务的自我平衡，并据此划分各自的会计责任与业务职责；同时，将内部各业务系统（包括各级国库间业务系统）及外部单位

（包括财政、税务、海关、商业银行等）信息系统有机的连接起来，把地理上分散的数据信息资源及实物资源连为一体，组成详细、真实、要素齐全的统一数据资源。这样，才能实现各级税款直达入库，才能使国库工作的基础环境和格局发生根本性变化，国库的服务能力、服务领域将更加广阔。二是要全面推行财税库银横向联网。按照"统一联网方案、统一业务标准、统一接口规范、统一软件开发"的原则，全面实行财税库行的联网。同时，要将财政支出的拨款联网系统考虑进去，使财政、税收的自动化系统形成一个比较完备的网络。三是应建立国库资金管理信息系统，提高数据收集的完整性、系统性和分析能力，加强与财政部的"金财工程"和税务部门的数据共享和信息沟通，建立科学的分析和预测模型，加强对宏观经济的研究，为财政政策和货币政策提供有价值的参考。

（三）国库服务水平将进一步提高

服务是国库的根本。国库要发展，就必须要针对新形势和条件，仔细梳理国库的各项业务、各项服务、各项管理、各个信息系统，提高服务水平，建立国库服务新框架，更好地履行经理国库职责。另外，国库工作是联结中央银行和政府的纽带，国库工作水平高低和服务质量的好坏，直接影响到各级预算收支的顺利执行，直接影响到各级政府正常运转的资金需要，直接影响经济持续、快速、健康地发展。这一切都把国库服务推向一个新的发展阶段，国库必须要行使好为政府、财税部门、广大纳税人、政府资金收款人提供公共服务的职能，进一步改善国库的服务功能，充分体现为国家、为财政和税务工作、为群众服务的职能。一是国库要充分发挥信息化服务体系的联网优势，为财政、税务部门提供实时查询等全方位的服务。要做到能够随时掌握全国的税收情况，甚至能够动态的监测税收的变化情况、财政拨款的情况。二是国库要加大对社会、对群众服务的力度。国库会计核算系统、大小额支付系统越来越完善，提供了非常方便的资金汇划渠道。国库部门要充分利用人民银行高效、安全、低成本的结算体系和联网体系优势，更好地为企业服务、为群众服务，支持地方经济发展。因此可以预见，随着财政国库管理制度改革的深化和国库业务的拓展，国库服务的领域必将进一步扩大，国库服务水平将进一步提升，以最优质的服务方式促进国库服务水平的提高。

（四）国库与财政政策、货币政策的联系更直接、更紧密

一是国库可以为中央银行公开市场操作提供高效服务。随着市场经济的发展，公开市场业务操作已经成为中央银行货币政策调整的重要工具之一。国库资金作为市场资金的一个重要组成部分，其流入、流出国库的规模、时间等，对市场资金的供给都会产生一定影响，适时关注国库资金的流向、流量及存量状况，对中央银行确定公开市场操作具有重要意义。二是国库可以为中央银行货币政策、财政政策的执行和实施提供依据。国库资金涉及财政、税务、银行和企业多方面，国库如果充分利用这一有利的位置，多方位、多角度地获取财税银企等相关信息，通过对关联问题的分析研究，发现并解决宏微观经济之间、财政货币政策之间存在的深层次、边缘性问题，可以为政府协调改进货币政策和财政政策，促进经济发展提供有效的决策参考。三是国库现金管理必将使国库与财政政策、货币政策紧密相连。国库现金管理的目标就是控制政府收支现金流，保持较低的闲置资金余额、保持与货币政策目标的协调、加强政府资产负债表和风险管理、与债务管理政策相配合、准确及时实现支付，维护政府声誉等。2006年8月30日至9月5日，财政部面向全国银行间债券市场以公开招标方式买回年内到期的三期记账式国债186亿元，消化库款191亿元，获得国库资金净收益约0.44亿元；12月6日，中国人民银行采取单一价格招标方式实施了2006年第1期中央国库现金管理商业银行定期存款操作，存款量200亿元、期限为90天，存款年利率为2.7%，获利息收入约1.35亿元。这是我国国库现金管理在我国正式启动标志。随着中央财政国库现金管理的进一步实施，国库在财政与银行、经济与金融之间的特殊的重要地位与作用也将进一步得到发挥。

（五）地方国库现金管理将逐步开始运作

国库现金管理是指一国的国库资金管理部门进行的现金管理活动，是管理者以有效的方式利用国库现金和易变现资源，优化政府财政状况，提高资金使用效益，在确保国库正常支出需要的前提下，实现国库闲置资金余额最小化、资金运用收益最大化的一系列国库资金管理活动。具体表现为通过定期发行短期债券和每天运作国库现金等主要方式，达到熨平国库现金流量波动和提高国库现金使用效率的目的。2006年我国中央财政国库现金管理工作正式运行，在今后一段时间内，地方国库现金管理也将逐步运作。主要原因：（1）经济快速发展使地方财政收入和库存出现台阶式上升，对现金管理提出迫切需求。以辽宁省为例，2004年到2006年三年期间辽宁省GDP增长近39%，地方财政收入增长55%；从2003~2006年四年期间辽宁省地方财政库存更是大幅增长了2.35倍。（2）财政存款计息制度成为地方国库进行现金管理的客观要求。对地方财政存款计付利息，而没有对其库底资金进行有效的现金管理，客观上造成资源配置与使用效率上的不对称性矛盾。即一方面是按市场化原则计付存款利息，而另一方面财政库底资金又没能真实参与市场活动。（3）国库集中收付改革为实现地方国库现金管理扫除了制度性障碍。运作财政库底资金，进行国库现金管理必须具备的首要条件是要有较为稳定、充裕、可供操作的库底资金，即资金条件。长期制约我国进行国库现金管理的制度性障碍在于传统预算管理模式下的各预算单位分账户管理模式，国库集中收付制度将预算单位分散的现金余额集中到国库单一账户，为实现地方国库现金管理扫除了障碍。（4）逐步成熟和完善的金融市场体系为实施地方国库现金管理创造了良性的操作环境。从我国的目前实际情况来看，市场相关条件已基本具备：票据市场快速发展，银行间债券回购市场交投活跃，债券市场规模扩大，债券品种进一步丰富，银行间征信体系已经搭建。因此，可在人民银行总行及中央国库现金管理领导小组的统一领导、协调指挥下进行地方有针对性的国库现金管理。在制度安排和模式选择上总体参照中央国库现金管理模式，但可以结合地方自身实际情况建立有地方特色的现金管理制度安排，并实行地方重大制度安排及变更对上申报和备案制度。

（写作时间：2007 年）

金融稳定与经济健康发展密切相关，对金融稳定的研究已经在全球范围内形成一种趋势。近年来，我国已将金融稳定作为政策当局的一个重要目标，但是对于如何实现金融稳定的研究才刚刚起步。本文深入阐述了金融稳定性的涵义及金融不稳定的危害，进而阐明了金融稳定对于实现金融功能，提高金融效率的作用，论证了我国货币金融政策和金融监管政策的制定必须兼顾金融稳定，在此基础上提出了一个金融稳定框架，以此为我国金融稳定相关问题的进一步研究提供一个平台。

中央银行和金融稳定问题探析

一、金融稳定的背景与意义

20世纪90年代中期以来，世界金融业在高速发展的同时，金融危机也频繁爆发。金融业的发展极大地促进了经济的增长，而金融危机所带来的沉重代价则以极端的形式一次又一次地提醒着人们金融稳定与经济健康发展之间的密切关系，促使各国政府及国际机构高度重视维护金融体系的整体稳定。艾兴格林和博德(2001)的研究表明，“现在发生金融危机的概率比在1973年增加了一倍”。英格兰银行(2001)的研究发现，金融危机造成的GDP损失平均为8%，新兴市场国家则更高。拉美债务危机使得拉美国家“失去了发展的十年”，亚洲金融危机将亚洲经济倒退了五六年，日本经济更是经历了十年的徘徊。中国尽管躲过了多次全球、地区性金融危机的正面冲击，但这并不意味着我国的金融体系已具备了内在稳定性和较强的抗风险能力，我国金融体系的稳定性正面临着前所未有的挑战。金融不稳定成因复杂、成本巨大，涉及整个经济生活和社会稳定，金融稳定逐渐受到各国政府和国际机构的高度重视，是一个国家货币政策和金融监管的主要价值取向。对这一课题的研究正在全球范围内形成一种趋势。

目前，国外对于金融稳定的研究已经初具规模。1999年，国际货币基金组织和世界银行联合开展“金融部门评估规划”（FSAP），对成员国金融稳定的状况进行评估；国际清算银行也于1999年成立了金融稳定研究所（FSI）和金融稳定论坛（FSF）；国际货币基金组织等国际机构和许多国家的中央银行都开始定期出版《金融稳定报告》（FSR）。但总的来说，关于金融稳定的研究还远未成熟，包括如何定义金融稳定在内的很多问题都还没有一致的意见，正如伦敦经济学院的 Goodhart 教授所言，“这方面的研究还有很长的路要走”。中国对这一领域的研究更是滞后于国外。

金融监管职能从中央银行中分离出来，是当前国际金融业发展的一个新趋势。但无论中央银行是否履行监管职能，其维护宏观金融稳定的职能不仅没有削弱，反而有所加强。修订后的《中国人民银行法》提出了金融稳定的概念，明确规定中国人民银行具有维护金融稳定的职责，在进一步增强中央银行制定和执行货币政策职能的同时，突出了中央银行在维护金融稳定中的作用。这是我国第一次在正式的法规中提出金融稳定的概念。然而，什么是金融稳定？金融稳定内涵如何界定？如何协调中央银行与金融监管当局及其他宏观经济部门的关系以确保金融稳定？这些问题不仅在法律上并未明确，即使在理论层面也没有得到很好的回答。解决好上述问题，不仅有理论探讨上的意义，而且有助于人民银行在维护金融稳定的实践中对自身职能有一个准确的定位，最终实现宏观金融稳定。

二、金融稳定的内涵与界定

金融稳定的内涵界定是金融稳定研究不可回避的逻辑起点，目前，国际上还没有公认的关于金融稳定的定义，学术界关于金融稳定的定义大体上可以分为两类：一类是用金融稳定时不应有的特征来间接描述金融稳定的内涵；另一类则是用金融稳定的具体特征来直接描述其内涵。

第一类界定的代表文献有 Crockett（1996）、Mishkin（1999）和 Chant（2003）等。国际清算银行总裁 Crockett（1996）认为，“金融稳定是指没有不稳定的隐患……金融不稳定是由金融资产价格的波动或金融机构无法履约所引起的”。哥伦比亚教授 Mishkin（1999）认为，造成金融不稳定的原因是经济中的各种冲击因素干扰了信息传递，致使金融体系不能正常运转。加拿大银行特别顾问 Chant（2003）认为，金融不稳定是指一种状态，它可以损害特定金融机构和金融市场的运转，致使它们不能为其他经济实体进行融资，还可以损害家庭、公司以及政府部门等。

第二类界定的代表文献有 Padoa - Schioppa（2003）、Duisenberg（2001）、Wellink（2002）、Foot（2003）等。欧洲央行执行委员会委员

Padoa－Schioppa（2003）认为，金融稳定是一种状态，即金融体系能够承受冲击并且不会在经济中造成支付程序和储蓄转向投资过程的累积性损害。欧洲央行行长 Duisenberg（2001）认为，金融稳定是指构成金融体系的主要要素都能平稳地运行。荷兰央行行长 Wellink（2002）认为，一个稳定的金融体系应能有效地分配资源和承受各种冲击，防止各种冲击对实体经济和金融机构产生不良的影响。英国金融服务机构执行董事 Foot（2003）认为，金融稳定要满足以下几点：一是币值稳定；二是失业水平接近自然率；三是经济中的主要金融机构和市场正常运转；四是经济中的实物资产或金融资产的相对价格变化不会影响币值稳定和就业水平。

相对而言，金融不稳定的特征更容易被人们所觉察。金融稳定性的对立面是金融不稳定性，金融不稳定最后的和典型的外在表现就是金融危机。因此，正如美联储副主席 Roger W·Ferguson 所说，定义金融不稳定似乎更加容易一些。他认为金融不稳定具有以下三个特征：（1）一些重要金融资产的价格集合严重脱离了其基础；（2）国际、国内的市场功能及信贷可得性严重扭曲；（3）前两项的结果导致总支出或高或低严重背离了实体经济的生产能力。

以上可以看出，不同学者对金融稳定的定义各有侧重，并没有一致的意见。本文基于金融稳定框架的构建，将对金融稳定的内涵做一界定，此前基于四点考虑：一是全局性的观点。作为金融机构的“最后贷款人”和支付清算体系的提供者和维护者，中央银行应立足于维护整个宏观金融体系的稳定，在密切关注银行业运行态势的同时，将证券、保险等领域的动态及风险纳入视野，重视关键性金融机构及市场的运营状况，注意监测和防范金融风险的跨市场、跨机构乃至跨国境的传递，及时采取有力措施处置可能酿成全局性、系统性风险的不良金融机构，保持金融系统的整体稳定。二是动态性的观点。金融稳定是一个动态、不断发展的概念，其标准和内涵随着经济金融的发展而发生相应的改变，并非是一成不变而固化的金融运行状态。健康的金融机构、稳定的金融市场、充分的监管框架和高效的支付清算体系的内部及其相互之间会进行策略、结构和机制等方面的调整及其互动博弈，形成一种调节和控制系统性金融风险的整体的流动性制度架构，以适应不断发展变化的金融形势。三是效益性的观点。金融稳定不是静止的、欠缺福利改进的运行状态，而是增进效益下的稳定。一国金融体系的稳定，要着眼于促进储蓄向投资转化效率的提升，改进和完善资源在全社会范围内的优化配置。建立在效率不断提升、资源优化配置和抵御风险能力增强等基础上的金融稳定，有助于构建具有可持续性、较强竞争力和良好经济效益的金融体系。四是综合性的观点。金融稳定作为金融运行的一种状态，需要采取不同的政策措施及方式（包括货币政策和金融监管的手段等）作用或影响金融机构、市场和实体经济才能实现，从而在客观上要求对金融稳定实施的手段或政策工具兼具综合性的整体考量。

笔者认为，金融稳定是一个具有丰富内涵、动态的概念，它反映的是一种金融运行的状态，体现了资源配置不断优化的要求，服务于金融发展的根本目标。基于以上看法，结合现有文献对金融稳定概念界定的合理内核，本文提出一个从长远和系统的角度出发的、简洁明确的、具有可操作性的金融稳定定义，即：金融稳定包括两个层面：金融稳定状态和金融稳定性。前者是概念体系的表层，指构成金融体系的金融机构、金融市场和金融基础设施都平稳运行和发挥作用；后者是概念体系的内层，指金融体系具有很强的承受各种冲击的能力和弹性。金融稳定目标是两个层面的结合。

第一，上述定义两个层面的结合使得金融稳定不只是一种停滞的、静态的稳定，而是一种动态中的稳定；不只是一种外在表层的稳定，而是一种外在表层和内在深层相结合的稳定。就像一个人的健康一样，不仅表现在当前人体的各个器官都运行良好，而且还需要有抵抗能力，来应付未来不确定的来自自身和外部的冲击。如果只有当前金融体系主要要素的运行良好，而没有吸收冲击的能力和弹性，那么这种稳定是不长久的。

第二，作为第一个层面的金融稳定状态不是一个特定的状态点，而是一组连续的状态集合，并且这一集合也有着动态的发展。金融体系本质上来说是和不确定性有关的，并且由相互关联的、不断发展的要素（金融基础设施、金融机构、金融市场）构成；相应的，金融稳定可以看作这些要素在一定范围内不同状态组合的集合，而这一范围则是由各要素的平稳运行和发挥作用条件给出，其边界具有一定的模糊性。并且，这一范围有着动态的变化过程，在某一个时点一组状态组合所能代表的某一金融稳定状况，在其他时点就可能代表着不太稳定或者更加稳定，这取决于金融体系外的其他方面，如技术、政治以及社会的发展等。

第三，金融稳定状态指的是金融体系整体的平稳运行和发挥作用，并不排斥正常竞争因素引起的价格波动或不影响整体的机构倒闭，相反，这是有效提高金融机构和金融市场稳定的积极因素，是应当鼓励而不是抑制的。

第四，金融稳定性包括以下内容：（1）货币供求均衡从而币值（通货）稳定；（2）资金借贷均衡从而信用关系和秩序稳定；（3）金融体系中的关键机构稳定，在无外界援助或干预下就能履行合同义务；（4）金融市场稳定，从而金融资产价格稳定并能反映经济基础因素，当基础因素没有变化时价格水平在短期内不会出现较大波动；（5）国际收支内外均衡，从而汇率稳定；（6）金融体系内部不同系统之间结构协调，金融结构稳固合理，并与经济和社会及其发展阶段有良好的适应性，不至于出现明显裂痕、内部相互冲突的局面，金融运行处于稳定状态。金融稳定性的这六个方面是相互影响、相互作用的。金融稳定的实质是金融体系的功能能够稳定、正常的发挥，从而实现金融平稳增长，投资者的利益能得到保护，有助于经济和社会的有序发展，优化资源的配置；稳定是动态中的稳定，增长和发展中的稳定，而不是停滞、静态的稳定；金融体系不稳定是绝对的、内生的，稳定则是相对的；从企业和金融机构的微观资本结构到宏观经济结构，对金融体系的稳定性都有影响；金融稳定是金融与经济协调发展的结果。

第五，金融稳定性是指金融体系具有很强的承受各种冲击的能力和弹性，指的是当出现内生的或外来的冲击时，金融体系能够不受影响，或者在受到影响而相对于原先的稳定状态产生偏离或者偏离的压力时，仍然有能力朝着恢复金融稳定状态的方向移动，而不是移向更加偏离的方向，即冲击对金融体系的影响是收敛的，而不是发散的。就像一个用绳子悬挂的球，对其一个冲击，振幅是逐渐减小的，最终又回到中间的位置。实际上，金融体系本身并不具有内生的稳定性，这种稳定性需要一整套外生的机制来实现。

第六，金融稳定性作为金融稳定概念的一个重要层面，隐含着一个言外之意，即冲击的难以预测性。对于金融体系而言，冲击产生的源头有很多，可以是内生的，也可能是外生的，想要预测什么时候会有一个什么样的冲击变得越来越困难，很多冲击本身就是随机的，例如突发的自然灾害或者是来自国外的传染，根本无法预测，这就使得金融体系具有承受各种冲击的能力和弹性成为金融稳定的一个内在要求。

三、金融稳定性的作用

（一）有利于金融功能的发挥

金融功能可大体概括为：创造货币，向经济提供流动性；提供有效率的支付系统，进行支付清算服务；在不同的时间、地区、部门和个体之间转移经济资源；建立投资组合和分割所有权的机制，实现小额资金供给与巨额资金需求的结合；集合、分担、转移风险；提供信息，服务于经济决策；在信息不对称的背景下最大限度地把可能参与资金交易行为的经济主体汇入经济周转之中。金融体系功能的实现是建立在广大投资者对金融体系稳定性信心基础之上的。一旦他们对其失去信心，金融功能将大大削弱；从而，金融不稳定可使金融机构陷入困境、金融市场陷入混乱从而削弱金融体系的功能。20 世纪 30 年代大危机期间，全美约有 11000 多家银行破产、合并，使银行总数由 25000 家减至 14000 家。1985 年美国储贷协会危机发生后，1985 ~ 1990 年每年银行倒闭数分别为 120 家、138 家、184 家、200 家、206 家、179 家，而 1980 年只有 10 家。1995 年日本金融风潮发生后，日本最大的信用社一木津信用社破产，接着是兵库银行倒闭。1997 年亚洲金融危机发生后，日产生命公司、三洋证券公司、北海道拓殖银行和山一证券公司接连宣告破产；泰国政府则一次关闭了 56 家金融机构。金融危机还使金融市场陷入混乱甚至摧毁长期形成的金融市场，使之在相当长的时间内难以发挥作用。

（二）有利于金融效率的提高

R·I·罗宾逊（Roland I. Robinson，1974）和 D·怀特曼（Dwayne Wrightsman，1974）认为金融体系的效率分为两种形式，即操作效率（operational efficiency）与配置效率（allocational efficiency）。操作效率以金融过程所发生的成本相对于效益来衡量；配置效率是引导储蓄资金流向生产性用途的有效性。一个能引导资金用于高效率生产用途的市场就是有效率的。A·D. 贝恩（A. D. Bain，1981）将金融体系的效率分为两类：微观经济效率和宏观经济效率。宏观经济效率包括可动员的储蓄与投资水平、市场稳定性（即通过金融体系调动的储蓄和投资规模的稳定性、资产价格和利率的稳定性）、结构稳定性（即金融体系本身具有较高抗风险能力，不会因为其失败而对宏观经济造成极大负面影响）、对宏观经济稳定性的贡献（即金融体系可以发挥经济调节作用，平衡储蓄与投资，促进物价稳定，缓和防止经济周期）。微观经济效率包括金融工具的范围、弹性与选择（有弹性的金融体系高效率地配置资源）、规模与风险、证券价格与利率、管制、税收和补贴、运行效率（中介成本的高低）、动态效率（金融体系创新和适应环境变化的能力）。从以上金融效率的定义可以看出金融稳定与金融效率的相互促进关系。

按照F·S·米什金的金融危机定义，我们更可以看到金融稳定与金融效率的一致性。在A·D·贝恩金融效率的界定中，金融效率中包含了金融稳定因素。在某种程度上，特别是从长期来看，金融稳定与金融效率互为条件，相互促进。只有金融稳定，从而使金融资产价格稳定并能反映经济基础因素，才能确保引导储蓄资金流向生产性用途的有效性。没有金融稳定作为基础，金融效率就不可能持续提高。如果人们对一国政府发行的货币和债券产生怀疑，中央银行通过公开市场业务调控汇率、利率、货币供应量的能力就会降低；如果金融机构不良资产的比重过高，其破产的可能性就增大，其竞争和创新能力会下降；如果出现金融动荡，恐慌的市场反应信息的能力会大大降低；金融危机会降低一国经济的货币化程度。

（三）有利于经济和社会健康发展

金融稳定是经济可持续发展的基础和前提。约瑟夫·斯蒂格利茨说过："金融体系良好运作时，经济就能保持强劲增长；而一旦金融体系出了故障，就会爆发危机，延缓经济增长。金融危机一再发生着，近年来甚至有愈演愈烈的迹象"。纵观人类社会的经济发展史，金融不稳定性的正面效应在于对以往经济内在发展中不良问题的深刻揭示与纠正，恢复经济与金融运行的正常秩序。但换取这种正面效应的代价是相当巨大和昂贵的。

近年来的研究已将金融不稳定带来的经济损害进行了量化。经济损害有多种形式，如银行倒闭、企业破产、职工失业、为处置银行坏账所负担的财政支出、外汇储备的损失、GDP的下降等等。无论是新兴市场国家，或是工业化国家，金融不稳定发生后，为保护存款者、投资者利益和挽救有问题的金融机构，政府需要付出财政成本来重筑金融部门和恢复经济活力。政府财政支出包括：支付银行部门以前担保的款项；向银行部门提供流动性资金援助；帮助银行满足资本充足率要求；购买银行的不良贷款。据国际货币基金组织统计，从1980年到1995年该组织的181个成员国中就有131个国家发生过严重的金融问题。墨西哥金融危机爆发后，其国内生产总值增长率由1994年的4.4%下降到1995年的-6.2%。亚洲金融危机爆发后的1998年，印度尼西亚的经济增长率跌至-13.7%，马来西亚跌至-6.7%，韩国跌至-5.8%，泰国跌至-9.4%。1975~1994年间，没有发生银行危机的国家，经济一直在缓步增长，而发生银行危机的发展中国家则在危机发生后的5年中经济增长率慢至仅1.3%。1997年的亚洲金融危机其规模之大，时间之长，为历次危机所罕见，对亚洲和世界产生了巨大冲击和危害。另据统计和比较，“一战”中直接毁于战争的财富价值为360亿美元，直接和间接的全部损失为3380亿美元。“二战”主要参与国的损失是4万多亿美元。但美联储1998年2月公布的研究报告统计，亚洲金融危机仅在1997年给世界投资者造成的直接经济损失就高达7000亿美元，是“一战”经济损失的2倍多，其中亚洲共损失5160亿美元。

（四）有利于维护金融和经济安全

20世纪90年代初以来，从国际政治关系来看，随着前苏联的解体和冷战的结束，和平和发展成了当代世界的两大主题，政治斗争、军备竞赛退居次要地位，经济发展成为国际关系的主基调，经济安全成为国家安全的重要组成部分和关键因素。而金融作为现代经济的核心与神经中枢，金融安全就成为经济安全的核心和关键，金融安全问题引起了全世界的广泛关注和高度重视。而金融不稳定不仅破坏金融安全，而且损害经济安全，甚至危及到国家安全。金融危机带来的财富损失、经济衰退、外汇储备减少和财政赤字等，直接削弱了一国对外实行战略防御的经济实力。金融危机引起的社会和政局动荡直接威胁国家安全。中国作为社会主义的发展中大国，经济安全和国家安全问题至关重要。吸取历次金融危机受害国的教训，维护金融稳定，以消除威胁经济安全和国家安全的不利因素，具有长远的战略意义。

四、对我国金融稳定性的再认识

（一）金融稳定性因素分析

改革开放20多年来，我国金融改革和发展取得了很大成绩。但与此同时金融风险及不稳定因素的累积也令人担忧。尽管中国躲过了20世纪90年代多次地区和全球性金融危机的正面冲击，但这并不意味着中国的金融体系已具备了内在稳定性和较强的抗风险能力，相反，我国金融体系存在着诸多潜在的不稳定性因素。一是经济增长方式与经济结构不合理。储蓄率和投资率偏高，消费率偏低。经济增长长期过度依赖投资和出口，高消耗、高投资的粗放型经济增长模式，会影响实体经济的盈利和可持续发展的能力，易导致经济剧烈波动，威胁金融机构和金融市场的稳健运行。从经济结构来看，投资区域与投资产业的不平衡以及金融资源在市场主体间的配置效率不高或者“错配”现象，也将影响金融稳定。二是经济和金融全球化的溢出效应使我国经济金融的发展与发达国家的关联度不断加深，金融稳定越来越多地受到国际经济金融环境的影响，与全球化收益相伴而来的不确定性和风险也在相应增加。三是汇率制度改革的力度与调整时机的把握难度增加，有可能刺激资本大规模流动，导致汇率大幅波动，并有可能造成国内信贷过度膨胀，增加金融体系的风险。四是财政风险向金融风险的转嫁。财政综合负债数额较大，特别是社会保障资金不足、地方政府债务等所形成的或有债务数量大、影响面广，已成为当前危及金融稳定的一个重要因素。五是金融机构的公司治理不尽完善。主要表现：（1）由股权结构不合理和所有者缺位引发的预算软约束和内部人控制；（2）市场化激励约束机制的不完善；（3）金融机构组织构架的缺陷导致的内部委托代理成本过高；（4）监管模式的不完善。六是金融结构的不合理。突出表现在融资结构上：第一，直接融资与间接融资比例失调，债券市场和股票市场的发展总体滞后，企业在自有资金不足的情况下，融资高度依赖于银行体系，银行承担了过多的风险。第二，人民币存贷款期限错配问题比较突出，贷款投向过于集中，贷款期限结构不合理，特别是商业银行的中长期贷款比例过高，潜在的流动性风险不容忽视。第三，在直接融资中，债券市场发展缓慢，债券品种结构不合理，国家财政债券比重高，企业债券比重低，市政建设债券几乎空白。第四，在直接融资中，证券市场系统性风险严重，股权分置问题尚待全面解决，市场结构和体系存在很大缺陷，缺乏针对投资者的利益保护机制。投资者结构仍以中小投资者为主，投资者的资金杠杆指标值高，风险承受能力较低。区域金融结构中，农村金融体系的风险也逐步显现：首先，农信社改革虽取得一定进展，但财务风险依然严重；其次，非正式金融（如民间、地下金融组织）的迅速发展、相应金融法规与监管制度的缺失都给金融稳定带来风险；第三，大量资金回流城市，农村资金供需缺口存在加剧的风险。七是金融机构风险向中央银行转移。主要表现：第一，人民银行对金融机构的再贷款数额巨大，且大部分已经难以回收；第二，利用外汇储备充实国有商业银行资本金，同时对存在危机的金融机构采取救助行为；第三，中央银行再贷款的财政化，使再贷款的收息率降低、中央银行的人民币业务连续亏损、央行的财务状况恶化、可交易资产减少及调控货币供应量的能力受损。八是交叉性金融业务的风险监测和监管有待完善，蕴藏着跨机构、跨市场和跨境风险。目前，投资者尚缺乏对交叉性金融业务的全面了解，风险意识不足，金融机构还没有建立起有效的交叉性金融业务风险防范和内控机制，对部分业务还存在着监管真空，监管制度有待完善。九是金融机构风险处置中的道德风险防范。近几年在救助和关闭金融机构过程中的个人债权通常由政府垫付，这种方式不利于提高投资者的风险意识和增强对金融机构经营活动的市场约束，还有可能诱发金融机构的盲目扩张和恶意经营行为。在风险处置中如何既维护金融稳定又防范道德风险，已经成为亟待解决的问题。十是信用体系脆弱与金融安全。我国的信用制度的建设与发展有两个显著的特点：第一，缺乏成熟而健全的企业制度、金融制度以及与此相关的金融监管制度，导致社会的信用基础薄弱，整个金融运行风险过大。第二，在转轨的过程中，银行与企业、企业与企业之间，并不存在真正意义上的信用关系，这一点已经由过去存在的“三角债”、企业债转股、企业逃废债等所证明。失信现象的出现，将严重破坏市场经济正常运转的基本秩序，因而建立健全信用体系是金融稳定的一个重要保障。

事实上，中国金融体系至今尚能保持总体稳定的主要原因，一是迄今为止的渐进式金融改革与开放政策，控制住了市场化和国际化的次序和节奏，避免了过度自由化和过早开放所带来的风险与冲击；二是在经济和金融总量的快速扩张中，稀释并掩盖了现存的诸多风险与不稳定因素。如果说过去我们之所以能够避免发生金融危机，很大程度上归功于渐进式改革和开放带来的经济高速增长；之所以能够抵挡国际金融危机的侵袭，归因于资本市场的尚未开放和人民币的不可自由兑换。随着改革的深入尤其是金融改革进入攻坚阶段，市场化改革和对外开放的步伐进一步加大，我国金融风险与不稳定因素将随之凸现，金融体系的稳定性会面临一系列前所未有的考验和挑战。

（二）金融稳定性政策分析

1. 金融监管与金融稳定

依法对金融业实施监管是控制金融业的整体风险，促进金融机构谨慎经营，维护金融体系稳定的有效手段。我国现行金融监管体制存在的突出问题有三：一是监管体系架构不合理，强调政府职能多，对金融机构治理结构和内控机制以及市场机制的有效作用发挥还不到位。二是分业监管导致银行、证券、保险三大监管部门之间的协调机制尚不健全，三大监管部门同财政、税务、监察等政府部门之间也缺乏有效协调，由利益冲突导致的政策措施相互抵触的现象时有发生，重复检查、重复监管也比较常见。这不仅降低了监管效率，提高了监管成本，也容易形成监管漏洞。三是金融监管的法治化尚有较大差距。在监管权行使的方式上，主观随意性大，注重行政命令、传统计划手段管理经济的习惯方式尚未根本改变；在监管权行使的程序上，监管者享有过大的自由裁量权，实践中存在大量不按程序办事的情况；在监管权行使的后果上，监管行为的非理想化问题还比较突出。

2. 中央银行与金融稳定

近年来，越来越多的国家或明或暗地在其中央银行法中将维护金融稳定、保障金融体系安全作为央行的另一重要目标。我国刚刚引入金融稳定的概念，许多工作还在摸索之中。尽管《中国人民银行法》中已明确了中央银行维护金融稳定的职能，但在实践中尚有许多问题没有得到解决。一是金融稳定没有像货币政策那样在法律上予以明确的目标，容易导致中央银行在维护稳定中的角色错位，特别是容易将个别机构的风险夸大为系统性风险而要求中央银行救助。二是中央银行维护金融稳定的措施或手段不明确，法律中表述不具体，造成的结果是一提维护金融稳定就是让中央银行拿钱。三是人民银行与监管当局之间的长效协调机制尚未建立，而金融稳定往往涉及到金融机构、金融市场、监管当局以及各级政府部门等多个方面，协调机制的缺乏极易导致各方在维护金融稳定中的职责不清。四是缺乏通畅的市场退出机制，问题机构越积越多，逐渐对宏观金融稳定构成影响。五是中央银行用于维护金融稳定的再贷款使用没有统一的标准，紧急流动性支持往往最终演变成救助或弥补损失，特别是在处置金融机构风险过程中用公共资金对自然人债务的全额偿付不仅可能造成再贷款损失，更容易产生严重的道德风险。绝大多数国家的中央银行在非金融危机期间对金融机构的紧急流动性支持要求有足额的抵押品，而且利率要高于市场利率。六是始终未将保证支付体系安全提到维护金融稳定的高度来认识。

五、建设维护金融稳定工作的长效机制

金融稳定是一项系统工程，应当按照系统论的“功能耦合”原理，建立一套分工协作、权责明确、运作高效的工作架构。结合我国实际，笔者认为可以从“建立目标框架、构建运作流程、完善政策机制”入手，建立起维护我国金融稳定的长效工作机制。

（一）建立目标框架

金融稳定目标的实现是一个系统工程，需要有一个系统的思路。笔者认为，构建金融稳定的框架，应包含四个方面的整合：第一个方面是对金融不稳定来源的分析体系。只有对金融不稳定产生的不同源头及其扩散的机制有了深入的了解，才能对现实的金融体系状况展开全面的分析，才能

有效地建立促进金融稳定的总体战略和针对不同情况的具体应对措施。第二个方面是金融稳定的评估体系。通过该体系从静态来说可以对当前的金融稳定状况有一个基本的判断，从动态来说可以实现对金融稳定状况的宏观监测，从而及早发现风险苗头，预测金融体系所受的压力，分析当前金融稳定状况及其动态变化的产生原因，进而采取相应的政策和措施。第三个方面是实现金融稳定的政策体系，包括促进金融稳定的总体战略和针对不同金融稳定状况的应对措施，通过该体系的相应实施以保证金融体系防范风险、维持或恢复稳定状态。第四个方面是金融稳定目标的责任归属和相关协调体系。金融稳定目标的实现需要政策当局来承担，这就涉及到不同政策部门的责任归属、部门间的协调、金融稳定目标与货币稳定等其他政策目标之间的协调以及金融稳定政策的国际协调等问题，合理有效的责任归属和相关协调体系能够保证金融稳定目标的顺利实现。

以上四个方面的有机结合就构成了一个金融稳定框架，该框架与本文第二部分提出的金融稳定概念相一致。一方面，这一框架整体的构建安排结合各部分的合理设计可以使得金融体系具有承受和应对冲击的能力和弹性，而当这一整套维护金融稳定的体系为公众所认可，人们对其具有信心，则这种能力和弹性就会得到极大的加强，从而保证了金融体系具有内在的稳定性；另一方面，无论是否有影响金融稳定的冲击出现，这一框架的有效运行都能使得金融体系维持金融稳定状态或者朝着这一方向发展，从而实现构成金融体系的金融机构、金融市场和金融基础设施都能平稳地运行和发挥作用。

上述这一框架体现了金融稳定的分析、政策和运作三个层面的内容，其中金融不稳定的分析体系和金融稳定的评估体系属于分析层面；实现金融稳定的政策体系属于政策层面；金融稳定目标的责任归属和相关协调体系则属于运作层面。三个层面的动态配合，形成一个整体，共同保证金融稳定目标的实现。

（二）构建运作流程

1. 金融不稳定来源的分析。这是对金融不稳定产生的源头及其扩散机制进行研究。总的来看，金融不稳定由两大类冲击引起：一类是来自金融体系的内生冲击，包括来自本国金融机构、金融市场和金融基础设施的冲击；另一类是来自本国金融体系之外的外生冲击，包括源于本国的实体经济、宏观经济政策、非经济层面以及来自国外的冲击。冲击的来源判断十分重要，因为不同来源的冲击有着不同的应对措施。对冲击扩散机制的研究，包括了金融不稳定的国内形成机制和来自国外冲击的传染机制两个方面，这两个方面往往相互作用，共同推动冲击的扩散，导致金融不稳定甚至金融危机。在金融不稳定的形成过程中，经济周期、金融自由化、金融全球化等都会对其产生重大的影响。金融不稳定来源的分析是金融稳定框架的一个出发点，长期以来，学术界从不同的角度和方面对金融危机和金融脆弱性进行了研究，从而为整个分析体系的构建提供了极为雄厚的理论铺垫。

2. 金融稳定的评估体系。要维护金融稳定，需要及时和准确地了解关于金融体系稳定状况的信息，这是采取相应对策的前提。金融稳定评估体系的建立就是要对整个经济和金融体系进行实时的监控，准确地判断当前的状况，合理地预测可能的冲击会对金融稳定造成的影响，客观地评价当前金融体系吸收冲击的能力。当前，国际货币基金组织和世界银行联合开展的“金融部门评估规划”已经建立起了一套较为完整的金融稳定评估框架，主要包括三个方面：一是宏观审慎分析，包括运用金融稳健性指标（FsIs）衡量金融体系的稳定状态和运用压力测试来衡量冲击对于金融体系稳定性的影响；二是对金融基础设施进行评估，包括对支付体系、会计制度、公司治理、金融安全网等的评估；三是微观审慎分析，即利用微观审慎指标对银行、证券、保险等不同部门进行评估和监控。上述三个方面为金融稳定的评估体系提供了一个基本的框架，并且为不同国家建立自己的评估体系提供了一个根据本国实际情况进一步优化的平台。

3. 金融稳定的政策体系。为实现金融稳定，首先应根据本国金融不稳定来源的分析，制定相应的总体战略，包括金融改革的步骤和进度安排、金融开放的步骤和进度安排、汇率制度的设计等。另一方面，针对金融体系所处的不同状态，应采取相应的应对措施，而状态的识别，则由金融稳定的评估体系来完成。当金融体系处于稳定状态时，应相应采取防范性的措施，以控制潜在的金融风险；当金融体系的状况出现偏离稳定状态，向不稳定方向移动时，就要采取影响或纠正这种状况的措施和政策，以引导经济恢复正常运转，消除金融体系中的不稳定因素，恢复金融稳定；当金融体系出现危机时，当局就需要采取激活金融安全网、对金融机构或体系进行注资等积极的救助性措施和政策，以恢复金融体系的正常功能及增强投资者的信心，从而化解危机，实现金融稳定。值得注意的是，金融稳定政策与道德风险具有相互关联性，金融稳定政策体系设计和运行的偏差会导致金融系统内的道德风险倾向更高，从而从长期来看又会成为金融不稳定的一个来源。因此，在金融稳定政策体系的机制设计上如何寻求高度金融稳定与低道德风险的平衡将是一个政策难点和挑战。

4. 金融稳定目标的责任归属和相关协调体系。关于金融稳定的分析、评估和相关政策需要具体的部门来实施和执行，中央银行由于其特有的性质，往往成为金融稳定目标的主要承担者。但是，中央银行在执行维护金融稳定职能的过程中，需要金融监管部门和财政部门等的协调和配合，特别是，当危机出现时，由于相应的救助性措施和政策工具归属于不同的部门负责，在尽可能短的时间内如何相互协调，共同采取措施就十分重要。因此，事前对于金融稳定目标的责任归属应有一个明确的划分，并制定应急组织体系和决策体系，以便出现突发性冲击后能够快速有效地采取相应措施。当前，很多国家的中央银行都将维护货币稳定和金融稳定作为两个主要的政策目标。但是，这两个目标之间既有一致性，也存在冲突，如何协调两个政策目标是一个十分重要的课题。此外，金融稳定目标的实现还存在一个国际协调问题，因为金融的不稳定具有传染性，很容易通过多种渠道出现国际间的传染，因此，国际间的政策协调十分必要，特别是当出现危机状态时，国际间的协调显得尤为重要。

（三）完善政策机制

1. 完善金融监管体制

首先，健全多层次的金融监管体系架构。金融监管应以中国银行业监督管理委员会、中国证券业监督管理委员会、中国保险业监督管理委员会等为政府监管层，负责对金融监管，维护金融安全；以银行同业公会、证券业协会、保险业协会等组织作为行业监控层，实行行业自律；以会计师事务所、资产评估公司、资信评级机构、律师事务所、新闻媒体等作为社会监督层，负责对金融企业的财务状况、资信情况进行审查，提高金融业的透明度；以金融机构的法人治理和内控机构组成自我监督层，负责本企业的风险控制。

其次，完善对监管者监管的体制，核心是实现监管法治化。金融监管权的行使必须依据法律，不得与法律相抵触。具体是指：第一，职权法定，即监管权的取得源于法律，无法律便无管理，监管者应在法律授权的范围内行使权力；第二，程序法定，即监管权的行使应遵循法定且合理的方式、步骤、时限；监管权的发挥应贯彻公开、参与原则，自觉接受社会监督；第三，责任法定，一方面，监管职权与职责统一，法律赋予监管者职权，就是赋予其义务和责任；另一方面，监管者因违法失职、滥用职权、从事特定的违法行为给相对方的利益造成不利影响，应给相对方提供法律上的救济途径，以保障相对方的合法权益；第四，体制法定，即金融监管权应在不同政府机构之间科学、合理配置。

最后，监管者应为金融机构内控机制作用的发挥创造体制条件。在金融机构由于出资人权利虚置的产权制度缺陷导致巨大的代理风险和“内部人控制”的情况下，要金融机构建立风险约束的自律机制是十分困难的。因此，一方面要鼓励金融机构进行股份化改造，有条件的成为上市公司，实现股权多元化和股权的强约束；另一方面，要完善金融机构内部控制制度，从组织结构、会计规则对资产和投资等方面来构建内部控制；同时，建立信息披露制度，以法明确规定有关金融活动信息披露的义务人、信息披露的内容和形式、信息披露的原则和标准，为监管当局和社会对金融机构的有效监管创造条件。

2. 货币金融政策的制定要兼顾金融稳定

金融体系的稳定对有效实行货币金融政策非常重要，同样，货币金融政策对金融稳定的影响也很大的，而且是多方面和多层次的。在宏观经济政策中，货币政策和汇率政策对金融稳定会产生很大的影响。以对银行体系稳健性的影响为例，张性的货币政策有利于提高银行的盈利能力，银行内部的问题往往很容易被掩盖起来，但是随着通货膨胀的不断恶化，中央银行不得不采取反通货膨胀的货币政策，其结果往往是房地产和金融资产泡沫的破灭和大量不良贷款的出现，从而增加银行体系的不稳定性。从汇率政策的角度来看，本币币值长期高估会对出口企业带来不利影响，最终都会反映到银行的盈利能力和资产质量上，还会影响到银行持有的外币风险敞口；汇率的急剧波动常常伴随着实际利率的上升；存款人对本币大幅度贬值的预期会引起资本外逃和银行挤兑，会将在本国银行的存款转移到国外或在本国的外资银行，而资本外逃和银行挤兑对银行制度稳定性会带来灾难性的打击。

因此，增强中国金融体系的稳定性，使我国的金融稳定地运行和发展，是中国金融经济乃至社会稳定和发展中的一个关键性问题，而货币金融政策作为实现经济发展的重要政策，必须要兼顾金融稳定。针对我国金融稳定实践中存在的上述问题，应在以下几个方面加以改进：（1）明确我国金融稳定的目标是保持币值稳定，维护支付体系安全，防止金融机构和金融市场系统性风险的发生，使金融稳定工作更有针对性；（2）建立类似英格兰银行与英国财政部、金融服务局之间的谅解备忘录，明确有关各方的信息共享机制及在维护金融稳定中的职责，提高风险预警性和处置风险的及时性；（3）明确中央银行用于紧急流动性支持（维护金融稳定）再贷款的使用条件，确保中央银行资金的安全，防范道德风险的发生；（4）尽快建立存款保险及投资者补偿制度，形成有效的市场退出机制，既防止个别机构的风险演变成系统性风险，又建立起有效的市场监督和约束机制，减轻道德风险的危害；（5）加快金融体系和金融市场的改革，促进银行、证券和保险三业的协调发展，逐步扩大直接融资比例，通过市场化的手段使金融行业的风险得到分散，降低系统性风险。

3. 尽快建立金融稳定协调机制

修订后的《中国人民银行法》明确规定由国务院牵头制定金融稳定协调机制，已经为我国金融稳定协调机制的设立预留了空间。近年来，人民银行各分支行为履行好金融稳定职责，陆续建立了形式各异的区域金融稳定协调机制，但从运行的效果看不尽如人意，主要原因是金融稳定协调机制没有自上而下建立。因此，必须抓紧建立我国金融稳定协调机制。建立金融稳定协调机制没有固定的模式和成功经验可供借鉴，同时还要考虑我国的现实政治、经济、金融、法律等制度安排。笔者认为，一是要明确金融稳定协调机制的职能定位。我国的金融稳定协调机制应当以防范和化解金融系统性风险，维护金融体系稳定为首要目标，以加强监管协调，降低监管成本，防止监管真空，提高监管效率为其次要目标，以加强协调合作，维护金融体系的稳定、效率和竞争为最终目标。二是明确金融稳定协调的主体。由国务院牵头，中国人民银行主导，银监会、证监会、保监会、财政部参加，以增强金融稳定协调宏观性、全局性。三是明确金融稳定协调的方式和内容。建立并落实定期工作例会制度、联合检查制度、信息交流制度。同时，为维护金融稳定的协调性和有效性，国务院应尽快出台相关的行政法规，使《中国人民银行法》第九条规定的内容具体化，使金融稳定协调有规可循、有法可依，从而有效维护金融体系的稳定。

（写作时间：2007 年 3 月）

随着我国经济与世界经济的加速融合，我国的洗钱犯罪活动也日益猖獗。加强反洗钱工作对防范金融风险、维护正常的金融秩序和金融体系的稳定，具有十分重要的意义。近年来，笔者在推进我国反洗钱工作方面开拓性地实施了理论探讨和实践，率先与公安部门建立合作机制，对反洗钱实施本外币协调监管取得了显著成效。

对推进我国金融领域反洗钱工作的探索与思考

随着金融全球化与经济国际化进程的加快，洗钱已变成一种无国界的行动，成为又一国际公害，冲击着经济金融系统，扭曲社会资源配置体系，侵蚀着社会道德秩序，给社会造成重大危害，并逐渐由发达国家向发展中国家蔓延。洗钱犯罪是国际社会共同面临的重大问题，只通过少数几个国家的立法制裁、打击洗钱行为，其司法效果和威慑力十分有限，反洗钱日益成为国际社会包括发展中国家的一个共同任务。

一、我国对反洗钱的认识和定位

我国反洗钱工作起步较晚，又面临在无过渡期的情况下直接与国际标准接轨的现实压力。而国际组织和以美国、英国和澳大利亚等为首的西方发达国家已形成较为完整的反洗钱法律标准体系、专业机构、可疑交易报告制度和国际合作机制。从20世纪80年代末开始，各个国家从加强国内立法阶段走向组建全球性的反洗钱组织阶段，形成全球统一公约的新局面。目前，已有包括我国在内的100多个国家加入，这些签约国纷纷在其国内实体法中将洗钱规定为犯罪，并积极承担了在打击洗钱犯罪方面开展国际合作的义务。与西方发达国家的反洗钱实践相比，我国反洗钱法律法规的体系、内容与国际社会要求还有相当距离。

（一）国际反洗钱经验借鉴

1. 反洗钱立法和监管的国际比较

各国反洗钱都制定了不同位阶法律法规，组成反洗钱组织框架类似，体系严密。

（1）美国。从全球范围来看，美国在反洗钱方面起步较早。美国反洗钱的相关立法从法律效率上，可以分为两个层次：第一层次是由美国国会制定的关于洗钱犯罪的法律；第二层次是根据法律的“授权”由有关的政府机关制定的关于洗钱的行政法规。另外，为使反洗钱法规具有可操作性，法律授权有关部门制定配套的反洗钱行政法规，或是在这些立法中明确指出财政部长、美联储等应该根据法律的有关规定对相关问题进行规范，使得法律的实际执行有章可循。美国的反洗钱的执行机关包括财政部、司法部、国内收入署、联邦调查局和美国邮政总局等，其中美国财政部所属的金融犯罪情报中心是政府授权收集、分析反洗钱情报并向行政执行部门移交案件的专门机构，是美国的金融情报中心（FIU）。国家税务总署负责监督有关金融机构及其从业人员或其他企业、个人遵守税法规定的金融交易报告义务。美国海关总署则负责调查与走私或意图逃避货币、金融票据转移报告义务的洗钱犯罪。

（2）英国。英国反洗钱的立法和监管框架从法律效力上可以分为四个层次：第一层次是由英国议会制定的控制洗钱犯罪的单行法律；第二个层次是根据法律的“授权”由有关的政府机关制定的控制洗钱的行政法规；第三个层次是由英国金融服务监管局等监管机构制定的规则；第四个层次是由有关的行业组织制定发布的一些反洗钱相关的指导性的行业准则。除政府先后制定了一系列反洗钱法律法规外，有关的行业组织也制定了一些指导性的行业操作准则，以规范金融机构的行为和及时推广金融领域反洗钱的成功经验。英国的反洗钱监管机构包括内政部、财政部、资产追还局、国家刑事情报中心（NCIS）、警察、海关和金融监管局等。其中，国家刑事情报中心及其下属的“打击严重犯罪办公室”是接受和处理各金融机构可疑交易报告的机关，该局由各地警察和海关官员联合派人组成，是英国的金融情报中心。在英国，要求各金融机构内部都设立反洗钱报告官，负责收集分析和报告本金融机构内部各个部门的可疑交易信息。

（3）澳大利亚。澳大利亚的反洗钱法律制度也是由立法、行政法规和行业自律规范三个层次构成。第一个层次是由澳大利亚联邦议会制定的反洗钱立法；第二个层次是按照法律经授权由政府主管部门制定的行政法规；第三个层次是澳大利亚银行联合会和其他金融业自律组织制定的不具有法律约束力的指导准则等规范性文件。澳大利亚反洗钱的职能部门主要由两个层面的不同部门组成。第一个层面是反洗钱查处机关和监管机构，又分为联邦和各州两个层次。在联邦这一层次上，有国家犯罪局、澳大利亚联邦警察署、海关总署、税务总署和澳大利亚检查机关、关税部门、国际安全部门和皇家委员会等。在各州这一层次上，有各州的警察，还有某些州设立的特别调查机关。第二个层面是澳大利亚金融情报分析中心（AUSTRAC），负责向司法与关税部长报告。

2. 反洗钱报告制度的国际比较

各国反洗钱情报中心主要职责是非常明确的，即收集、分析和处理可疑交易信息，向执法机构提供可疑案件。其中，可疑交易报告是各国反洗钱情报中心甚至是整个反洗钱工作的基础。关于可疑交易报告，发达国家一般都有专门的立法和规定，如美国《1970 年银行保密法》、英国《1993 年洗钱条例》和澳大利亚的《1998 年金融交易报告法》等。这些国家对不履行报告义务者处以严厉的惩罚措施。但是由于法律体系、历史背景和文化等方面的差异，各国反洗钱情报报告制度和机构安排存在一定的差异，都有各自的特点。

（1）美国。美国实行大额现金交易报告为主、可疑交易报告为辅的信息披露制度。美国反洗钱报告制度的主管机关是财政部，其义务主体包括所有金融机构、与外国金融机构进行交易的美国居民或公民、运送金融证券进出美国者。金融机构应将所有现金交易和可疑交易的报告提交财政部金融犯罪监控系统，同时也明确规定依法报告不违反任何保密义务，对由此所导致的民事侵权享有法定的豁免权。该报告制度规定应报告的交易包括：国内金融机构对超过 1 万美元的现金交易；与外国金融机构进行交易的美国公民居民应保持有利益关系方的记录并对所有超过 1 万美元的现金交易要进行说明；运送价值超过 1 万美元的金融证券进出美国，必须在现金和金融证券报告中进行声明；所有可疑交易。

（2）英国。英国反洗钱的报告制度采用的是基于真实怀疑的可疑交易报告的信息披露模式。它不像美国那样规定常规的现金交易报告，而是要求金融机构对于可能与洗钱有关的交易特别要加以注意并进行审查，将具有洗钱迹象的任何金融交易情况主动地通知有关当局，并应当局的要求，以法定的程序提供必要的交易信息。在施加给金融机构信息披露义务的同时，对金融机构的报告行为加以保护，明确规定这种依法披露不违反任何保密义务。

（3）澳大利亚。澳大利亚反洗钱的报告制度在美国的报告模式基础上进行了一定的改动，规定了大量的免除交易申报的情况，以降低金融机构的费用。澳大利亚金融情报分析中心负责收集、审核、分析各金融机构和现金交易商的金融交易报告，然后将有用的线索提供给联邦调查。澳大利亚金融情报分析中心还制定有关可疑交易报告填报的指导原则并针对不同金融机构类型确定交易报告报送的详细程序和开立银行账户所需提交的信息资料。

3. “40 条建议”已成为反洗钱国际标准和规范

在国际反洗钱的长期过程中，联合国、欧盟、国际金融组织和金融行到特别工作组（FATF）等各个国际组织和各国政府制定通过了一系列反洗钱的国际公约、法律法规和建议，已基本形成了较为完整的国际反洗钱法律标准体系。其中，金融行动特别工作组提出的反洗钱“40 条建议”已经成为国际社会公认的、综合的和一致的反洗钱国际标准和规范。

4. 金融领域成为反洗钱体系的核心

从美国、英国和澳大利亚国家的反洗钱实践来看，金融领域是整个反洗钱体系的核心领域。一是形成科学的系统金融领域反洗钱的核心目标在于提供有价值的反洗钱情报，运行基础在于识别客户，反洗钱深入的关键在于推行以风险为基础的反洗钱方法，让金融机构的反洗钱工作从法律强制走向自觉的目标。二是部门间应形成良性互动：即金融机构按照勤勉尽职的要求，审慎识别客户和交易，提交高质量的可疑交易报告；金融情报中心从中筛选和分析出有价值的线索提供给执法部门，执法部门再据此顺利地破获案件，并将结果反馈给金融情报中心；最终，金融情报中心再将案件查处情况通报给金融机构。

（二）我国对反洗钱认识的不断深化

由于时间、地区和经济发展环境的不同，对反洗钱工作也会有不同的认识。在经济发展初期，我国对于反洗钱的认识存在一些偏差：一是居民认为实施大额申报涉嫌侵犯个人隐私，对银行和监管当局的规定不理解；二是银行认为承担反洗钱数据甄别及报送义务会增加工作负担和业务成本，直接影响其经营效益；三是有些地方政府认为监控外资流动会影响其招商引资工作。

随着洗钱行为对社会的危害日益明显，各国政府和国际社会越来越意识到反洗钱工作的重要性、复杂性、紧迫性和长期性，认识到反洗钱在保护国家安全、反腐败和维护经济金融稳定中的重要作用，我国也加大了反洗钱的宣传和完善政策制度的力度，使反洗钱意识逐步深入人心。

一是增强法律意识。从 1997 年开始，我国就已在刑法中明确了对洗钱的定罪。之后，随着我国法律的不断修订和完善，对于洗钱的犯罪性质和处罚措施也不断得到明确。特别是反洗钱法出台后，使反洗钱工作在我国具有了法律地位，违法就将受到法律惩处。

二是增强道德规范意识。加强宣传教育工作，推崇道德规范、行为自律和普及有关法律知识，加强社会舆论对金融企业反洗钱的监督。积极引导金融企业转变观念，充分认识洗钱犯罪对国家安全及金融机构自身的危害，增强参与反洗钱工作的自觉性。

三是增强社会责任意识。引导商业银行正确处理个体、集体与国家利益的关系，在追求利润最大化的同时，从维护人类正义方面进一步增强社会责任意识。

（三）我国金融领域反洗钱体制与机构设置

最初，我国金融领域的反洗钱体制是按照本外币分别管理的，本外币报告分离。根据《人民币大额和可疑支付交易报告管理办法》和《金融机构大额和可疑外汇资金报告管理办法》的规定，对本外币分别规定不同的可疑交易识别标准，且超过 20 万元人民币和 1 万美元的现金交易都要向人民银行和外汇管理局报告。随着我国反洗钱工作实践的不断深入，2006 年配合《反洗钱法》的出台，中国人民银行以 2006 年第 1、2 号令发布了新《金融机构反洗钱规定》（以下简称《规定》）和《金融机构大额交易和可疑交易报告管理办法》（以下简称《办法》），作为对“一个规定两个办法”的替代和更新。新《规定》明确要求，金融机构应当向中国反洗钱监测分析中心报告人民币、外币大额交易和可疑交易，第一次通过规章制度明确了反洗钱本外币统一监管的模式，改变以往金融机构分别向人民银行、外汇管理局报送反洗钱数据的状况，实现了通过系统将人民币和外币大额交易统一向中国反洗钱监测分析中心的报送。目前，我国反洗钱工作执行部门的主要构成是中国人民银行反洗钱局（保卫局）、公安部经济犯罪侦查局、国家外汇管理局管理检查司以及银行内部反洗钱组织机构等。

二、我国金融领域反洗钱工作的实践及成效

我国高度重视金融外汇领域反洗钱工作，近几年来，在不断学习和借鉴各国反洗钱实践经验的基础上，从我国国情的实际出发不断深入开展金融外汇领域的反洗钱工作。经过努力已初具雏型，但仍处于探索和制度确立阶段。

（一）初步建立了反洗钱法律体系

我国的反洗钱立法起步于将洗钱行为刑事化。1988 年联合国《禁毒公

约》生效后，我国全国人大常委会于1990年12月颁布了《关于禁毒的决定》，规定了“掩饰、隐瞒毒脏性质和来源罪”。1997年修订的我国《刑法》，以专门条款规定了洗钱罪。美国“9·11”事件后，我国最高立法机构于2001年12月在《刑法修正案》中，将恐怖主义犯罪列为洗钱犯罪的上游犯罪。此后，我国的行政法规和金融规章从防范和控制洗钱的角度确立了一系列反洗钱规则，涉及“了解你的客户”制度、健全反洗钱机构和人员、大额和可疑交易报告制度、客户交易记录保存制度等方面，确立了我国反洗钱报告和反洗钱信息监测制度的基本框架。其中，2003年以中国人民银行颁布的第1号、第2号、第3号令为标志，我国金融外汇领域反洗钱实践活动跨出了历史性的一步。将洗钱行为规定为刑事犯罪以及金融业反洗钱基本制度的确立，标志着我国反洗钱法律制度体系已初步建立。2007年1月1日《中华人民共和国反洗钱法》的正式施行，使反洗钱工作在我国具有了法律地位和强制性。

（二）初步建立了金融领域工作协调机制

反洗钱是需要多部门合作的系统工程。2003年9月，中国人民银行经国务院批准成立了反洗钱局，并于2004年4月组建了中国反洗钱监测分析中心。2003年12月，公安部和国家外汇管理局签署了《公安部、国家外汇管理局外汇领域反洗钱合作规定》，制定了我国第一个职能部门间反洗钱合作规定。2004年12月，国务院印发的《反洗钱工作部际联席会议制度》明确了我国反洗钱工作的组织体系以及政府各部门在反洗钱工作中的职责分工，符合我国国情的反洗钱工作协调机制初步建立。2004年5月，经国务院批复同意，调整充实了反洗钱联席会议组织机构，使成员单位由原来的16个增至23个，进一步扩大了反洗钱监管领域。至此，国家反洗钱协调机制和金融业反洗钱协调机制初步建立并开始运转，我国反洗钱工作体系已初步形成。

（三）反洗钱国际合作取得重大突破

近年来，经人民银行、外交部、公安部、财政部等成员单位通力协作，2004年10月，我国联合俄罗斯组建了欧亚反洗钱与反恐融资工作组（EAG）。2005年1月，FATF三十三个成员一致表决同意接纳我国为观察员，标志着我国反洗钱国际合作迈出了重要一步。2005年4月，我国在上海成功承办EAG第二次全体会议，提高了我国在国际反洗钱领域的影响。我国反洗钱联席会议有关成员单位还先后组团参加了FATF全会、EAG全会，访问了美国、加拿大等国家的反洗钱工作机构，邀请美国、德国、英国、卢森堡、香港等国家与地区的反洗钱领域专家访华进行学术交流研讨活动，与世界银行、国际货币基金组织等国际组织和有关国家和地区在反洗钱领域进行了富有成效的磋商与合作。在双边合作领域，我国与美国、俄罗斯、加拿大等国的反洗钱合作已经启动，与香港和澳门特别行政区的反洗钱合作进一步加强，国际合作的重点逐步由政策层面转向工作层面。目前，我国正积极申请成为国际金融行动特别工作组的正式成员。

（四）辽宁地区探索反洗钱本外币协调监管机制典型案例

2004年以来，辽宁省外汇局通过积极探索与人民银行的内部协作机制，把跨境与境内反洗钱、外汇领域与人民币领域反洗钱工作有机结合，并联合公安部门和金融机构开展反洗钱工作取得了明显成效。2004年6月1日，《中国人民银行沈阳分行、辽宁省公安厅、国家外汇管理局辽宁省分局反洗钱合作规定》正式签订，人民银行、外汇局和公安部门组成了反洗钱联盟，共同研究和部署联合打击辖区非法外汇交易和地下钱庄案件，为公安部门与人民银行、金融机构联合打击洗钱犯罪活动的运作模式做出了有益探索，切实维护了辽宁乃至整个东北地区的金融稳定，受到了中国人民银行的表彰和省政府的高度肯定。

1. 案例

（1）辽宁“6·16”专案。这是辽宁丹东地区破获的首起不法分子利用丹东每年出国务工、探亲及前往境外赌博的游客较多、对外汇资金兑换需求较大的特点而进行的非法买卖外汇案件。2004年7月，辽宁省外汇局向辽宁省公安机关移交了在外汇反洗钱信息系统中发现的可疑线索，双方先后5次联合赴丹东调查取证，经过近1年的跟踪调查，于2005年6月16日相关犯罪嫌疑人被公安部门抓获，当场缴获用于交易的美元61万元、日元6300万元。同时缴获200余个银行卡、折等。随后，公安机关又将其他犯罪嫌疑人抓获，共缴获、冻结资金折合人民币2000多万元。该案的破获，在丹东地区形成了严厉打击外汇非法交易的高压态势，对促进边贸发展和规范进出境人员合法使用外汇行为起到了积极作用。

（2）辽宁“6·21”专案。这是沈阳市破获的规模最大的不法分子在韩国小商贩和韩籍人员比较集中的地区从事非法买卖韩元的案件。沈阳市西塔区是韩国人比较密集的地区，韩国商贩习惯将收取的人民币兑换成韩币汇回国内，有的甚至在交易中直接收取韩币，加上每年韩籍人员进出境携带一定数量的韩币现钞，因此西塔地区每年韩币现钞流通量较大。2005

年初，辽宁省沈阳市公安机关对不法分子在该市西塔市场以商社为掩护，进行大量非法买卖外汇违法犯罪活动的线索开展调查。办案人员在外汇局积极协助下，利用外汇反洗钱信息系统，对犯罪嫌疑人账户资金交易情况进行跟踪调查后，初步掌握了犯罪嫌疑人的基本情况。2005 年 6 月 21 日至 7 月 6 日，沈阳市和平区公安分局经侦部门在人民银行、外汇管理部门密切配合下，开展了代号为“6·21”的专项行动，一举捣毁了在沈阳市西塔地区长期从事非法买卖韩币活动的 3 个地下钱庄，当场抓获犯罪嫌疑人 7 名，缴获、冻结资金折合人民币近 400 万元，并收缴罚没款 100 万元人民币。该案的破获，对当地长期从事非法买卖韩币活动的不法分子起到了强大的震慑作用，有力促进了地方经济和贸易的健康发展。

（3）辽宁“8·22”专案。2006 年初，辽宁省分局根据中国人民银行反洗钱监测中心提供的非法买卖外汇交易线索，通过筛选、分析辽宁丹东地区大额和可疑资金交易数据，锁定了某外汇非法交易团伙，并与公安机关联合立案侦察。经过 6 个多月的细心经营和缜密侦察，于 2006 年 8 月 22 日联合采取行动，一举抓获进行非法买卖外汇的犯罪嫌疑人 6 名，缴获美元 34.9 万元、人民币 28.9 万元，冻结相关银行卡及存折 54 个。抓获外逃潜回的犯罪嫌疑人，搜缴人民币 14 万元，韩币支票 40 万元、现钞 97.4 万元，扣缴、冻结存折 12 个。

2. 经验

（1）建立协调监管机制是做好地区反洗钱工作的基础。打击洗黑钱行为，仅靠金融监管部门是不够的，必须要有执法部门的介入，才能真正起到打击洗钱的效果。

（2）以科技手段提升反洗钱的有效性。比较健全的社会信息体系和功能强大的反洗钱分析系统，是一个反洗钱先进国家必备的。应加大反洗钱科技力量，实现地区反洗钱信息资源的共享和对接，提高监管效果和水平。

（3）借助国外模式，加大培训力度。针对目前国内不法分子洗钱手段较高明的现状，应积极派出综合素质较高的一线人员学习国外先进经验，提升监管技能和水平。

三、对推进我国金融领域反洗钱工作的思考

虽然近几年我国在反洗钱方面取得了长足的进步，但和发达国家相比，由于历史和制度的原因，我国还没有建立起良好的反洗钱工作环境，

仍面临不小的困难。洗钱行为是市场经济发展中的环境污染，反洗钱就是要营造一个好的市场环境，应积极借鉴国外经验，不断完善和建立适合我国实际的、可行的金融领域反洗钱管理模式和工作机制。

（一）当前我国反洗钱工作面临的问题

1. 整个法律环境有待完善

反洗钱的法律法规还在不断的改进中，因此造成打击洗钱犯罪的力度不够。如已经出台的法律法规对洗钱上游犯罪界定不一，造成目前以洗钱定罪的案子寥寥无几。而国内各监管部门的协调能力和情报共享尚且不足，情报的数量和质量也存在较大差距。

2. 社会信用体系还有待完善

由于我国还没有建立起有效的社会信用体系，人们在经济来往中普遍形成的现金交易习惯为洗钱活动提供了天然土壤，导致游离于监管之外的地下金融发达，也给金融机构反洗钱工作带来极大的困境。

3. 协调机制有待完善

尽管目前我国已经初步建立了以人民银行作为牵头单位的反洗钱联席会议制度和金融监管协调机制，但在具体工作实践中仍存在反洗钱信息共享难、反洗钱线索调查难和反洗钱可疑交易协查难等问题。

4. 良好的金融竞争秩序有待完善

由于同业竞争激烈，目前我国金融机构的业务运作存在一些经营上的不规范。个别银行为拉存款、保客户人为地放宽条件，不惜违规开展业务。

5. 反洗钱技术手段有待提升

随着现代金融业务和资金流量的迅猛增长，金融服务手段的电子化、网络化以及洗钱犯罪活动的专业化、高科技化和隐秘化，金融机构传统的反洗钱技术的手段的局限性逐步显露出来，金融机构发现、识别可疑交易变得越来越困难。目前人工监控无法实现对大量数据的及时处理和对较多的可疑交易的有效跟踪。

6. 反洗钱激励机制有待建立

金融机构开展反洗钱工作是需要成本的，不仅包括金融机构在反洗钱工作中投入的人力、物力等有形成本，更包括金融机构因为执行反洗钱规章制度，拒绝办理某些业务而带来损失的这种无形成本，直接影响其业绩或收入。因此，为调动金融机构及其员工反洗钱工作的积极性，客观上需要建立相应激励机制。

（二）政策建议

1. 进一步完善反洗钱法律法规体系，加快配套法规建设

一是在实践中不断完善反洗钱专项法律。从我国金融体系的实际出发，充分考虑我国金融机构的客观情况和金融监管的现实条件，保证金融领域反洗钱机制的可操作性。加快制定能够覆盖可能被洗钱犯罪分子利用的不同金融领域、各类经营主体和个人的专项反洗钱法律法规；二是完善由国务院颁布的反洗钱有关的行政法规，如修改《现金管理条例》和《个人存款账户实名制规定》，健全金融实名制，制定《国家反洗钱战略》等；三是中国人民银行应整合散见于各个文件中的有关反洗钱规定。同时，金融行业自律组织应制定一些反洗钱的指导准则。

2. 加快社会信用体系建设，规范现金管理

社会信用体系的建立是一个系统工程，应加强现金管理，规范现金交易，加强对预防洗钱犯罪、减少反洗钱工作难度。一是借鉴国外经验实行严格的“现金交易报告制度”。规定一定金额的单笔交易须向洗钱专门机构或税务等部门报告，对不按规定报告或提供虚假报告的单位和个人给予严厉制裁；对无法提供有效证明文件的，金融机构及其他交易对象不与之交易。二是采取经济手段抑制现金交易。考虑对经营性单位和个人的现金收入征收现金交易税；金融机构对单位和个人的大额现金收付收取手续费。三是加大银行卡、票据等非现金支付结算工具的宣传、推广和应用，引导居民和企事业单位减少或不使用现金交易。

3. 完善反洗钱工作机制，形成反洗钱监管合力

国际反洗钱经验表明，反洗钱工作是一个复杂的系统工程，涉及面广。只有建立起有效的反洗钱机制，才能保证反洗钱工作取得实效。笔者认为，当前应建立健全两个层次的机制：一是建立健全金融机构内部的反洗钱组织机构及相应的工作机制，尽快把反洗钱工作扩展到包括保险、证券、信托投资在内的全部金融机构。二是建立和完善跨部门之间反钱协调机制，包括金融监管部门之间反洗钱工作协调机制以及政府部门、经济主管部门和司法机关之间的协调机制。

4. 提升反洗钱技术手段，增强金融机构的反洗钱能力

积极应对新形势下的洗钱犯罪，不断完善和提高反洗钱手段，以增强对洗钱犯罪的预防和识别能力。一是加快开发和推广“客户身份识别系统”。实现与司法机关、国际反洗钱组织的信息共享，自动分析识别客户是否隐瞒真实身份、有无犯罪记录以及是否属于反洗钱监控对象，以便金

融机构从业人员能够根据分析结果决定是否与客户进行交易或采取适当措施。二是建立和完善银行电子支付自动报告系统。我国网上银行发展起步时间短，但发展速度很快，而相应的法律建设滞后于网上银行的实践。在加强规范网上反洗钱支付业务的同时，应加快完善银行电子支付自动报告系统，防止犯罪分子利用银行电子支付交易系统和有关的电子支付工具进行洗钱。

5. 营造良好的竞争环境，引导商业银行正确处理好履行反洗钱义务与追求经济利益最大化的关系

随着金融开放程度不断提高，商业银行市场竞争日趋激烈，应积极引导商业银行转变观念，在切实履行反洗钱义务的前提下有序开展竞争，宁可丢掉客户也不违规操作，积极营造健康的金融秩序。在追求自身利益的同时，进一步增强全局观点和大局意识，将实现利益最大化与风险最低化作为经营目标。同时，应进一步强化商业银行客户尽责调查、保留交易记录、报告大额和可疑交易，以及保守反洗钱秘密等职责意识，充分认识到做好反洗钱工作对商业银行稳健发展、完善内控机制、维护良好的信誉、追求经营效益和可持续发展是长期有益的。

6. 抓住机遇，进一步发挥国际合作效能

反洗钱工作是一项全新的事业，需要在工作实践中不断摸索完善，积极参与反洗钱领域的国际合作将对我国反洗钱工作起到积极推动作用。目前，我国正积极申请成为国际金融行动特别工作组的正式成员，应紧紧抓住这一发展机遇，深入开展立法、执法、资金监测和培训等方面的国际合作，落实与有关国家和地区的双边合作，积极开展境外追逃、追回外逃犯罪资金和参与国际反洗钱规则的制定等方面工作。

7. 切实加强培训教育，努力培养一支高素质的反洗钱专业队伍

一方面继续加大宣传力度，增强全社会的反洗钱意识，使各级地方政府及相关政府部门、金融机构及从业人员充分认识到各自在反洗钱工作中的责任和义务以及相互协作的重要性；另一方面人民银行应高度重视和加强自身反洗钱专业队伍的建设。不断健全组织体系，完善和规范反洗钱岗位设置，合理配备和充实反洗钱专职人员，加大岗位培训和考核力度，努力培养一支精通金融、会计、法律、计算机和网络知识的反洗钱专业队伍，提高执法水平，为切实履行反洗钱职责提供人员保障。

（写作时间：2006 年 12 月）

强化五个意识　做好外汇管理工作

外汇管理部门是执行国家宏观经济政策，特别是外汇政策，保证宏观经济稳定发展的重要机构之一。对于省级外汇管理部门来讲，能否正确贯彻执行国家外汇管理工作的方针和政策，能否在支持外向型经济发展中发挥应有的作用，能否为涉外经济主体营造一个优良的市场环境，也是衡量党的执政能力强弱的重要方面，进而也是检验是否实践科学发展观的重要方面。应当从增强党的执政能力、践行科学发展观的高度，深刻认识进一步做好外汇管理工作的自觉性，不断提高工作水平。

如何在外汇管理中践行科学发展观，笔者认为，基层外汇管理部门必须认真学习深刻领会科学发展观的内涵和精神实质，明晰外汇管理职责与促进经济发展的关系，坚持科学发展，更新观念，开拓创新，在筑牢管理意识的基础上，强化责任意识、科学意识、改革意识、市场意识和执法意识。

一、强化责任意识，实现管理与服务的统一

外汇管理与服务关系着外资企业和外汇指定银行的发展，关系着人民群众的切身利益，关系着我国对外开放的进程，关系着我国的国际形象。从这个意义上讲，营造良好的外商投资环境，为企业发展提供更多的贸易和投资便利，维护国际收支平衡，促进国际经济与文化交流，也就维护了我国的国际形象。随着经济金融全球化的发展，我国的对外开放进一步扩大，外汇管理与服务工作越来越重要，特别是在加速东北老工业基地经济振兴和对外开放进程中，外汇管理工作将面临许多新考验。辽宁省外汇管理部门作为国家外汇管理政策的传导者和执行者，能否结合辽宁省产业升级和结构调整，着力改善吸引外资流入的政策环境和经济环境，积极引导外资流向重点发展的产业或行业；能否引导和鼓励企业通过进口国外高新技术，提高产品的技术含量，增加在国际市场的竞争力；能否针对新的浮动汇率制度，积极创造有利条件，引导企业加强结构调整，转换经营机

制，提高适应汇率浮动和应对汇率变动的能力，使其平稳度过改革调整期；能否推进贸易和投资便利化，为企业出口经营提供更多便利，进一步疏通渠道，促使资金合理有序流出，扶持大型国有企业、企业集团、民营企业“走出去”发展；能否加强对外汇指定银行和涉汇企业的外汇监管，营造健康有序的外汇金融环境；能够规范外商投资企业对外借贷行为，积极引导企业优化债务结构；能否正确分析当前经济金融形势，联系外汇管理工作实际，认真履行外汇管理职能，在促进外向型经济发展方面取得新成效，所有这些都直接关系到国家外汇管理政策能否有效执行和发挥作用，直接反映出外汇管理与服务统一的实现。因此，外汇管理的责任意识就越发显得重要，外汇管理的责任意识就体现在工作中，从工作中发现问题，加强管理，改进防范风险，改进管理手段，在工作中找出漏洞，完善管理，增强服务意识，为企业和银行提供更好更健康的外汇资金运作环境，为民造福。

二、强化科学管理意识，在促进东北老工业基地振兴中积极发挥作用

讲管理，必须讲科学性。坚持科学执政是加强党的执政能力建设、保持党的先进性的重要原则。科学执政，从执政目的来讲，强调的是执政要合乎客观规律，体现人民意愿，为人民执好政；从执政的过程和手段看，强调的是要“以科学的思想、科学的态度、科学的方法”配置和运用执政资源，治国理政。具体到外汇管理工作中，就是能够在工作中按科学规律办事，坚持国家利益至上，坚持制度优先、效率优先的原则，建立科学有效的工作机制，坚持以人为本，充分调动干部职工的主观能动性。2005年，辽宁省外汇管理部门为实现外汇管理由直接管理向间接管理过渡，从建立健全科学决策指标体系入手，推出了出口收汇核销风险监测指标体系，以提升非现场监管水平和效率；以国际投机资本和高频外债为切入点，建立了科学、长效的资本项目外汇风险监测预警体系，通过科学合理的测评分析找出外汇业务的重要风险环节和风险点；建立了“辽宁省对公单位基本情况表标准信息库”，增强了国际收支申报数据的准确性。2006年，将在外汇管理信息系统数据库升级和整合、外汇形势分析、经常项目外汇管理制度创新和资本项目外汇管理政策创新、加强现场与非现场监管及建立健全外汇管理突发事件应急处理机制等方面实现新突破。

三、强化改革创新意识，提高外汇管理部门的创新能力和管理实效

随着经济全球化进程加快，资本、信息和技术等要素在全球范围的流动与配置更加普遍、更加迅速。我国对外开放的速度将进一步加快，特别是伴随我国加入世界贸易组织后过渡期结束，我国的外汇管制将面临新的挑战和考验，外汇管理部门比以往任何时候都应具有更强烈的创新意识、创新精神和创新能力。应以创新的思维、创新的方式、创新的手段，应对外汇领域新情况、新问题，以促进外向型经济发展和维护金融安全为目标，改进管理方式，优化服务手段，提高管理实效，为市场主体贸易和投资便利化，为金融机构业务创新和发展构建良好的政策环境和市场环境。近两年，辽宁省外汇管理部门以支持老工业基地振兴和对外开放为中心，经过积极争取，先后实施了财政转贷款外汇管理改革、银行外汇业务诚信等级评价、边境贸易外汇管理、大型企业集团外汇资金集中管理、出口收汇网上核销、出口退税无纸化、新版银行结售汇统计系统等九项试点新政策，效果明显，各项试点政策产生了良好的经济和社会效益，初步测算，新政策的实施使辽宁省企业获得有形或无形收益近 30 亿元人民币。加快老工业基地对外开放是当前工作的中心，也是外汇管理部门重点支持和服务的重点。外汇管理部门要针对企业、外汇指定银行等方面对深化外汇管理体制改革的新要求，进一步加大改革和试点力度，在改进外汇管理与服务上做出新的探索。

四、强化市场规则意识，提高外汇管理应对市场经济发展的能力和水平

在社会主义市场经济条件下，在国家宏观调控下，市场对资源配置起着基础性作用。在这样的大背景下，外汇管理作为宏观调控的一项重要内容，要体现社会主义市场经济的内在要求，按市场经济规律办事。具体体现在：依靠市场，凡是能够由市场调节的经济活动，要进一步放开放活；反映市场，就是要研究国内外市场的变化，合理确定管理思路，进行科学决策；引导市场，就是要运用经济的、法律的和必要的行政手段，引导市场健康发展，更好地发挥其调节经济的作用，实现国家宏观战略和目标；调控市场，就是要充分认识市场本身存在的自发性、盲目性和滞后性，通过适时适度的外汇管理宏观调控，弥补市场的缺陷和不足。为此，外汇管

理政策的制定与实施也必须在遵循市场经济规律要求的基础上，因势利导，立足于完善市场和增进效益。外汇管理部门将面临的重要任务是：理顺外汇管理与服务的关系，完善人民币汇率形成机制，进一步发挥汇率杠杆调节作用，减少对外汇供求的行政性限制，加快发展和完善外汇市场，适当增加市场参与主体的自主性，培育市场主体的汇率风险意识，统筹考虑外汇市场的发展，满足经济活动对货币转换和交易的多种需要。一方面，要积极引导金融机构、非金融企业更好地适应新的汇率机制，指导其制定自身的风险管理策略，主动参与外汇业务经营的竞争，不断提高金融产品的创新和定价能力，向客户提供更多更好的风险管理工具；另一方面，要密切跟踪各项外汇政策出台后的实施效果的反馈，做好市场调研，及时反馈政策执行中出现的问题，积极创造有利条件，引导企业加强结构调整，转换经营机制，提高适应汇率浮动和应对汇率变动的能力，使其平稳渡过改革调整期。

五、强化依法行政意识，提高依法履行外汇管理职责的能力

党的十六届四中全会《决定》指出，依法行政是新的历史条件下党执政的一个基本方式，是我们党在新的历史条件下领导方式和执政方式的重大转变，对于推进社会主义民主政治建设具有全局性作用，是实行社会主义市场经济、构建社会主义和谐社会、促进经济社会健康发展的客观要求。实行法治是规范和保证国家权力运行的最有效方式。党坚持依法行政，就是要使国家权力机关、行政机关等的各项工作能够纳入法治轨道，提高依法办事能力，在法治轨道上推动各项工作的发展。外汇管理部门作为国家行政机关坚持依法行政，就是要严格依法履行外汇管理职责。外汇管理政策性较强，受金融、外汇形势变化影响较大，加之现阶段我国资本项目未完全实现可兑换及控制金融风险的需要，外汇管理部门行政管制的作用尚显突出。一方面，适应市场经济发展对外汇管制逐步放松的客观要求，外汇管理部门应积极探索非现场监管、事后监督等市场手段，创新管理制度，简化管理程序，为市场主体提供一个宽松的经营环境。另一方面，按照依法行政的要求，针对外汇管理行政许可方面存在的突出问题和薄弱环节，深入贯彻实施《行政许可法》。按照行政许可法的规定和总局的配套制度，完善内控制度，规范管理行为。按照行政许可事项相应的条件、程序和权限办理外汇管理行政审批。做好行政许可项目的公示、受理、许可工作及事后监督工作。同时，认真履行外汇检查职责，依照法定

职责、权限和工作程序，加大对外汇业务领域违法违规问题的检查力度，坚决做到有法必依，执法必严，违法必究，对严重违法违规问题依法予以严惩。

外汇管理工作要以党的十六届五中全会和中央经济工作会议精神为指导，以振兴东北老工业基地为重点，加大改革和创新力度，大力推进贸易投资便利化，稳步推进资本项目可兑换，加强短期资本流入管理和国际收支监测预警，大力推动地方金融生态环境建设，营造外汇管理和谐氛围。

一、坚定不移地用科学发展观统领外汇管理工作

按照“深入研究、把握大局、抓住重点、提高效率”的要求，将系统性、前瞻性、有效性的有机结合作为工作规划的要点，用发展和改革的办法解决外汇管理工作中出现的新情况、新问题。一是要考虑在政策调整和开放程度加大的情况下如何有效执行货币政策、有效促进国际收支平衡。二是针对振兴东北过程中遇到的特殊问题，做到原则性与务实性相统一。在相关政策的制定、调整和实施上应遵循既服务于大局又因地制宜的原则，保持适度的前瞻性。三是继续打造金融生态环境，推动地区信用体系建设。四是处理好监管与服务、行政审批与市场机制、市场价值取向与现行法规、市场经营主体多样化与现行外汇管理模式的关系。五是在建立广泛、协作、互信、沟通的基础上，构建和谐的外汇管理工作氛围，遵循市场规则和行政许可法，贯彻执行总行、总局制定的各项法规。

二、继续以振兴东北老工业基地为重点，进一步深化外汇管理支持东北老工业基地振兴措施

落实党中央、国务院支持东北老工业基地振兴各项措施的具体实施办法。一是积极推动重点项目和民营企业融资便利化。二是继续研究跨国经营企业集团外汇资金集中管理政策。对外汇资金集中管理政策执行情况进行跟踪评价，完善相关外汇管理政策，扩大外汇资金集中管理受益企业范围。三是扩大边境贸易结算中人民币所占比重，对边境贸易中外币现钞的收付采取灵活的管理方式，解决边贸企业提取或购买外币现钞用于对外支付的问题。

三、加强对外汇资金流入的监管，促进国际收支基本平衡

一是重点关注资本项下资金流入，全程跟踪资金的用途，特别是对本该流出而滞留在境内的资金给予重点关注。二是加大政策宣传力度，在汇率机制改革、境外投资、经常项目外汇账户限额扩大、个人因私购汇限额增加、服务贸易等方面加大宣传力度，提升企业和个人购买外汇、支出外汇的心理预期。密切关注人民币汇率机制改革对银行和企业的影响，提供规避汇率风险的服务与支持。三是辩证地看待地区国际收支短期不平衡问题。目前国家及地方出台了各项振兴东北的政策，促进东北地区对外开放和招商引资力度，借助外资发展地方经济是近一时期的主要趋势。近期外资流入扩大有其合理的背景。因此，国际收支平衡问题应放在全国的范围内通盘考虑，地区之间的国际收支不平衡只要具有真实性、结构的合理性，就应按照科学发展观来积极对待和研究。

四、采取积极措施继续提高国际收支统计申报数据质量，建立国际收支数据长效监测机制

一是做好国际收支统计监测系统升级的准备工作，开展国际收支系统数据接口转换工作，完成对历史数据的核对清理和对外汇指定银行的培训。二是继续加强国际收支相关信息的采集，掌握对外资产与负债变化情况。三是继续开展好贸易信贷调查和运输保险专项调查。四是做好新版银行结售汇统计系统的应用工作，及时反馈系统应用情况。五是定期开展国际收支申报数据的现场核查工作。六是加大数据利用和整合力度，增强国际收支申报数据分析监测和服务功能。建立国际收支申报数据与进出口核销、现汇账户、外资外债等数据的比照、核对、校验制度。七是进一步加强银行结售汇市场准入和管理工作，严格执行准入程序，认真进行现场核查和非现场监管。八是继续做好边境贸易货币流通监测和出口换汇成本监测工作。

五、完善经常项目非现场监管体系，继续推动贸易便利化

一是以开发和应用“出口收汇核销非现场监测系统”为契机，将进口付汇核销、服务贸易外汇管理纳入非现场监测系统，积极探索将合规性监管与风险监管紧密结合的有效途径。研究建立服务贸易外汇收支统计分析和非现场监测预警机制，加强对服务贸易外汇收支的事后监管。二是方便

个人外汇的合理使用，对个人外汇实行分类监管。三是加快推广和应用“外汇账户统计和分析系统”，探索将经常项目外汇账户开立、变更等日常业务审批下放到外汇指定银行，研究将结售汇数据纳入账户管理系统。四是推动贸易便利化，做好出口退税免于提供纸质出口收汇核销单及出口收汇核销电子数据网上传输的试点工作。

六、加强资本项下资金流入监管，拓宽境外融资渠道，积极支持企业“走出去”

一是进一步完善外债管理，抑制短期外债的流入。控制企业延期付款的规模，抑制贸易信贷的增长，规范特殊类外商投资企业的外债管理，加强结汇资金去向的管理，做好额度核定工作，满足企业正常的贸易融资需要。完善全口径外债统计，将居民对非居民的负债全口径纳入外债统计范围。二是拓宽境外融资渠道，支持非公有制经济特别是境内高新技术产业和创业投资行业的发展，引导上述企业通过国际资本市场融通资金，降低境外融资的法律风险和融资成本。加强与相关政府部门的协作，共同营造高效、透明、公正的市场融资环境。三是积极支持有条件的企业按照国际通行规则到境外投资，扩大互利合作和共同开发，完善境外投资协调机制和风险管理，加强对海外国有资产的监管。研究制定中朝跨境投资管理政策，扩大境外能源、资源的合作开发与利用。探索对境外投资实行分类分级管理的有效方式，不同投资非居民投资境内房地产的管理。四是完善与相关政府部门的联系机制，关注外商投资房地产公司的资质和项目开发及经营运转情况。对非居民个人外汇资金的流入流出实行全过程的监管，在审核购房真实性的基础上，跟踪购房资金的去向，并与非居民个人处置外销房相结合，避免结汇资金挪作它用，防止投机行为。建立非居民投资房地产数据的统计监测制度，使对外资集聚行业的统计体系更趋完整。充分发挥资本项目非现场监管的作用。

七、建立良好的金融生态环境

外汇管理工作要围绕建立适合科学发展观要求的金融生态环境展开。一方面，要积极推进外汇市场诚信体系建设，对辽宁省外汇指定银行的外汇业务实行分类监管，对评级低的银行加大监管检查力度，继续开展外汇违规负面信息披露工作；另一方面，继续加大打击“地下钱庄”等违法违规行为的力度。开展有针对性的专项检查，加大对短期资本流入和结汇的检查力度，进一步整顿和规范外汇市场，维护金融秩序。

八、全面加强信息调研工作

紧密结合当前形势，围绕外汇管理工作重点开展调研。一是加强对外汇收支运行状况的监测、分析，及时发现和反映经济运行中外汇收支异常性、苗头性、趋势性问题。注重对外汇资金进入的产业、区域等方面的跟踪调查和监测，加强对监管政策的效应研究。二是结合国家宏观政策，研究外汇管理支持东北老工业基地振兴的新措施。研究分析在市场形势变化的情况下，银行、企业及个人如何调整其外汇资产负债结构。继续加强对外汇管理政策的跟踪反馈，研讨如何用科学的发展观指导各项工作，用发展和改革的思路解决外汇管理工作中出现的新情况、新问题。三是不断加强和改进外汇管理，确保外汇管理政策在基层外汇管理工作中贯彻到底，落实到位。

（写作时间：2006 年）

2007 年 3 月，国家外汇管理局发布《关于 2007 年度金融机构短期外债管理有关问题的通知》(汇发［2007］14 号)，对 2007 年度金融机构短期外债管理政策进行调整，并明确要求金融机构按进度调减短期外债余额。为了及时了解金融机构短期外债管理政策调整带来的影响和金融机构第一阶段调减短期外债余额的执行情况，进行了专题调研。

金融机构"短债新政"的影响及建议

一、政策调整后的基本情况

(一) 2007 年辽宁省金融机构短期外债管理基本情况

2007 年 3 月，除了韩亚银行沈阳分行和汇丰银行大连分行两家当时实行主报告行管理的银行外，辽宁省分局和大连市分局对省内 11 家银行的 2007 年度短期外债指标进行核定，并对各阶段短期外债余额调减目标进行了统一安排。2007 年第二季度，汇丰银行、东亚银行和瑞穗银行三家外资银行转制为法人银行后，省内 4 家外资银行的短期外债管理方式转变为法人银行集中管理制，其已经分局核定的短期外债指标由法人银行承继。目前，辽宁省内银行短期外债指标实行分局管理制的有 8 家，实行法人银行集中管理制的有 4 家，实行主报告行集中管理制的有 1 家。

辽宁省金融机构短期外债管理情况表

短期外债管理方式	金融机构名称
分局管理	韩国中小企业银行沈阳分行
	南洋商业银行大连分行
	韩国外换银行大连分行
	三菱东京日联大连分行
	三口银行大连分行
	新加坡大华银行沈阳分行
	锦州市商业银行
	大连银行
法人银行集中管理	东亚银行大连分行
	瑞穗银行大连分行
	汇丰银行大连分行
	东亚银行沈阳分行
主报告行集中管理	韩亚银行沈阳分行

（二）2007 年辽宁省实行分局管理制的银行短期外债基本情况

实行分局管理制的银行短期外债直接纳入到分局的外债统计监测体系中，其短期外债余额是否按进度调减由分局负责管理。到 2008 年 3 月 31 日止，每个季度末上述实行分局管理制的 8 家银行的短期外债余额调减目标分别为 48675、44050、37591、36150 万美元。2007 年 6 月 30 日，实行分局管理制的银行短期外债全口径余额为 31160 万美元，剔除 90 天以下远期信用证后占用短期外债指标的短债余额为 30759 万美元。到 2007 年 6 月 30 日，8 家银行的短期外债余额均控制在第一阶段余额调减目标之内。从 8 家银行 2007 年 6 月 30 日短期外债指标的占用情况看，除 2 家中资地方性银行和 1 家 2007 年新成立的外资银行指标占用率较低外，其余 5 家外资银行短债余额占第一阶段调减目标的比率为 79%，其中部分外资银行在余下的三个阶段里调减短期外债余额的压力较大。

实行分局管理制的银行短债余额调减进度执行情况表

单位：万美元

金融机构名称	第一阶段调减目标	第二阶段调减目标	第三阶段调减目标	第四阶段调减目标	2007年6月30日全口径短债余额	6月30日剔除90天以下远期信用证后占用短债指标的短债余额	6月30日短债余额占第一阶段调减目标的比率
韩国中小企业银行沈阳分行	6800	6000	5200	4800	6579	6538	96%
南洋商业银行大连分行	2800	2550	2066	2000	2572	2563	92%
韩国外换银行大连分行	7000	6700	5500	5300	6378	6377	91%
三菱东京日联大连分行	20400	18000	14900	14400	14162	14109	69%
三口银行大连分行	2000	1700	1500	1400	1147	1147	57%
新加坡大华银行沈阳分行	5000	5000	5000	5000	0	0	0
锦州市商业银行	675	600	525	450	242	0	0
大连银行	4000	3500	2900	2800	81	25	1%
合计	48675	44050	37591	36150	31160	30759	63%

二、政策调整带来的影响

（一）政策调整对银行管理短期外债的影响

调查显示，政策调整后，银行积极采取措施，加强短期外债管理。一是建立与政策相适应的内控管理制度，由指定部门对短期外债实行事前和事后管理；二是根据短期外债余额调减进度，结合自身情况作出相应的安排；三是辖内4家外资法人银行分支机构的外债实现了法人银行集中管理。其中，最值得借鉴的是汇丰银行的管理模式。转制后，汇丰银行法人机构承继所有境内分支机构的短期外债指标，并对短期外债进行统一管理，境内分支机构除了非居民存款和远期信用证以外，其他形式的对外负债均被取消，其融资需求由法人机构负责平衡。汇丰银行的一元化管理模式有利于提高短期外债指标和资金的使用效率。辖内其余3家实行法人银行集中管理制的银行目前仍然保留了独立对外借债的权利，其对外负债额度由法人机构统一分配，在指标分配的问题上也存在不完全合理的情况。因此，从长远看，汇丰银行的一元化管理模式将成为未来外资法人银行加强短期外债管理的新趋势。

（二）政策调整对银行业务带来的影响

1. 对中资银行的影响

尽管中资银行短期外债调减幅度大于外资银行，但由于辖内2家中资银行的外债主要集中在远期信用证上，而且新政策规定90天以下远期信用证不占用短期外债指标，因此，政策调整对其业务未产生实际影响。

2. 对外资银行的影响

部分近年来业务规模扩张较快、对短期外债依赖程度较高的地区性外资银行反映，政策调整对其贷款业务和营业利润有一定的影响。一些年初计划开展的贷款项目目前已经停止。另外，如果不能在境内寻找到持续而且成本相对较低的资金来源，银行表示会逐步压缩已有的业务规模。同时，银行也表示今后将加大存款和中间业务的拓展力度。

（三）其他的潜在影响

一是银行将上升的成本转嫁给企业，企业成本上升的影响可能会进一步向外传导；二是对于有投注差的外商投资企业，可以规避境内银行贷款紧缩或融资成本较高的问题，通过其海外母公司或海外银行进行资金融通。其结果是银行的外债转化为企业的外债。因此，就国家整体外债规模而言，外债余额并不一定减少。

三、进一步完善金融机构短期外债管理的建议

（一）着力推进境内同业拆借市场的发展，解决银行境内融资问题

银行解决营运资金来源问题除了要通过自身经营增加吸收境内存款和提高境内成员行之间的资金利用效率外，还需各相关管理部门积极协调配合，构建一个功能完善、机制健全的融资平台。从目前银行反馈的结果看，应着力推进境内同业拆借市场的发展，放开外资银行进入境内同业拆借市场的相关限制。建立一个有序、高效的境内同业拆借市场，应注意以下几个方面的问题：一是针对目前境内同业拆借市场规模较小、渠道不畅、参与者较少、交易不活跃、资金供求不平衡、融资成本较高以及参与者参与意愿不强等问题，建议加快境内同业拆借市场基础系统建设，扩大境内同业拆借市场参与主体的范围，增加市场交易的活跃性，促进市场资源合理配置。二是从营业税征收的角度上看，降低银行的境内融资成本。目前境内外资银行从境外借入短期外债在境内进行运用，是对利差部分征收5%的营业税，而从境内同业拆借市场拆借外汇资金在境内进行运用，是对利息收入征收5%的营业税，因此，从境内同业拆借市场拆借外汇资金的成本高于从境外借入短期外债，客观上造成境内外资银行从境内同业拆借市场拆借外汇资金的意愿相对不强，税制上的差异将不利于境内同业拆借市场的发展。建议调整境内外资银行境内外拆借资金有关营业税的计税政策，统一境内外借款的税赋。三是从长远看，应进一步出台相关政策措施，扩大境内发行人民币债券主体范围，扩大人民币与外汇掉期交易业务等，适应金融机构的不同融资需求，进一步拓宽其资金来源渠道。四是建立国内外汇市场应急制度，在特殊情况下，可向银行提供紧急的外汇融资，应对流动性风险。

（二）需要进一步明确的相关问题

一是境外金融机构存款是否可以视为境外机构存款。如果不是，境外金融机构存款是否应该视为境外借款而按期限区分为短期外债与中长期外债。二是目前法人银行计算非居民个人在其境内成员行的所有存款是否超过50万美元存在难以统计的问题。有的银行在实际操作中，为了避免统计不准而发生漏报的问题，直接将所有非居民个人存款纳入到短期外债指标之中。因此，建议取消50万美元限额的规定，将非居民个人的存款全部纳入到短期外债指标之中。三是外资法人银行改制后，其境内分支机构的短期外债由法人机构负责录入。目前存在有的外资法人银行授权其境内

分支机构代替其登陆外债统计监测系统(银行版)录入境内分支机构自身的外债数据，其行为有违由其法人机构承担对其所有分支机构外债进行管理的政策初衷。建议对这种代录行为是否可行进行明确。

(三) 进一步优化外债统计监测系统(银行版)的建议

1. 增强系统稳定性和处理速度。银行反映，有时系统还不是很稳定，会出现乱码或网页打开速度较慢的情况，在月末使用高峰期时登陆系统比较困难。

2. 增强系统数据录入的合理性。一是在进行一个月以内或一个月以上签约登记时，在“借款期限”处的计算单位为“月”，与银行实际借款期限的表示方法一致，但系统中又按照实际借款的天数除以 30 日后的结果对“借款期限”处填制的“月”数进行校验。只有在两者结果一致的情况，系统才能通过。如果银行借入一个月的短期外债，借入当月的月天数为 31 天的时候，银行录入外债签约情况表必须在“借款期限”处输入两个月，系统才能通过，这样会出现系统数据与实际情况不符的问题，影响系统数据的准确性。二是在输入一个月以内的外债签约情况表时，即使没有担保，也必须在“担保人”处录入担保人信息。否则，系统不能通过。

3. 提高系统的查询和统计功能。一是外资法人银行改制后，其境内分支机构的外债不纳入到分局的外债统计监测系统中，分局对这部分数据的统计监测存在困难。建议通过系统对各境内分支机构的外债数据进行区分，以便于分局对辖区外债情况的把握。二是增强系统数据统计的可比性。对于非业务原因(如外资银行法人转制，其分支机构外债数据迁移)导致分局所辖外债数据变动的，在系统中应建立数据可比机制，提高数据统计分析的准确性。三是目前系统不能对某一银行任意时点的外债数据进行统计，影响对单一银行进行非现场监管的有效性。

4. 增强系统的可拓展性。比如，政策调整后，50 万美元以下的非居民个人存款和 90 天以下远期信用证虽然仍作为外债进行统计，但这部分数据并不纳入到短期外债指标管理之中。目前，系统只能进行全口径数据统计，而不能单独统计纳入到短期外债指标管理中的外债数据。因此，建议增强系统的可拓展性，以便于在政策调整的同时，对系统功能的调整也能够保持同步。

(写作时间：2007 年 4 月)

实践探索篇

外汇管理部分

本文节选自笔者在中共中央党校学习时的学期论文。当时恰逢中国刚刚加入世界贸易组织，作为宏观经济管理体系重要组成部分的外汇管理制度，将面临新的挑战。如何加快现行外汇管理体制的适应性调整，有效完善管理行为，并以此促进经济发展，是摆在我们面前的一个十分紧迫的问题。该文试图立足世贸组织规则中开放市场原则，通过深入分析我国外汇管理现状及入世后所面临的挑战，提出改进管理、深化改革的应对措施。文章中所提很多观点与现行的外汇管理改革思路不谋而合，值得借鉴。

入世后我国外汇管理面临的挑战及政策选择

一、我国现行外汇管理体系评价

1994年，以人民币汇率并轨和经常项目的部分可兑换为核心内容，我国启动了新一轮外汇体制改革。管理方式的基本原则体现为：对经常项目外汇收支真实性的事后核查及对部分资本项目外汇收支行为的事前审核。

改革近十年的实践成果表明：我国现行的外汇管理制度体系，对于充分调动外贸企业出口创汇积极性，促进对外经贸和吸引外资流入已经显现出明显效应，初步形成了稳定人民币汇率、维护国际收支平衡的有效制度机制。截至2002年9月，国家外汇储备达2586亿美元，储备规模居世界第二，人民币汇率连续8年保持在正常浮动比例之内。现行外汇管理体制为抵消亚洲金融危机冲击，维护国家经济安全方面发挥了重要作用。

但也应该看到，加入世贸组织后，我国外汇管理面对国内市场尤其是金融服务领域的扩张性开放，各项管理原则与世贸组织规则的某些不相适应性将会更加显露，不得不引起关注和重视。

一是目前尚存的外汇管理差别政策，有悖于“国民待遇”的基本原则。

随着对外资准入的进一步开放，目前继续实行的对中资企业境外融资、举借外债等方面的政策限制，实际形成了法律适用上的中外资企业不平等。对国内民营企业在境外投资资格认证、对外融资审核等方面不平等限制，既不符合世贸规则中同等待遇的基本原则，也不利于开放市场后的公平竞争。

二是现行的资本项目管理制度有可能加大与经常项目可兑换原则的某些不协调。贸易和服务市场的扩大开放，必须与外汇汇兑和收付环节管理政策相匹配。但从国际收支管理分类看，许多收支交易行为都同时具备资本项目和经常项目特征。因此，面对仍较严格的资本项目管理原则，这类交易需求极有可能发生行为异化，以各种形式混入经常项目，导致资本项目管理的失真或失效。伴随贸易融资和外商投资行为的不断更新，按照国际收支分类标准，经常项目中包融资本项目的外汇收支行为将日趋增多，现行的资本项目逐笔审核原则，肯定会同世贸组织有关“为金融服务引起的资金流动提供便利”的要求发生冲突，使一些经常性交易行为受到政策管束，形成对经常项目可兑换原则的质疑。

三是涉外经济管理政出多门，外汇管理的协调机制不成熟，必将影响管理效能的充分发挥。国家外汇管理局是外汇管理的重要职能部门，但整体属于涉外经济管理下游环节。目前，涉外经济管理和调控的重要职能归属于国家计委、外经贸部、财政部、人民银行、海关、税务、证监会、保监会等多个行政部门。涉外经济管理的职能化分工，对高度开放的市场监管既有益处，但对集中于汇兑管理的外汇政策协调则加大了工作难度，使外汇管理政策效率难以及时有效发挥。

四是监管方式的针对性不强。入世后的国际贸易和投资行为方式将呈现多样化。目前经常项目真实性审核的主要制度依据是“有效单据”，即企业出具的合同、发票等商业单据，其防伪性、权威性和标准化程度通常较差，依靠银行审核难度很大，上游主管部门的行政批件的传统审核方式也将随着微观经济具体审批职能的逐步淡化而失去依靠。资本项目的管理监测则主要依靠审核登记，对一些涉汇企业有意无意的漏报、拒登而发生的收支行为，外汇局明显缺乏监管主动性。利用现代化科技手段进行的非现场监管研究和运作始终比较滞后，违规行为主要依靠现场查处的传统方式越来越难以适应对汇兑交易行为的全面监管。

二、入世后现行外汇管理体制面临的挑战

（一）可兑换原则广泛适用将对经常项目管理提出更高要求

我国人民币经常项目可兑换理论上属于“外部可兑换”。即发生真实性对外支付时的实需自由兑换。根据这一原则，入世将使我国贸易非贸易交易行为的领域和范围明显增大，使经常项目管理难点、热点更趋复杂。

一是贸易经营权的全方位开放，将使现行管理政策的完整性经受考验。根据我国政府承诺，入世后的三年内，境内所有外资企业都将取得外贸经营权，比照国民待遇原则，国内企业外贸经营权也将全面放开。面对外贸经营对象的多元化格局，现行管理政策还存在许多不完善之处，如对外资企业行使外贸代理行为中的收付汇管理，以及粮油、化肥等8大保留国营贸易权行使代理行为的收付汇管理都未明确规定。尤其外资企业取得外贸经营权后，以国际结算惯例形式进行的各种贸易融资合法性认定等都将带来新的管理命题。

二是对交易行为的真实性审验难度加大。入世将使我国经常账户交易方式更趋多样化，给用汇真实性审验增添了新困难。如在服务贸易方面，对技术进出口和无形资产转让、海运服务、劳务输出等外汇支付，由于缺乏有效的对照审核参数和规范依据，使真实性审核仍然难免存在一些主观因素。贸易项下，虽然已对进出口收付汇实行批量核销，减轻了一些工作量，但对某一合同项下或代理项下交易支付采取每笔分散形式的付汇方式却增加了把握真实性的难度。从近期企业普遍反映看，现行电子口岸报关核销查询程序，运行仍有不少缺憾，如企业出口信息录入后，由于海关方面不能及时反映相关信息，不仅造成大量出口延缓，也使外汇管理事后审验效率受到直接影响。

三是信用工具的多样化，使交易收支行为的管理要求更为复杂。一方面，传统信用工具如打包贷款、质押付汇等筹款形式的不断创新，增加了事后追踪审核的技术难度；另一方面，创新金融工具的推广应用，更加凸显出监管措施的明显滞后。如电子货币等新型结算工具的广泛应用，使跨境真实性监测几乎失控，对管理有效性提出了严峻的挑战。

四是非居民外汇管理问题亟待解决。入世后不断扩大的经贸、文化、技术等各方面交流，将使越来越多的非居民成为新的外汇收支主体。目前对非居民仅有的汇兑来源审核办法，显然难以发现和避免非法跨境转移资金问题的发生。入世后非居民外汇收支行为的多样化，无疑会使这一问题

变得更为突出。目前已经发现的非居民以规避本国税收为目的而采取单方面转移形式流入我国的外汇，由于缺乏针对性管理机制，极有可能引发国际法律纷争。

五是边贸外汇管理将成为新的管理热点。目前人民币已在周边国家贸易交往中普遍使用，随着入世后边境贸易领域的进一步扩大，解决人民币与边境国家本币兑换和流通问题将更为紧迫。可能出现的热点问题包括：人民币跨境流动规模和合法性的管理；出口收汇以人民币折算后的核销及退税管理；本外币资金跨境流动的法律界定；边贸现金交易可能带来的洗钱及其他非法外汇交易行为；边境贸易外汇管理辐射范围的概念界定等。

（二）加快资本项目管理改革进程和政策调整

我国加入世贸组织后，对资本项目管理的影响既有直接也有间接的，影响的时间分布也显示不同。短期看(1～3 年)，主要是要求政策上的逐步接轨，着重清理、修订法规。在政策趋向上仍以管制为主，适当放宽。中期看(3～5 年)，从被动适应走向主动预测，加大调整实施资本项目管理政策，在管理趋向上实现以少量管理、大部分放开；长期看，全面放开资本项目管制政策，实行资本项目自由兑换。预期的主要影响：

一是资本流入规模的迅速扩大，速度明显加快，将使资本项目交易和汇兑行为的行政管理成本增加，工作难度增强。目前实行的逐笔审核原则，使外汇管理部门面对十分复杂且金额巨大的审核审批任务，工作压力很大。以境外投资管理为例，现行的在不了解投资国投资政策及市场环境的情况下进行投资风险审查等核准工作，不仅无益于降低管理成本，也使审核效率大打折扣。入世对资本项目管理最严峻的挑战就是如何解决在保证管理效能的前提下，尽可能地减化审核程序，以实现扩大有效引资并防范资本流动风险的“双赢”。

二是将使“国民待遇”问题更为紧迫地提上议事日程。目前中外资企业在外汇管理上的差别政策在入世后不仅更会加深影响中资企业在开放市场环境下的公平竞争，而且会使外商投资企业本身在与中资企业经营合作中影响其经营效益。更为重要的是，国际交往的实践证明，某一国家或经济体由于“非国民待遇”的汇兑政策而产生的舆论导向，对投资环境的信誉损害极大，尤其面对开放的市场经济，继续以往过于严格的汇兑收支政策限制将有可能加大境外投资对本国民族工业的冲击，对中资企业外汇融资过于繁杂的审批程序，亦会加深这种冲击的负面影响。

三是伴随我国金融、保险业的对外开放，中外合资证券公司、基金管理公司、投资公司、保险公司等金融机构的进入，国际上的各种金融工具和技术将加快在我国的传播，我国利用外资的方式必将进一步拓展，并购重组、证券投资、投资基金等利用外资新方式的逐步发展，必将对外汇收支和汇兑管理政策提出加快适应性调整的需求。尤其在如何区分各种传统和创新投资方式的资本项目和经常项目性质上，将对我们提出观念性挑战，成为监管资本流动的难点。

四是跨国公司的大量进入，将大大改变我国的外资主体结构。跨国公司资源配置追逐利润最大化形成的全球性流动特点以及交易行为规模大、频率高的运作规律，使其投资背景和目标更具隐蔽性，将给我国投资外汇收支管理带来许多新情况新问题。其投资方式更多地依赖现代金融工具，也将加深我国目前过于刻板的资本管理原则的不适应性。

五是入世后依据对等原则，外国市场也将开放，国内企业对境外投资的需求和规模将增加，外汇管理如何一方面加快政策调整以促进和支持合理正常的境外投资发展；另一方面以何种监管方式来审核境外投资的真实性，也将是资本管理的一个重点。

六是迫使尽快完善目前外资外债统计监测手段。现行投资外汇收支主要依据企业的外汇登记和交易行为报告制度来实行监测，企业通过手工制表定期向外汇局报告，其真实性和完整性很难把握。已经应用的网络系统目前还不能直接与银行对接，从而也导致掌握企业投资交易信息的被动和滞后。外债统计监测系统中，对担保、转贷款项下的交易信息仍停留在对手工制表的监测状况，与入世后对各种资本流动信息需要全面、快捷、准确、及时采集并监测的高标准要求显然不符，迫使我们加快利用先进管理和技术手段，尽快改善目前的外资外债监测效果。

（三）外汇金融监管将面临更加严峻考验

我国入世后的扩大对外开放，将使涉外经济中的涉汇监管对象和监管内容迅速扩展，不可避免地对外汇金融监管产生重大影响。

一是引发对外汇监管理念重大改变。加入世贸后，由于我国涉外经济活动的增长，外汇收支主体的增加和规模、类型的增长，已使对以涉汇对象为主的监管模式面临更大挑战，急需重新思考和设计更为有效的管理理念和方式。其一，突出加强对银行的监管，建立由银行辐射收支行为的监管模式。由于银行是货币流通的枢纽，也是外汇资金流动的主渠道，对汇兑把关具有其他部门无法比拟的优势。加之银行本身拥有大量外汇资产和负债以及从事外汇信贷和中间业务的专业特性，更使其在资金流动中尤其是跨境外汇资金流动中占有举足轻重的地位。因此，外汇监管将由外汇收支单位等微观主体为主改变为以外汇指定银行为主，将是体现转变管理观念的最重要内容。其二，加强非现场监管和现场检查的结合。现场检查由于受发现问题的偶然性和不确定性的局限，很难满足对入世后大量跨境外汇资金流动的有效监控，加强非现场监管对于改变上述状况具有不可替代的作用。只有在完善并充分利用非现场监管所采集数据，通过分析对比数据信息，及时发现异常情况功能优势的同时，配合现场检查的直接取证和查实，才能使监管效率得到最佳发挥。其三，完善我国外汇监管标准。我国现行外汇金融监管标准，主要是依据维护国家外汇收支平衡和宏观调控需要而制定的，具有明显的国情特色。中资金融机构对这类监管标准的服从，一定程度上具有长期形成的习惯性和无条件性。入世后，如对外资金融机构使用同一标准，必然会使其内容与巴塞尔协议等国际公约的不符之处迅速显现，我国现行监管标准急需改进和完善。

二是外汇金融监管重点将出现转移。入世后一些新的领域正在成为外汇违法行为高发领域，同时成为新的外汇监管重点。一方面集中体现在日常监管的敏感领域：如服务贸易行业的大量投资和经营性收入支出，由于汇兑手续的简化和便捷，已被一些不法分子所觊觎，成为新的逃套汇渠道；资本市场出现的前所未有的大规模资本流动，包括 B 股对境内居民的开放，也很容易成为非法外汇资金流动的关注点；更加活跃的民间外汇资金流动，个人外币储蓄的迅猛增长以及对境内划转限制的放宽，将使个人外汇资金流动更加频繁，其间隐藏着巨大的境外游资身影；外资金融机构的大举进入和商业银行各种新的服务品种，给金融外汇监管提供了巨大的空间。另一方面，跨境反洗钱工作将成为外汇金融监管的重点工作。根据有关部门估算，目前我国每年约有 2000 亿元人民币资金通过洗钱方式流出境外，占到 GDP 的 2% 左右。国际洗钱犯罪活动手段正在加大对我国境内各个领域的渗透，对我国现行结售付汇管理体制的监管有效性提出了新的挑战。从跨境洗钱范围看，无论是经常项目的贸易、非贸易领域，还是资本项目下的投资和外债领域无所不及。从其活动的方式和手段看，利用地下钱庄、利用金融机构、利用计算机高新技术以及利用衍生工具提供的复杂金融服务等传统方式和现代方式的相互结合，已成为突出特点。跨境洗钱对我国经济产生的危害冲击，已引起国务院和中国人民银行的高度重视，要求外汇管理必须将监管重点更多地转移到这一要害领域，在职能和职责分工上重新明确工作重点。

三是要求外汇监管手段不断创新。表现为：（1）目前已明显滞后和失真的外汇监管信息采集和分析系统，难以对异常情况作出及时或超前预测，促使外汇管理必须抓紧并拓新监管方式，变被动为主动。（2）由于涉外经济“上中游”管理职能的弱化，主管部门的管理手段将由微观变宏观、直接变间接，使外汇管理失去行政管理依托，监管工作将面临更为直接和更大的压力。（3）外汇收支对象、范围、频率的成倍增长，要求监管部门必须采用更为实用、现代的技术手段，以实现高效功能。（4）入世后也将对我国本外币金融调控的协调机制和监控手段提出更高要求。

四是入世加快金融全球化，也带来了外汇违法活动全球化问题。全球化是当前世界的浪潮。从世界范围看，40%的货物贸易是跨国进行的，而资本流动的加快和规模的增大更是为人熟知。经济的全球化必然伴随着金融的全球化，进而带来外汇方面违法活动的全球化倾向。从监管实践看，已经出现对跨境资本流动监测、离岸金融、境外外汇股票投资管理等监管难题。如中资或外资银行与境外总分机构间的外汇头寸调拨或与其他境外金融机构进行的同业拆借，不仅金额巨大，而且资金划拨转账途径十分复杂，用途难以核实，由于我国与国际金融监管协调的双边或多边条约极为有限，使外汇管理部门难以实施对违规外汇资金跨境流动问题的追踪核实。离岸金融从严格定义上讲，必须坚持资金“两头”在外的基本准则。但已发现一些中资银行将在岸业务与离岸业务相互渗透，通过表内的同业拆放拆借，表外的信用保证、货币或利率掉期等金融衍生工具进行对冲和不良贷款重组，将大量资金转移离岸部进行国际化套利活动，一些境内公司利用香港空壳公司，开立离岸账户，以境内担保获得离岸贷款，再汇回境内为境内企业提供融资。一些中资银行采取同业拆放方式将外汇资金汇出，通过境外分支机构或投资企业从事境外股票投资等，使外汇违规行为的跨境监管成为金融全球化带来的严峻课题。

三、应对入世，我国外汇管理的政策选择

（一）入世后，外汇管理的正确定位

首先，要明确入世后我国外汇管理模式的相应调整和变化，只是管理方式方法和管理手段的改善，并不是一味地放松或放弃管理。入世后外汇管理的目标仍然是与国家宏观调控目标相配合，促进国际收支平衡。其次，外汇管理主要职责将由严格的审批审核管理逐渐转变为通过分析解读市场信号，依靠先进的外汇监管技术工程和手段，维护合法有序的市场竞

争，有效控制外汇收支风险，保证国家经济金融安全。再次，面对资本管制逐渐放松和经常项目全面放宽的政策环境，非法外汇收支活动将打着合法的幌子出现，打击不法外汇交易行为将成为外汇管理部门更重要和艰巨的任务。

（二）突出重点，积极完善经常项目外汇管理

一是适时调整贸易外汇管理政策。（1）在坚持真实性审核基本原则基础上，进一步强化以进出口收付汇为主的核销事后审查制度。逐步扩大进出口总量核销的对象、范围和期限，使高信誉企业享受更为简便的核销手续，对核销记录长期不良的经营客户，继续实行逐笔核销的严格管理，加快对逾期未核销积累问题备查处理管理办法的推广运用。（2）稳步推行意愿结汇制，对经常项目的收支实行新的限额审核办法。为鼓励入世后的扩大出口，帮助企业降低经营成本，方便贸易结算，增强竞争能力，应在统一中外资企业开户政策基础上，逐步实现账户信息管理条件下的意愿结汇制。同时为进一步提高管理效率，建议改变目前对经常项目真实性逐笔审核的管理办法，改为对单个经常账户的汇兑限额管理，限额以下的汇兑免予审验和逐笔核销，超过限额的，则实行逐笔审核或事后核销。对限额标准可以根据形势及时调整，以真正实现“抓大放小”，高效率低成本的管理效应目标。（3）继续坚持边贸外汇管理改革方向。从人民币周边国家享有较好信誉的实际出发，及时总结边贸人民币核销管理经验，对入世后进一步扩大的边境交易外汇收支，实行硬通货外汇结算和人民币与周边国家货币挂钩兑换联系管理的制约机制，引导边境小额贸易结算纳入银行结售汇渠道。在坚持改革方向的同时积极消除和减少人民币边境流通带来的洗钱、非法外汇交易等负面影响。

二是加快研究解决服务贸易外汇管理热点问题。入世后，我国服务贸易管理范围将从海运、旅游等少数行业逐步涵盖到通信服务、建筑工程服务、金融服务、信息传媒服务、文化服务以及零售商业服务的各个领域。因此，第一，必须建立服务贸易项下汇兑管理的识别标准，尤其对技术进出口、技术转让等无形资产的性质鉴别和规格界定，明确可操作的识别依据。第二，面对入世后对外经贸的主体大量增加，尽快研究非居民个人贸易融资汇兑管理办法，以便把好服务贸易外汇投资收入第一道关口，防范非正当外汇收入的非法流出。第三，加强与行业主管部门的联系，依据服务贸易特点，制定特殊行业外汇收支行为的政策措施，从源头上规范服务贸易外汇管理。

三是充分利用现代化科技手段保障各项管理制度的有效实施。外汇管理实施电子化监管的努力方向，一方面是改进完善现有网络体系，如对进口核销、电子口岸、个人因私售汇、非金融机构账户等在用系统加强技术改造；另一方面推广新的电子监管程序。在总结试行非金融机构外汇账户系统经验基础上，逐步实现各类账户管理的电子化运作。尤其对金融机构电子化金融工具的电子化监控，要加大研究力度，尽早堵塞管理漏洞。在电子化监管过程中，外汇局应注意尽量依靠银行数据生成监管数据，以降低监管和银行经营成本，提高管理效率，力求金融监管和金融服务的最佳结合。

（三）改进资本项目管理，积极审慎推进资本账户逐步开放

一是设定资本项目外汇管理的基本政策取向。根据 IMF 确定的资本项下交易项目，目前我国完全和基本可兑换的已达 12 项，占 28%。对于其他有限制和禁止的资本项目管制总的政策取向应是：根据国际国内的形势变化以及监管能力适应程度，循序渐进、审慎地放开管制。首先，必须以自由兑换为基本导向。这不仅是积极应对经济全球化趋势的需要，也是我国金融体制改革乃至经济体制改革的需要，很难想象完善的市场经济能在一个倾向资本流动受到严格控制的金融环境中得以生存。资本自由流动应是大势所趋。因此，即使面对暂时性金融危机，也不应动摇我们逐步开放资本账户，实现人民币完全兑换的最终目标选择。其次，明确完全放开管制必须是一个渐进的过程，急于全部放开资本账户是十分危险的。我国要实现资本项目的完全可兑换，必须具备以下条件：（1）已形成富有弹性的人民币汇率机制；（2）实现利率市场化；（3）形成健康的宏观经济金融环境；（4）国内企业改革的成功进行；（5）相对充足的外汇储备；（6）国家、银行和企业的实力、监管水平都要达到一定程度。再次，我国资本项目放松管制的次序设计：（1）在长期资本流动方面，可先放松直接投资的汇兑限制，包括外商来华投资和国内企业的境外投资，然后在条件成熟的时候逐步放松对证券投资和其他投资的汇兑限制，其中股票交易的限制可以先行放宽，而带有衍生产品性质的交易应当最后解除限制。（2）在短期资本流动方面，总体上应当保持较长时间的限制，对于贸易融资可以较早地解除限制，而对逐利性短期资本交易则应当尽可能地实施长期限制。（3）针对不同的交易主体（如自然人、企业和金融机构），放松资本管制的时间也应有所不同。由于自然人和企业的资本交易流量相对有限，因而可以先行放宽针对他们的汇兑限制；相反，对于银行、投资基金等用于货款和投资的汇兑活动应较长时间地保留限制。

二是改进管理方式，推动由直接监管向间接监管的转变。(1) 将对交易行为以审批为主的管理方式改变为以登记为核心的管理方式。长期以来，资本项目管理注重事前审批，事后登记在相当程度上仅为统计需要，登记为管理服务的作用未得到充分发挥。事实上，登记才是一切购汇和汇出核准的主要依据。因此，应该淡化事前审批，建立以登记为主线的资本项目管理模式。(2) 要从监管境内机构的资本项目交易为主转变为以监管银行、证券公司及其他中介机构为主，实现由直接管理向间接监管的转变。(3) 要将监管重点从表面全面铺开转移到重点监管短期资本流出入和防范资本非法外逃上来。要突出监管重点，简化手续，使守法的企业在进行资本项目交易时感到方便，同时能够及时发现和处理违规、违法企业，真正实现监管目标。

三是以资本账户管理为重点，实现外汇资金流动的有效监督。改进外汇账户管理的总体思路是充分运用计算机的网络支持功能，把账户管理系统和各外汇指定银行的会计处理系统紧密结合，通过建立新的外汇账户数据库系统，真正掌握资本流动的存量和变量。要争取实现外汇局业务审批的上机操作，通过计算机解决内部管理和控制的有效性，并逐步健全网络化管理，实现企业数据在不同部门间按管理权限共享，加强资本项目宏观管理的有效性。

(四) 建立适应开放环境下的外汇金融监管制度模式

随着入世后资本和外汇管制的逐渐放松，我国金融服务将面临国际竞争的激烈冲击，金融监管必须积极适应新形势下的管理要求，借鉴国际经验和标准，突出以银行业监管为主的各项举措，抵御国际金融市场风险，维护金融体系安全。

一是以汇兑环节为切入点，切实加强对外汇指定银行业务的全面监管。当前和今后一段时期银行监管的重点应放在：(1) 对银行外汇业务经营风险的监控。对外汇指定银行某些高风险业务经营必须采取政策限制，如降低并严格限制与境外金融机构外汇同业拆借比例；加强对中资金融机构境外企业投资规模的审核及经营状况的信息监测，对外汇指定银行外汇资产不良占比达到5级分类标准4、5两级一定比例的，要规定其限期调整资产结构，改善经营状况，以降低风险比率。同时，针对入世后外资银行的大举进入，建立统一标准的风险监控监测体系，尤其对其外汇资本充足率，境外融资行为的异动要有监测机制，充分吸取国际教训，防止由于外资银行违规经营引发的金融风险冲击。(2) 对银行外汇创新业务品种的监管。由于其本身具有的政策性限制以及跨境支付的特殊性，使其必然成为外汇金融监管的重要领域。当前应重点加强中资银行开办远期结售汇、外汇货币或利率掉期以及个人外汇实盘买卖等交易业务的规范管理，加大对电子化虚拟产品的监督管理，抓紧制定外币信用卡、国际卡等结算工具专项管理办法。(3) 对银行自身业务的监管。侧重防止银行将代理业务与自营业务互混，督促其通过建立制度“隔离墙”，防范两类资金的违规串用及违反结售付汇管理制度的行为。当前在入世过渡期，尤其要重点监控一些中资银行有意利用各种贸易融资工具，违规扩大信用，为谋取非法利润而给不法分子提供新的逃骗汇通道。(4) 对银行执行汇率利率情况的监管。鉴于外资银行参与国内金融竞争而采取的一些不同于国内金融惯例的做法，可能会使一些银行在严格执行现行汇率及利率管理上发生违规或变相违规问题，引发扰乱外汇经营秩序现象。对此，管理部门应及时强化监管措施，加大对违规行为的防范和查处力度。

二是建立并完善外汇统计监测预警机制，尽快改变目前外汇信息来源渠道庞杂、资源价值难以高效利用的弊端，建立并发挥好以三大体系为主的信息预警监测机制。(1) 发挥国际收支统计申报的主渠道作用。要充分利用这一报告制度体系辐射面宽、信息要素细化、申报时间及时及网络传递准确等优势特点。从目前以收支形势分析为主的工作职责，逐渐扩展到对申报对象交易真实行为的研判及违规趋势情况的综合预测预警。(2) 各业务部门业务报表和统计监测系统辅助作用。进一步完善现行外债统计监测报告制度；及时总结推广外汇账户和因私售汇网络体系的成功经验，建立以各业务部门监管重点为主要内容的不同性质外汇收支信息数据库，以全面监控外汇收支的资金流动情况，并通过网络化设计和运作，使计算机能够自动生成正常和异常信息数据，并发出违规或风险预测信号。对业务部门的各种统计报表和统计监测网络系统，要利用网络平台，实现资源共享。(3) 建立以跨境洗钱为重点的大额和异常交易情况识别体系。要充分发挥外汇局全面掌握外汇收支信息的体制优势。围绕跨境资金流动这一关键，尽快实施和完善我国大额外汇收支可疑资金交易报告制度。主要内容包括：规定大额外汇跨境交易报告最低限额；可疑资金交易识别标准，包括可疑交易对象、可疑交易行为、可疑交易方式、可疑交易资金来源及其信息报告的分析和处理机制。使这一体系最终能够融合外汇局三大信息体系的各自有效功能，形成具有我国特色的外汇支付及非法交易活动监测高效预警系统。对预警模式，可依靠数学模型，结合专家经验，建立国家和地区性两级监测预告及快速传输体系，分别对资金异常活动提出定量和定性分析结论。

三是借鉴国外先进经验，提高监管手段和方法的国际化水准。入世后要求外汇金融监管也应适应国际金融发展趋势。改变传统的内向管理原则，努力向国际化标准靠近。（1）尽量使监管要求和标准符合国际惯例，要扬弃过于强调现状的观念，以前瞻性意识审视并着手调整现行外汇监管标准，使监管程序、监管手段尽量靠近国际化准则。改进并弱化审批制度，提高监管效率。（2）注重引进先进的监管方式，努力突破禁区，提高监管行为和监管手段的科学合理性。大胆引用国外先进监管经验及监管体制模式，结合运用信息技术和分析工具，形成更为高效的监管程式。（3）以各种方式大力培育和造就懂金融、知法律、精技能的现代外汇管理高级人才，推动和提高监管队伍整体素质，加快提高外汇金融监管国际化水准。

四是加强外汇金融监管的国际协作，防范国际金融风险传递。伴随外汇违法全球化问题，由于国家之间外汇金融监管的不平衡和不协调将使各国金融体系的稳定受到动摇。因此入世后我国外汇金融监管通过积极寻求国际协作来降低不良影响势在必行。根据目前风险防范的重点，今后合作的重点内容：（1）对跨境证券投资行为的合作监管，力求建立与巴塞尔银行监管协议类似的双边或多边协助，防止投机资本不正常活动。（2）对新金融衍生工具和对冲基金在发展中国家和发达国家间寻求监管合作，预防投机资本的危害冲击。（3）抓紧建立反跨境洗钱工作的国际协作机制。（4）加强金融信息和异常资金活动情况的信息披露和合作。

四、加快建立我国外汇管理应对入世体制保障机制

围绕入世进行的各项外汇管理政策调整，最终必须依靠有效的体制保障措施才能得以实施。对此，笔者认为应着重研究并稳步推进以下方面体制改革和措施完善。

（一）汇率及外汇交易市场管理体制改革

我国现行的汇率制度实际是以盯住美元为主的有管理的浮动汇率制。执行过程是：中央银行根据国际市场美元等主要货币汇率波动，确定当日人民币汇率中间价，通知银行根据规定浮动比例进行挂牌操作。总体看，这一汇率机制较符合我国现行国情，在支持宏观调控、稳定币值、维护国

际收支平衡中起到了积极作用。但也有不足，主要表现为汇率浮动过于僵硬，既受制于国际市场，但对汇率波动引发的金融冲击调整力度又十分有限。对国内外汇市场的真实供求反映也缺乏灵敏度和针对性。人民币的币值过硬也不利于对外贸进出口效益的调节。与此相关联的外汇交易市场，仅仅依靠银行通过企业强制结汇平仓后的超额资金进行交易，使交易对象因政策规定受到局限，交投活力难以形成。加之，中央银行随时可对汇市进行调控、干预，使汇率机制难以发挥市场杠杆的更大效用，对结售汇管理体制下的企业自有外汇汇率风险防范及外汇资金运用带来一定负面影响，形成管理行为的困扰。因此，必须有目标地加以调整。笔者认为，可以结合意愿结汇管理及资本项目逐步放开的实施步骤，适当放宽汇率浮动限制，根据市场对贸易外汇支付的真实需求，分情况设定银行中间价的浮动比例，形成人民币币值对国家外汇储备增长或支持外贸出口有利的有升有降的更灵活机制。允许企业将自有外汇资金账户纳入银行间交易市场，不仅可以激活市场，增强企业外汇资金风险自控和效率运用，也有利于减轻央行对外汇交易市场的调控管理压力。

（二）适时调整外汇管理组织结构保障体系

应该说，目前以外汇监管职能而设置的外汇管理组织结构体系，在传导管理政策信息和组织管理政策实施方面具有一定的优势。但外汇局与人民银行在监管职能上仍有一些交叉，内部职能部门相互衔接不够等体制性问题仍然存在。根据入世后外汇管理职能的重大调整，应考虑将外汇局内设机构进行合理分布，管理职能进行重新划分和定位，尽量体现管监分离、本外币结合的基本原则。第一，进一步明确与人民银行外汇监管的职能分工，在中央银行统一领导的前提下，明确人民银行负责对银行外汇金融风险的日常监控以及外汇业务市场准入的审核批准，外汇局主要负责涉汇对象外汇违规行为的查处以及外汇监管制度的制定和实施。并依此制定相关的监管行为准则，防止职能重复且责任不明。第二，为实现外汇局内部职能的高效运转，建议改变目前银行结售汇及证券、保险外汇业务市场准入按照监管职能分工负责的模式，最好将上述审批业务集中在一个综合部门统一管理，以有利于调节平衡审核规模，充分体现管监分离，提高工作效率。第三，针对入世后跨境资本流动预警及反洗钱工作职能的需要，借鉴国外经验，在外汇局内部设置专门机构，具体负责从事大额和可疑外汇资金的转移识别汇总、趋势研析以及犯罪线索的追踪调查，以解决缺乏专门机构而形成的各部门信息资源的浪费。

（三）建立并充实符合管理机制层次的外汇法律法规保障体系

要使现行外汇管理法规逐步从行为管理真正上升到制度机制性管理的层面。一是抓紧对现行法规的清理规范。我国现行外汇管理法规制度体系主要是以经常项目可兑换原则为制定依据。由于某些政策界定的不确定因素，使法规制度的调整具有较大随意性，内部文件繁杂，有的相互抵触，操作性带来一定难度，已成为实行“透明度原则”的重要障碍。因此，必须突出重点抓紧进行法规清理。着重解决某些外汇管理规定与行业主管制度不配套问题，逐步消除区域性法规，促使管理制度的系统化，避免各项法规的阶段性或时效性差异。在清理步骤上，可根据入世市场开放期限明确进度。二是适时调整并完善相关管理规定，拓宽管理领域，填补管理空白。通过加大对目前外汇管理盲区现象的研究，借助入世契机，将其纳入外汇管理范畴。如资本项下有关民营企业境外投资的管理；境内外商境外投资的管理和监测；非居民管理、保险业管理及 B 股市场外汇业务等。对经常项目中尚未纳入现行法规的一些特殊用汇，应在可兑换原则指导下，明确具体汇兑和支付标准。当前尤应抓紧对海运、技术引进等服务贸易外汇管理中有关新情况的研究和法规完善。三是增强法规制度的可操作性。入世后，外汇管理法规的适用范围、对象和标准都将发生明显变化，目前我国外汇法规适用性和操作性不强问题，将会给今后涉汇管理的国际化交流带来很大障碍，因此，强调这一原则，必须坚持在各项法规调整和完善过程中，充分考虑中资涉汇对象、居民与非居民、国内不同经济性质的企业等法规实施主体的一致性。防止过分强调总体原则，而忽略实际操作的可能性和可行性倾向，真正朝着建立一套便于理解、操作便捷、规程一致的施法体系方向努力。四是加快外汇立法。目前以外汇管理条例为“母法”的外汇管理法规体系，无论在内容和执法效能上显然已不能适应外汇管理效力层次的更高要求。我国承诺的入世开放原则已经确定，与此相关的外汇管理运作也积累了一定经验，外汇立法条件已经成熟。外汇管理立法将更加有利于与国际经济行为的接轨，防止因现行法规与其他行政法规不相协调形成的窘状。五是建立维护外汇执法严肃性保障措施。目前外汇行政执法难问题十分普遍，其形成原因较为复杂，仅从法规自身层面看，一方面存在一些合理行为不合法，不合理行为无法可依的现象；另一方面，对一些违法行为的处罚标准明显过高，类似问题又规定不一，导致执行难。从执法体制看，外汇局缺乏强制手段，依靠法院强制执行成本高、效果差。必须充分认识维护执法严肃性对保障开放市场条件下外汇管理政策实施的导向性和强制性作用。对现行违规行为执法标准进行适当调整，既要考虑处罚力度的震慑制裁效果，也要考虑违规对象的实际承受能力。修订处罚标准必须参照全国各地和新业务基本情况，决不能仅以少数经济发达地区或个别情况为参照依据。要充实外汇执法力量，从外汇执法的特殊性出发，给予外汇管理部门一定的行政执法强制手段。如对涉嫌违规对象银行账户实行的特殊监控，资金收付必须经外汇局审批；明确违规对象财产处理的优先排序等，使外汇执法真正得到体制保障。

（写作时间：2002 年）

全面树立和落实科学发展观
提升外汇管理整体工作水平

党的十六届三中全会明确提出“坚持以人为本，树立全面、协调、可持续发展观，促进经济社会和人的全面发展”。温家宝总理在十届全国人大三次会议上报告政府工作基本思路时指出，要坚持用科学发展观统领经济社会发展全局，加强和改善宏观调控。如何在外汇管理基层工作中全面树立和落实科学发展观，全面提升整体工作水平，笔者认为要注意把握好以下几方面。

一、抓住重点问题，探索解决方法

过去20多年里，我国经济社会发展不断迈上新台阶，但同时经济运行中也存在较为突出的总量和结构问题。其中，宏观经济的结构性问题在对外经济中也有突出表现。虽然我国已成为世界第三大贸易国，但我国仍只是一个贸易大国而不是贸易强国。外贸出口增长方式较为粗放，出口商品结构调整缓慢。近几年来提高利用外资质量并没有取得明显进展。从外汇管理方面来讲，长期以来形成的鼓励流入、限制流出的管理格局，进一步加剧了外汇过度流入的局势；汇率的近乎固定，也延缓了外国投资在我国进行正常的产业梯度转移。如果上述问题解决不好，就谈不上国民经济的可持续发展。

2005年是推进东北老工业基地加快振兴的关键一年，外汇管理部门肩负着深化外汇体制改革、促进经济发展的重任。外汇管理工作要不断适应我国经济全球化和社会主义市场经济发展的新形势，加快管理方式的转变，充分发挥市场机制的作用，促进外贸增长方式的转变和利用外资质量的提高，在外汇管理的改革实践中进一步提高服务能力和水平。

二、把握一条主线，理清工作思路

基层外汇管理部门落实科学发展观，就是要积极支持和配合国家加强和改进宏观调控，促进经济内外均衡发展，改善国际收支平衡。在深入学习领会中央经济工作会议、人民银行工作会议和全国外汇管理工作会议精神的基础上，把思想和行动统一到树立和落实科学发展观上来，统一到中央对经济形势的准确判断上来，统一到总局对全年外汇管理工作的部署上来。基层外汇管理部门应牢固树立和认真落实科学发展观，增强落实科学发展观的自觉性和主动性，善于用发展的方法解决前进中的问题，进一步理清思路，有特色地、有创造性地开展工作，不断加大对经济发展的支持力度。应转变管理思路，实行平衡管理。实现外贸进出口、资本流入流出、内资与外资、国有企业与民营企业同等待遇，创造公平竞争的市场环境。更多地运用市场、法律等手段引导资源配置，促进涉外经济发展。进一步理顺外汇供求关系，逐步发挥市场机制的作用。对容易造成投机炒作和资产泡沫的投资活动，要严格加以限制。应强化外汇管理部门的外汇服务意识和功能。进一步减少行政审批，简化手续，为涉外企业、机构、个人合法的涉外经济经营活动提供更多的便利，充分发挥外汇管理部门的市场监督职能，进一步整顿外汇市场秩序，加快外汇市场信用体系建设。

三、突出工作重点，平衡国际收支

中央经济工作会议明确将“国际收支保持基本平衡”作为2005年经济社会发展的主要目标之一。温家宝总理在讲话中还指出，要研究建立调节国际收支的市场机制和管理体制。郭树清局长在全国外汇管理工作会议上指出，国际收支不平衡是开放条件下内部经济失衡的外在反映，反过来又会进一步加剧内部经济失衡，要加快建立调节国际收支的市场机制和管理体制，着重从机制上充分发挥市场配置资源的基础性作用。因此，在外汇管理具体工作中全面落实科学发展观，就是要逐步建立调节国际收支的市场机制和管理体制。

实践证明，我国以“经常项目完全可兑换、资本项目部分可兑换”为特征的现行外汇管理体制，曾经为保持国际收支平衡、增强国际清偿能力、抵御国际资本流动冲击、维护国家经济安全发挥了重要作用。但随着对外开放不断深入和经济市场化程度日益提高，外汇管制的有效性越来越弱，成本和代价却越来越高。为此，要着重从机制上充分发挥市场配置资源的基础性作用，更多运用市场的、法律的手段，尤其是发挥利率、汇率等价格杠杆的作用来调节国际收支，行政干预只能逐渐转为辅助性手段。在今后一段时期，应抓住有利时机，加快建立调节国际收支的市场机制和管理体制等方面的工作，力争在外汇管理的一些重点领域和关键环节实现新的突破。主要是两个方面，一是推进人民币资本项目可兑换；二是改进人民币汇率形成机制。基层外汇管理部门在具体工作中就是要全面贯彻建立调节国际收支市场机制和管理体制的各项措施和政策，深刻理解各项政策措施出台的背景和意义，及时反馈各项政策措施在本地区的执行效果，在管理工作中树立宏观意识，在实践中不断为上级管理部门完善各项政策措施提供依据。

四、准确分析形势，服务宏观决策

外汇管理工作必须服务于国民经济发展大局，基层外汇管理部门要注重和加强经济与外汇形势分析、预测、预警工作。一是要认真学习和运用科学方法预测预警，善于从各种繁杂的信息中发现问题，找出规律，准确把握经济和外汇收支的运行趋势，不断提高正确判断形势的能力；二是要加强调查研究，及时发现外汇管理和经济发展中的苗头性、倾向性、趋势性问题，适时提出切合实际的措施建议。进一步改革和完善决策机制，把科学决策、民主决策和依法决策贯彻到外汇管理工作的全过程，不断提高科学决策和控制风险的能力。三是要建立健全外汇管理系统信息反馈机制，加大调研资源的整合，拓展信息网络建设，加强信息交流与沟通，不断提高外汇管理部门为宏观经济决策服务的能力。

五、结合本地实际，提升工作水平

以科学发展观统领全局，应将贯彻各项外汇管理政策和支持地方经济发展相结合，注重把外汇管理的统一政策和各地实际相结合。具体而言，就是以支持东北老工业基地振兴为中心，继续推动贸易和投资便利化，规范外汇资金流入和结汇管理，拓宽资本流出渠道，强化国际收支统计和监测，全面推进外汇市场信用体系建设，整顿和规范外汇市场秩序，提升信息调研和电子化建设水平。加强系统建设，突出重点，抓住特色，创新思路，全面提升外汇管理整体工作水平。坚持寓管理于服务之中，用优质的服务提高管理的效率，用简明规范管理提供最好的服务。应与地方政府振兴规划相呼应，深入分析外汇投资构成和来源，优先支持有利于优化产业结构和事关国计民生的项目，对于国有企业改造和再就业工程中出现的外汇管理疑难问题，要进行深入的研究，妥善解决。结合中央经济工作会议关于改善宏观管理，实行双稳健的财政、金融政策和转变经济增长方式等方面的要求，一方面，继续跟踪、反馈、完善支持东北老工业基地振兴的各项外汇管理政策；另一方面，继续加强研究，针对东北老工业基地振兴出现的新情况、新问题，提出新的政策建议，加大外汇管理政策支持的力度。

（写作时间：2005 年）

“十五”期间，我国对外贸易年均增长24.6%，远高于同期世界贸易和我国经济的增长水平。而部分高耗能、高污染、资源性产业投资过热，产品出口大量增加，给经济发展带来巨大的能源、环境和资源压力，影响国民经济健康平稳运行。对此，国家先后采取一系列宏观调控措施。在国家宏观调控政策的影响下，据对辽宁省大连、鞍山、抚顺、本溪、营口、葫芦岛、锦州等地区主要资源性产品出口情况的调查显示，辽宁省作为能源和资源问题十分突出的重工业基地，高耗能、高污染、资源性产品出口下降幅度较大，带动全省出口增速下降。

国家宏观调控政策措施对辽宁省高耗能、高污染、资源性产品出口政策效果分析

一、辽宁省高耗能、高污染、资源性产品出口现状

据对辽宁省大连、鞍山、抚顺、本溪、营口、葫芦岛、锦州等地区主要资源性产品(钢材、钢坯、成品油、铁合金、镁制品)出口情况的调查显示，由于辽宁省传统产业比重大，资源利用率低，主要工业产品能耗高，在国家宏观调控政策的影响下，辽宁省高耗能、高污染、资源性产品出口下降幅度较大，带动全省出口增速下降。据海关统计，2006年1~5月，辽宁省进出口总值为172.04亿美元，同比增长7.6%，低于全国平均增速16.3个百分点，增长幅度同比下降31.91个百分点，其中出口98.8亿美元，同比增长10.01%，低于全国平均增速15.69个百分点，增长幅度同比下降42.7个百分点。

(一) 辽宁省产业结构的特点是出口产品结构中高耗能、高污染、资源性产品出口比重较大

2005年，辽宁省实现国内生产总值(GDP)8005亿元，按可比价格计算，比上年增长12.3%，高于全国增长速度2.4个百分点；第二产业增加值3906.8亿元，增长16.6%，高于全国增长速度5.2个百分点，对GDP的贡献率为60.7%。2005年，辽宁省第二产业占GDP的比重为

48.8%，高于全国平均水平1.5个百分点(见表一)，比世界平均水平高出20.8个百分点。2005年，辽宁省出口商品中五金矿产类、石油化工类产品所占比重为38.1%，其中钢材、成品油、铁合金、锌合金、钢坯、镁制品、石蜡等高耗能、高污染、资源性产品出口超过出口总额的24%，对辽宁省的出口形势有着举足轻重的影响。

表一：1997~2005年第二产业占GDP比重情况表

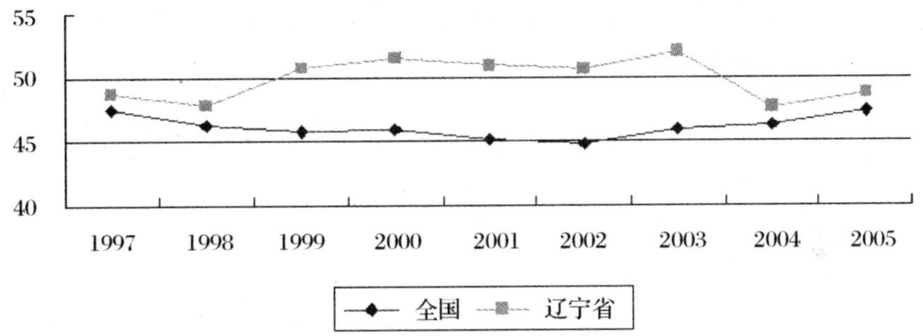

(二) 辽宁省丰富的矿产资源使产品出口具有明显的比较优势

目前，辽宁省石油、铁、钼、镁等矿产资源储量丰富，铁矿石储量占全国第一位，是全国最大的探明矿区之一；钼矿产量居全国第一；菱镁矿的储量和品位均居全国之首，占全国总储量的80%；有全国第三大油田，资源性出口产品在国际贸易中具有明显的比较优势。近年来，钢材、成品油、铁合金、钢坯出口不断增长(见表二)，在辽宁省出口总额中所占比重已分别由2001年的1.25%、6.44%和0.87%上升到2005年的8.12%、6.56%和4.06%。2005年，辽宁省钢材、成品油、钼、镁砂出口分别占全国同类产品出口额的14.56%、24.01%、60%和95%。

表二：2001~2005年主要产品出口情况表
单位：万美元

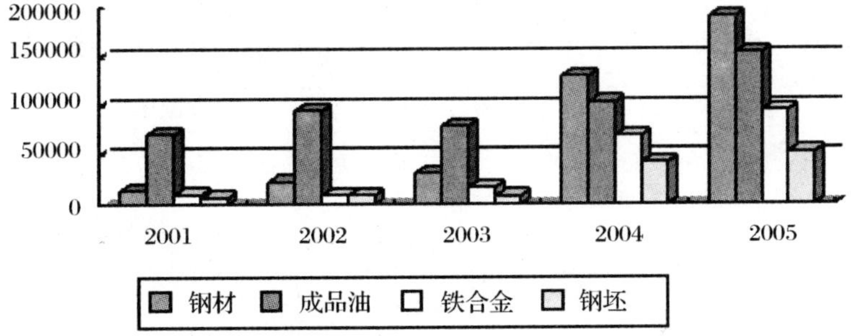

（三）国家宏观调控政策效果显著，辽宁省出口增速大幅下降

从2004年上半年以来到2005年初，原油、钢材、成品油、钼铁、锌合金等产品的国际市场价格持续上涨(见表三)，带动辽宁省出口高速增长，同比增速从2004年初19.8%攀升为2005年初的88.9%。2005年4月起，随着国家对高耗能、高污染、资源性产品出口不断出台限制性措施，钢材、成品油、铁合金、镁制品等高耗能、高污染、资源性产品出口大幅减少(见表四)，使辽宁省出口增速呈现持续下降态势。2006年以来，这种趋势表现得更为明显(见表五)。

表三：2004~2006年主要出口产品月平均价格变动情况表

单位：美元

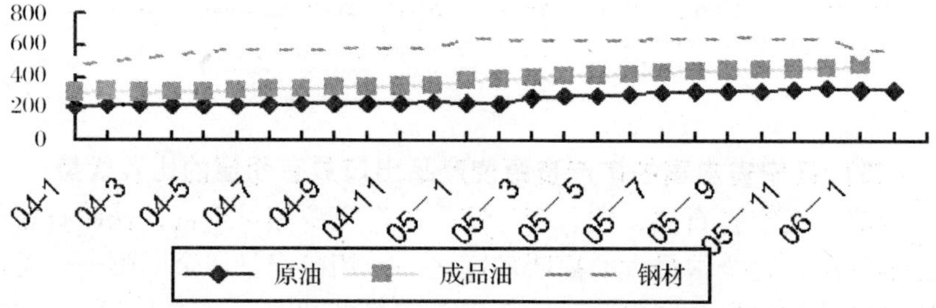

表四：2005~2006年主要出口产品月累计增长情况表

单位：万美元

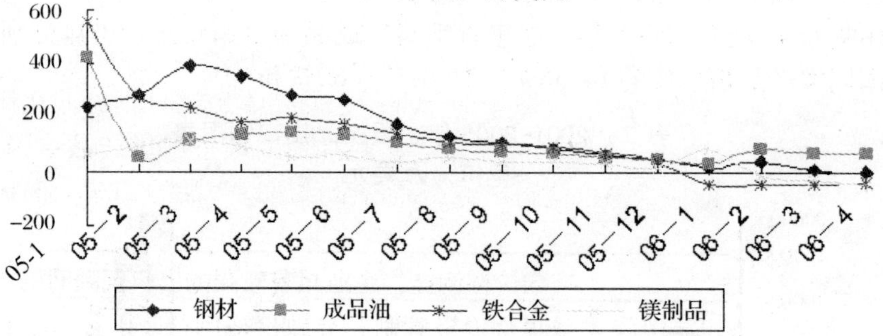

表五：2005~2006 年月度出口累计增长率

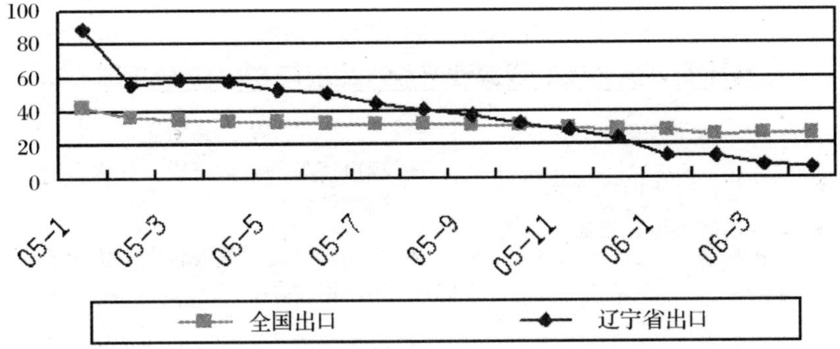

（四）技术密集型的出口产品仍具有较强的国际竞争力

我国在国际竞争中所处产业位置较低，尽管工业制成品已占整个出口产品的 93.6%，但仍然集中在劳动密集型产品和资源密集型产品及制造环节上。据商务部统计，我国出口企业中拥有自主品牌的不足 20%，自主品牌产品的出口不足 10%。粗放型出口超高速增长带来的贸易条件恶化、贸易摩擦加剧及国家出口退税负担沉重等弊端越来越突出。面对国家宏观调控和国际市场竞争的双重压力，部分高耗能、高污染、资源性产业出口企业依靠科技创新提高生产要素效率，实现了对外贸易战略由比较优势向竞争优势的转变，增强了国际竞争力。近年来，鞍山钢铁(集团)有限公司注重技术改造，形成规模效益，不断提高自主创新能力，在国际和国内同行业企业中鞍钢集团的综合竞争力分别排在第 9 位和第 1 位。2005 年，该集团销售额 655 亿元，高附加值产品比例达到 73%。2006 年 1 ~ 5 月，在辽宁省钢材出口增长 7.07% 的情况下，鞍钢集团出口钢材同比增长了 18.4%。本溪钢铁集团公司提高产品附加值，调整出口产品结构，2006 年前 5 个月该集团出口高附加值产品占全部出口产品的 21%，同比增长 15.2%。

（五）资源性产品国内外市场价格倒挂，企业具有较强的出口获利动机

我国的能源和资源政策是实行价格管制，导致价格倒挂，国际市场的价格远远高于国内市场。这一点在石油和钢材这两类产品上体现得尤为明显。如目前成品油中汽油的国际市场价格为每吨 7000 多元，高于国内市场价格 32%；钢材出口平均价格每吨 561.4 美元，同比下降了 10.8%，高于国内市场价格 55%。

二、辽宁省高耗能、高污染、资源性产业产品出口影响因素分析

高耗能、高污染、资源性产业产品出口 SWOT 分析图

S（优势）	W（劣势）
● 资源稀缺产生的成本优势 ● 产业基础雄厚，形成一定的规模效益	● 出口商品的结构层次、技术含量、附加值较低 ● 产品出口收益很大程度上依赖于出口退税 ● 产能过剩
O（机遇）	**T（威胁）**
●调整产业结构，增强产品竞争力 ●世界经济增长，外部市场不断扩大 ●国家实施振兴东北老工业基地战略	● 贸易摩擦不断增多 ● 清洁生产增加企业成本 ● 人民币汇率波动加大企业外汇风险

“十五”时期，辽宁省国民经济综合实力明显增强，经济结构调整取得较大进展，外向型经济发展良好，对外贸易进出口总额为 1442 亿美元，比“九五”期间增长了 106%，实现了辽宁老工业基地振兴的良好开局。但经济增长方式粗放、产业结构不合理、科技创新能力不强、核心竞争力较弱等问题仍比较突出，对外贸易依存度高达 41.2%，其中出口依存度为 24%。国家采取的控制高耗能、高污染、资源性产业产品出口的措施对辽宁省相关产业影响较大。

（一）产业结构调整和增长方式的转变推进了企业产品结构的优化

国家通过采取一系列措施，一方面调整产业结构，减少能源和资源消耗，合理配置市场资源，缓解经济增长带来的资源和环境压力；另一方面支持和引导企业进行技术创新，提高产品的结构层次、技术含量和附加值，增强企业竞争力。葫芦岛有色金属集团有限公司是东北和华北唯一大型有色金属冶炼企业，产品质量稳定，“HX”牌精锌在 LME 交易所注册、精锌质量达到国际先进水平、处于行业领先地位。该公司充分利用国家批准的 ISP、锌基合金和粗铜改造三个国债技改项目，提高产品的科技含量

及附加值，积极开发新产品，节约能源，提高综合利用水平，同时投资买矿山，开发矿产资源，双向延长产业链，加快扩展产业外延，促进企业可持续发展。以半成品蒸锌为原料研制开发出的高新产品零号锌，填补了国内空白，每吨增值5000多元，优化了原有的以锌锭为主的产品结构。

（二）出口退税政策的调整抑制了产品的出口，减少了企业的出口收益

出口退税直接影响企业的出口和利润空间，随着国家出口退税政策的调整，部分产品出口及利润的获得对于出口退税政策的依赖性突显。2005年4月1日起，国家取消钢坯出口退税；5月9日起，停止钢坯加工贸易，使辽宁省钢坯的出口大幅下降。2005年3月，钢坯及粗锻件出口13867万美元，4月之后开始急剧减少，9月仅出口359万美元。2006年前5个月，辽宁省出口钢坯及粗锻件10820万美元，同比下降了66.9%。海城后英经贸集团是国内最大的镁质耐火材料综合型企业，年出口创汇3100多万美元，2005年5月1日起轻、重烧镁出口退税的取消，直接导致企业利润减少800多万元。

（三）贸易摩擦不断增多加大企业出口阻力

据商务部统计，2005年1~8月，除242纺织品特别限制外，共有13个国家和地区对我国发起贸易救济调查44起，涉案金额高达15.4亿美元。其中，反倾销调查35起，一般保障措施调查4起，特保调查5起。从辽宁省的情况来看，遭受贸易摩擦的出口产品在国际市场上是有一定价格竞争优势的产品，如镁碳砖、镀锌板、轻烧粉。从2004年起，我国镁碳砖生产出口企业遭遇欧盟反倾销调查，辽宁省有十家镁碳砖生产企业应诉；2005年10月终裁结束后，除对应诉的六家出口商的产品征收2.7%~27.7%不等的反倾销税外，其余所有出口欧盟的镁碳砖产品被征收39.9%高额的反倾销税，部分企业被迫退出欧盟市场。

（四）环境与资源成本的加大促使出口企业由“先发展后治理”逐步走向可持续发展

20世纪80年代经济全球化进程开始以后，世界范围内经济结构的调整和产业转移带来的后果就是污染行业向发展中国家的转移。随着中国经济的高速增长，环境和资源压力不断加大。虽然加大环保设施的投入必然增加企业成本，但企业已充分认识到开展清洁生产，发展循环经济的重要意义。例如，鞍钢集团围绕“减量化、再利用、再循环”的循环经济思路，利用低热值高炉煤气联合发电机组（CCCP），将剩余高炉煤气和焦炉煤气回收发电，循环用于炼钢，实现了炼钢工序的负能耗。项目投产以来，节能降耗超过3000万元。同时，对水消耗的有效控制实现了从“增钢增水”到“增钢减水”的历史性跨越。海城西洋集团是一家集耐火材料、钢铁、化工等科工贸为一体的民营企业，现有84座镁砂轻烧窑，日产轻烧镁近40万吨，加大技术改造后，用节能环保的煤气替代了煤作为燃料，在重烧镁工艺上，也用重油替代了原来的煤作为燃料，节约了能源，降低了污染。大连西太平洋石油化工有限公司投资近2亿元准备新上硫磺回收成套装置，进一步改善环境质量。

（五）人民币汇率波动加大企业外汇风险

自2005年7月21日，我国开始实行以市场供求为基础，参考一篮子货币进行调节的、有管理的浮动汇率制度以来，汇率形成机制弹性明显增强，人民币兑美元已累计升值3%以上，对于出口大于进口或没有进口的企业影响较大。虽然，目前人民币汇率波动给企业带来的影响相对小于出口退税政策给企业带来的影响，但随着更加灵活的人民币汇率形成机制的不断完善，规避汇率风险、降低经营成本已经成为企业关注的重点。葫芦岛有色金属集团有限公司专门成立了政策研究室，加强对国际、国内宏观政策的研究，防范国际市场价格波动和人民币汇率波动的风险，同时做好开展境外期货套期保值业务的准备工作，达到有效保值，提高效益的目的。目前，外汇管理部门已指导、监督企业制定了境外期货交易业务内控制度，并根据企业需求，将风险敞口头寸由300万美元增加到800万美元，为确保期货交易业务的顺利、合规开展提供了有力的政策支持。

三、政策建议

国家统计局公布的最新数据显示：2006年1~5月份，中国城镇固定资产投资达25443亿元，比去年同期增长30.3%，创出近两年来的最高增幅；5月份广义货币（M2）余额和人民币贷款余额分别增长了19.1%和16%，1~5月全部金融机构累计新增人民币贷款为17834亿元，而全年预期目标为2.5万亿元；5月当月实现贸易顺差130亿美元，创单月历史新高。困扰中国经济的结构性难题仍然存在。今年是“十一五”的开局之年，按照中央提出的“突出重点、区别对待、有保有压、适度微调”的调控原则，应综合运用各种货币政策和财政政策工具，保持政策的连续性和稳定性，为经济结构的调整和增长方式的转变提供稳定的政策环境，以促进国际收支的基本平衡。

（一）加强金融支持，拓宽投融资渠道，构建良好的金融生态环境

贯彻实施“走出去”发展战略，促进中国经济协调发展，鼓励资本合理、有序的流动，进一步推进贸易和投资便利化。缩小资本和金融项目的顺差，促进国际收支趋于基本平衡。一是不断完善境外投资外汇管理政策，为支持企业充分利用“两个市场、两种资源”创造良好的金融环境。加大金融相关政策的宣传力度，引导企业用足用好金融外汇政策，鼓励企业开展境外投资，支持企业“走出去”投资创业，开发利用境外资源，促进资金双向流动，改善国内经济与对外经济的结构；二是加强外汇部门对企业防范外汇风险的指导。外汇管理部门应积极参与国际金融市场外汇汇率走势的跟踪与研究，通过各种方式加强与企业的信息沟通，指导企业本着稳健性的原则，建立并完善适应市场发展的外汇风险控制体系和管理模式，积极探索各种外汇避险金融产品的应用，提高外汇风险控制决策的科学性；三是继续拓宽“走出去”企业的融资渠道，研究完善国内金融机构及投资主体对“走出去”企业提供融资支持的配套政策，为支持“走出去”企业提供良好的金融服务。加大金融部门对企业技术改造、环保节能等项目的资金支持，满足企业建设循环经济的资金需求。建议金融部门推出“绿色项目贷款”，对企业技术改造、确有节能增效可行性，但是回收期较长、资金占有量较大的项目实行封闭贷款，通过专款专用，保证项目顺利实施，达到银行、企业、社会的“多赢”。

（二）加强政策引导，转变政府职能，建立和完善运转高效的协调机制

正确处理资源约束与可持续发展的关系，找准国家利益与企业利益的平衡点，引导循环经济和环保产业的发展，实现建设节约型社会的发展目标。一是国家有关部门要加强对高污染、高耗能、资源性产品项目的市场准入管理，特别是对于稀有、战略性资源的开发、生产和使用，应按国家统一规划进行，避免出现由于条块利益驱动产生的新污染；二是地方政府应当从支持企业发展循环经济的角度出发，建立和完善生态补偿机制，加大财政对环保的投入力度，采取科学、有效的措施支持企业度过难关；三是建立统一、稳定、规范和高效的贸易管理和服务促进机制，加大对企业提供贸易促进服务的力度，逐步将政府部门的工作重点由扶持企业转为营造良好的贸易环境，积极引导企业将社会责任纳入企业的竞争战略。

（三）树立国际竞争意识，转变外贸增长方式，加快“走出去”步伐

企业应充分利用国际国内两个市场、两种资源，优化资源配置，拓宽发展空间，实施“走出去”战略。一是增强国际竞争的紧迫感、危机感和责任感。建立产权明晰、管理科学的公司制度，加强内部管理；二是要树立品牌意识，利用无形资产，实现经济效益。按照科学发展观的要求，进一步实施以质取胜的战略，优化对外贸易结构，提高对外贸易的质量和效益。要在充分发挥比较优势的基础上，通过技术创新，延长产业链，提高出口商品的结构层次、技术含量和附加值，扩大具有自主知识产权、自主品牌的产品和服务的出口。

（四）建立以政府、行业协会、企业为主体的多层次贸易摩擦预警机制

随着 WTO 后过渡期的结束，中国将面对更多的贸易摩擦，完善预警机制非常重要。应积极整合现有的国际贸易预警资源，充分发挥政府、行业协会和企业的作用，形成信息互动、贸易救济监控的快速反应机制，收集、组织和散发 WTO 其他成员技术法规实施和修订情况，利用互联网向企业免费提供在线“出口预警”服务。

（写作时间：2006 年）

做好国际收支统计监测工作应注意的问题

国际收支统计监测工作是从外汇资金层面反映对外经济交往的基本概况，随着经济全球化的进程加快，其重要性日益凸显。国际收支统计监测工作是外汇管理部门最重要的基础工作之一，是形成国际收支平衡表的一线和窗口环节；外汇收支分析工作是为国家的宏观经济决策提供可靠的外汇数据、原因分析以及背景支持。如果国际收支统计申报数据质量和利用率不高，分析缺乏说服力和深度，则会严重削弱国际收支的预警和监测作用，做好国际收支统计监测工作应该遵循“三个原则”。

一、发挥统计职能，把握真实性和完整性原则做好国际收支统计监测工作

统计工作是国际收支统计监测工作的基础环节，数据是否真实和完整直接影响着数据采集的质量，而数据质量又是国际收支的其他职能是否可以顺利开展的基础。因此，努力提升国际收支统计监测能力必将是今后相当长时期外汇管理工作的重点。提高申报主体的责任意识，在工作中牢牢把握真实性和完整性原则，充分发挥国际收支申报数据的统计服务功能。

（一）加大宣传力度，努力提高申报主体对国际收支统计的认知程度和申报意识

国际收支统计申报实行交易主体申报的原则，申报主体的作用尤为重要。申报主体对申报的认知程度和申报意识，将直接影响到国际收支申报数据的真实性和完整性。因此，加强宣传将是一项长期的、持久的工作。另外，国际收支申报办法及其相关的操作规程也应从法规上进一步增强对申报主体的约束力，明确申报主体、银行等应履行的义务，细化对申报主体违规行为的处罚细则和适用范围。

（二）以真实性和完整性为原则，创新核查方法，提高数据质量

交易编码的准确性核查从根本上说是对每笔收付汇的真实性审核，仅凭申报单上的交易附言来判别，其真实性难以得到保障。申报主体和银行

为了应对核查，常常按照交易编码填写相应的交易附言，追求申报要素表面的一致性，更给非现场核查增加了难度。在现场核查受到时间和人员等条件制约的情况下，只有通过有效的非现场核查才能保证申报数据的质量。如何创新非现场核查方法和手段、提高非现场核查效率成为摆在我们面前的一个重大课题。运用科技手段实现统计数据资源共享，建立国际收支申报数据与外汇监管数据的比照、核对、校验制度，通过交叉核对，相互印证，增强外汇局系统内部数据资源的同一性、可比性，应该是一个可行的选择。

二、发挥分析职能，把握科学性和准确性原则做好国际收支统计监测工作

外汇监管由直接管理向间接管理和事后监管方式转变后，统计分析工作在外汇监管中的作用越来越大，除准确、及时反映一个地区外汇收支变化及发展趋势外，还要准确分析和研究外汇政策实施效果，为外汇政策制定和调整发挥积极作用。这对统计分析工作提出了更高的要求，为做好这项工作，必须把握科学性和准确性原则。

（一）改变固有分析模式，拓展分析视角，努力提高形势分析的广度和准确性

随着涉外经济的不断发展，经济主体本外币资金联系紧密，在形势分析中，单一分析外汇收支和结售汇情况，已无法全面反映一个地区外汇收支的基本概况，因此，必须打破固有的分析模式，确立本外币一体化联动分析理念，综合分析、深入研究，找出两种形态资金的内在联系和运动规律；同时，要拓宽分析视野和触角，把外汇收支中的问题和现象放到整个经济金融的宏观背景中进行综合分析。

（二）改进分析方法和手段，努力提高分析的水平和科学性

随着经济改革不断向纵深领域发展，伴随着涉外经济中不断出现的新情况、新问题，近几年，不断出台新政策、新措施。这些新政策出台的执行效果如何？新问题是否得到解决？单靠外汇收支分析中原有的定性分析已经不能满足现实的需要，改进传统的分析方法和手段，实行科学分析和预测势在必行。为此，在日常形势分析中，要十分注重分析方法和手段的改进与创新，引进目前先进的分析理念和分析方法，借助分析软件，不断提高分析科学性。一是研发出一些专门统计分析辅助软件，简化日常繁琐的统计数据计算和制表等工作，提高工作效率。二是可以运用数理经济学

中模型的分析方法，通过将影响外汇收支的各种因素吸收到模型中，建立模型对外汇收支未来的走势进行科学的预测和分析。

（三）正确看待促进国际收支平衡过程中出现问题的普遍性和特殊性

随着经济全球化的深入开展和入世过渡期的结束，我国全方位对外开放的格局将基本形成。从人民币汇率形成机制改革以来的主要效果看，国内经济失衡决定了中国外部经济的不平衡增长，我国的国际收支不平衡是在一系列制度、政策和特定发展阶段下形成的，具有一定的长期性、客观性和趋势性，应该针对地方实际，协调地区经济发展，客观对待促进国际收支基本平衡问题。以辽宁地区为例，辽宁的国际收支形势与全国形势基本一致。例如，受国家宏观经济环境良好、产业链条完备等影响，辽宁省国际收支出现“双顺差”情况，存在着普遍性。

针对辽宁地区国际收支特点和趋势要辩证的看待地区国际收支短期不平衡问题。辽宁地区涉外经济的发展还有其特殊性的一面，目前国家及地方出台了各项振兴东北政策，辽宁地区加大对外开放和招商引资力度，借助外资发展地方经济是近一时期的主要趋势，外资仍呈现净流入的态势。因此，辽宁地区近期外资流入扩大有其合理的背景。国际收支平衡问题应放在全国的范围内通盘考虑，地区之间的国际收支不平衡只要具有真实性、结构的合理性，就应以科学发展观积极对待和研究。基层外汇管理部门应认真研究确定在本职范围内促进本地区国际收支基本平衡的思路。一是重点关注资本项下资金流入，全程跟踪资金的用途，特别是对本该流出而滞留在境内的资金和境外“买壳”上市返程投资等问题给予重点关注。二是加大政策宣传力度，在汇率机制改革、境外投资、经常项目外汇账户限额扩大、个人因私购汇限额增加、服务贸易等方面加大宣传力度，提升企业和个人购买外汇、支出外汇的心理预期。密切关注人民币汇率机制改革对银行和企业的影响，提供规避汇率风险的服务与支持。

三、发挥预警职能，把握有效性和针对性原则做好国际收支统计监测工作

发挥国际收支预警职能是更好的为外管部门监管和国家宏观经济决策提供服务的需要，而预警职能能否发挥作用，依赖于统计和分析职能的有效发挥，三者是紧密联系，密不可分的。做好国际收支预警，提高监管的效率和水平必须有针对性，达到预警和监管的有效性。

（一）充分利用现有统计资源，开展有针对性的外汇收支形势分析的专题调研

在现有条件下，构建具有地域管理针对性的统计数据分析对比制度，根据不同区域经济发展的特点，充分发掘和利用现有统计资源，针对外汇收支异常情况，利用国际收支统计申报管理优势，组织专题分析调研，真正使我们的统计监测体系发挥外汇收支异常预警和防范的积极作用，提升国际收支统计申报工作在促进国际收支平衡以及支持区域性外向型经济发展中的影响力。例如，在对2006年上半年辽宁省外汇收支形势分析中，发现了辽宁省的出口出现了环比下降，增幅同比回落的趋势。调研中了解到受国家宏观经济政策调整以及出口退税率下调等的影响，2006年钢材、铁合金、镁制品等资源性产品出现了大幅下滑影响了辽宁省的出口增速。在深入企业调研的基础上，提出了建立统一、稳定、规范和高效的贸易管理和服务促进机制，加大对企业提供贸易促进服务的力度，逐步将政府部门的工作重点由扶持企业转为营造良好的贸易环境，积极引导企业将社会责任纳入企业的竞争战略以及建立以政府、行业协会、企业为主体的多层次贸易摩擦预警机制等政策建议，发挥了统计分析和预警职能，较好的服务了地方经济。

（二）服务全局，不断提升国际收支预警和监测的有效性

国际收支统计监测工作是外汇管理部门的一项基础工作，担负着为外汇其他部门提供数据支撑，提高监管效率的职责。逐步完善数据共享机制，目前经常项目管理中进口核销数据是从国际收支统计监测系统中剥离的，据了解新版国际收支统计监测系统运行后，进出口核销所涉及的数据全部可以通过新系统统一采集，解决了银行重复报送数据问题；资本项目外汇管理中为确保准确，在外债登记、外资证时也需要与国际收支系统对接查询资金到账信息并加以核对；外汇检查部门更需要从国际收支定期非现场核查的结果中及时发现监管中的薄弱环节，疏堵并举制止违法违规行为。在此基础上，搭建一个以国际收支统计监测系统为基础的信息交流、综合分析的平台，能够使数据统计和分析结果得到综合运用，从而进一步提高国际收支预警和监测的有效性。

（写作时间：2006年5月）

完善外资并购管理
促进辽宁老工业基地振兴

党的十六大报告提出的加快东北老工业基地调整和改造的战略方针，为辽宁省振兴经济、谋求发展创造了良好的契机。目前，辽宁省经济振兴面临的主要问题是资金缺乏，而跨国资本则是重要的来源。2003 年 4 月 12 日，我国第一部外资并购综合性行政法规《外国投资者并购境内企业暂行规定》的实施，为跨国资本的进入提供了新的渠道，外资并购已成为外国直接投资的主要方式之一。

一、辽宁老工业基地具有吸引外资并购的优势

辽宁省日益深化的国企改革，为跨国资本提供了众多的并购目标企业。国有企业不良资产的市场价值往往低于账面价值，对外资在定价方面有政策优惠。同时，从长远目标出发，外资参与处置不良资产，可抢先进入中国一部分尚未全部开放的领域。

外资并购的税收优惠是吸引跨国资本的一个有利条件。在公司所得税、进口关税和进口环节税等方面均有体现。

辽宁具有吸引外资并购的产业优势。辽宁重工业比例较大，而目前跨国并购的重点恰恰是制造业领域。目前，辽宁省加大了土地资源的开发力度，房地产业也已成为外商投资的热点。

独特的区位优势和知识技术优势是吸引外资并购的重要条件。辽宁省地处东北亚的中心地带，既沿边又沿海，与日本、韩国、俄罗斯等工业发达国家相邻，交通便利。同时具备发达的科技水平、高素质的技术工人。

二、外资并购中应注意的几个问题

（一）外资并购缺乏必要的法律支持。

目前，我国缺乏一套权威性的外资并购法律体系。2003 年 4 月 12 日，我国实施的《外国投资者并购境内企业暂行规定》，标志着一个较为

完整的外资并购法规体系的初步形成，但仍属于行政性法规，只能解决部分技术问题，却解决不了根本性问题，执行起来难度大。例如，对外资并购中可能出现的最大弊病——跨国公司的“恶意收购”，即跨国公司采取全行业收购或收购主要企业的方式达到垄断市场目的，就缺乏相应的《反垄断法》予以规范。

（二）注意防止利用外资并购进行资本外逃。

资本外逃表现其一是股权转让价格明显低于资产的实际价值；其二是一些内资企业将股权卖给境外投资者后，股权收入迟迟不能调入，凭空将内资企业变为外商投资企业。资本外逃减少了外汇收入，造成国家财产流失，必须给以坚决打击。

（三）在办理外资并购外汇业务时，并购各方缺乏有效的衔接。

目前，外资并购涉及的外汇业务主要包括外商投资企业的登记或变更、资产存量变现账户的开立、股权对价款的结汇和外国投资者收购中方股权的外资外汇登记。在具体业务中，中方投资者往往是注重收汇结汇，而外国投资者注重收购中方股权的外资外汇登记，各个环节不能有效的衔接，不利于外商投资企业明确股权结构，为以后外商投资企业的经营带来隐患。

（四）各审批部门对外资并购缺乏了解，缺乏沟通，没能形成统一的体系。

外资并购涉及的部门很多，包括财政、国有资产管理，外经贸、证监会以及外汇管理部门，具体操作复杂，如果相关的权限和职责不能很好的细化和协调，繁琐的审批手续不能简化，将会直接影响外资并购投资的发展。

（五）外资并购咨询机构的中介服务仍是薄弱环节。

外资并购的进行需要一个较长的考察、操作和磨合的过程，国际上跨国并购交易都是在跨国并购咨询服务机构的帮助下完成的。我国在这个领域处于起步阶段，需要一支高素质的中介队伍。

三、在发展中完善外资并购外汇管理

改进和加强外汇管理，增强服务意识，支持辽宁老工业基地振兴是辽宁省外汇管理的中心任务。完善外资并购的外汇管理，搞好配套服务与宣传是外汇管理部门支持国企重组改制的重要手段。外汇管理部门在工作中要注意“四个结合”：

第一，外汇管理与为企业提供快捷高效的服务相结合。投资环境的提升和改善是吸引外资并购的重要因素。从外汇管理角度主要体现为：一是简化审批程序、缩短审批时间、提高工作效率，目前最重要的一项工作是申请开展外商投资企业网上年检试点；二是以全局角度积极协调中外方投资者与外商投资企业在外资并购中的脱节现象，保证外资并购后外商投资企业的正常生产经营。

第二，外汇管理与提供全方位的政策宣传相结合。外资并购的相关政策出现在不同的规定中，外汇操作专业性较强，因此外汇管理部门政策宣传工作尤为重要。一是在办理业务过程中积极宣传外资并购政策规定，使相关企业全面了解政策的要求，减少在确定股权对价、价格币种时出现的偏差。二是为国有资产交易管理部门及外资并购的大项目建立“绿色通道”，在第一时间向他们宣传相关的外汇管理政策。三是明确具体业务操作程序。

第三，外汇管理与完善外资并购法律体系相结合。在实践中进一步研究如何细化外资并购的相关规定，注意收集完善外资并购法律体系政策建议。目前需要完善的一是加强资产评估，进而规范股权转让价格。二是给予老工业基地政策倾斜，在老工业基地建立产权交易市场，完善外汇管理规定，为外资以交易市场为平台进行并购提供便利和规范的环境。三是完善证券市场，推动跨国并购的发展。

第四，外汇管理与依法行政堵塞漏洞相结合。外汇管理部门在为企业服务的同时，更要依法履行外汇管理职责，保证国家经济安全。在办理外资并购外汇业务中，一是要监督中方投资者及时收汇，对于股权收入不能按时调回境内的，应明确外商投资企业中外方投资者的股权结构，严格按照外方实际投入比例为企业办理清算、利润汇出和再投资等涉及外汇流出的业务；二是对股权转让价格明显低于评估结果的，应进一步审核外资并购的定价依据，并与有关部门特别是经贸部门协调，避免资本外逃的情况发生。

（写作时间：2004 年）

房地产外债为何“居高不下”

为加强国家对房地产调控政策效果的跟踪反馈，认真分析房地产外资流入“居高不下”的成因，近期对辖内房地产企业外债流出入情况进行专题调研。

一、总体情况

截至2006年末，辽宁省房地产企业外债余额为35863万美元，分别较2004年和2005年增长46.56%和39.43%，占全省外债余额的10.68%，占外资企业外债余额的16.4%；全年共提款16739万美元，较上年同期增长249%，占外资企业提款额的37.9%；还本付息6765万美元，较上年同期增长186%，净流入9975万美元，较上年同期增长310%，占全省外资企业外债净流入67.5%。其主要特征是：

——外资房地产企业年末大量集中借债

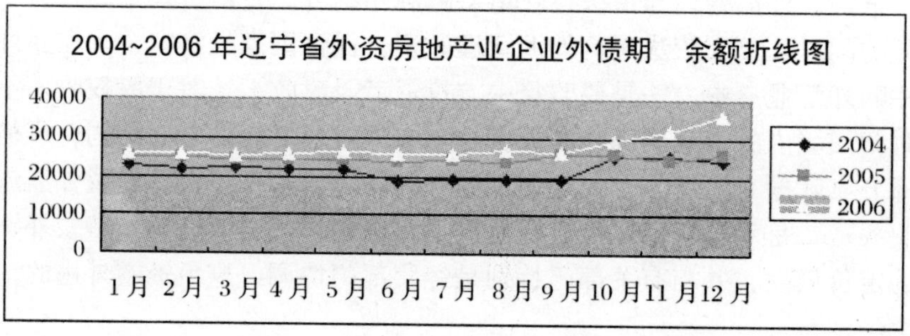

图一

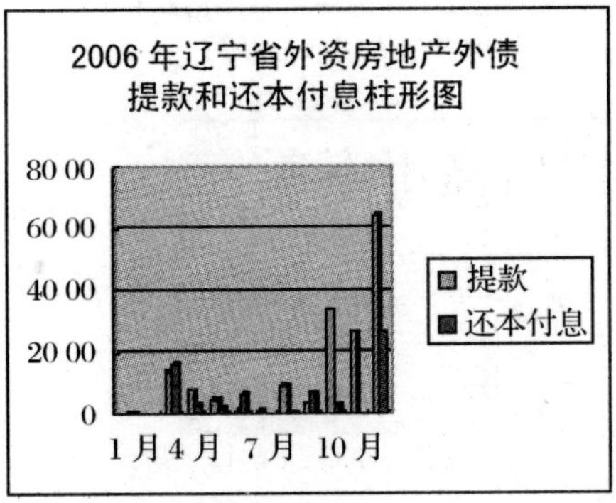

图二

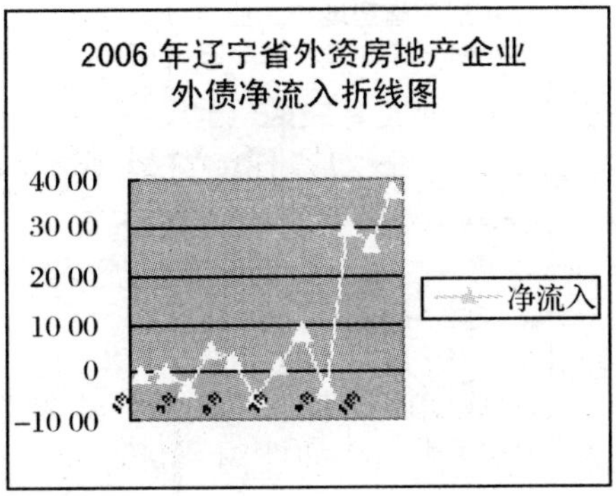

图三

由图一、图二和图三可以看出，从 2006 年 10 月开始，外资房地产外债呈现加速流入趋势，外资房地产外债余额快速增大。2006 年 10 月、11 月和 12 月，辽宁省外资房地产企业外债期末余额分别较其上月上升 11.21%、8.99% 和 11.8%，3 个月共提款 12467 万美元，占全年房地产企业外债提款额的 74.48%。其中，12 月份提款 6433 万美元，占全年提款额的 38.43%，净流入 9446 万美元，占全年净流入的 94.70%。

——短期外债占主体，中长期外债增长较快

2006 年，外资房地产企业短期外债余额 20636 万美元，占外资房地产企业外债总余额的 58.5%；外资房地产企业中长期外债余额为 15227 万美元，占外资房地产企业外债总余额的 41.5%。短期外债全年共提款 7755 万美元，占房地产提款总额的 46.33%；中长期外债提款 8984 万美元，占房地产提款总额的 53.67%。中长期及短期外债流出入具体情况，如图四、图五所示。

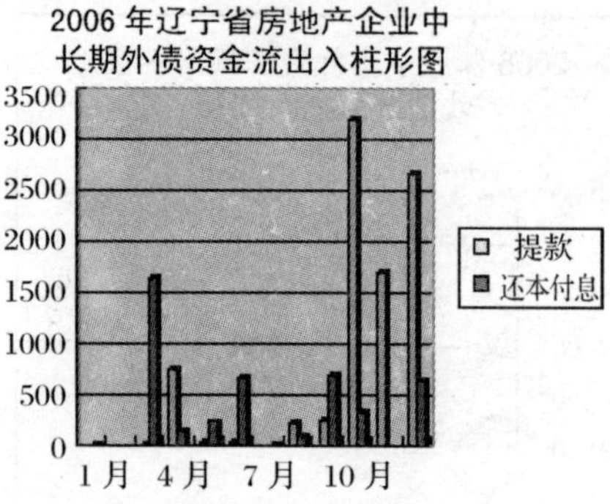

图四

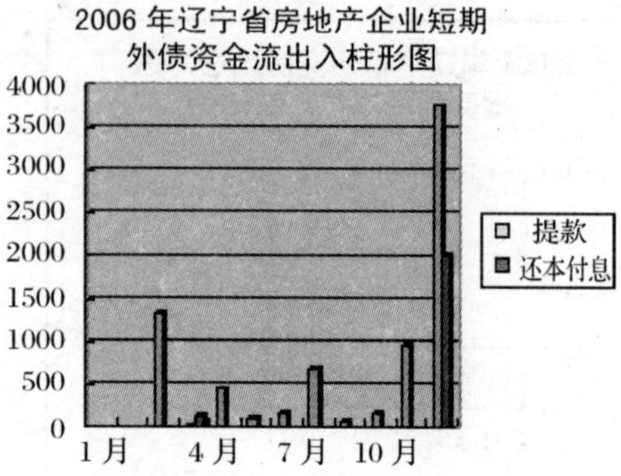

图五

——从外债地区分布看，以沈阳、大连中心城市为主，两地资金流出入和使用呈现不同特点

2006年，沈阳、大连两市房地产企业外债余额分别为14028万美元和21415万美元，占全省总额的98.9%。两地资金流出入呈现出不同的特点：沈阳表现为外债资金流入大大超过流出，净流入快速增大；大连外债资金净流入相对较小。据统计，沈阳外资房地产企业外债提款7760.32万美元，还本付息830.23万美元，净流入6930.09；大连外资房地产企业外债提款8666.84万美元，还本付息5784.4万美元，占净流入2882.44万美元。其主要原因是：沈阳新建项目多，外债流入呈现阶段性快速增长，资金大部分用于拆迁和土地补偿，大连外债资金主要用于在建工程款。

——外债资金来源，主要是香港的股东和投资公司贷款

辽宁省外资房地产企业外债资金98.8%来自亚洲国家和地区，其中主要来自香港。在2006年已办理外债登记的22家房地产企业中，有14家债权人的注册地在香港，占64%，两家在英属维尔京。

二、房地产外债“居高不下”的成因

“171号”文下发后，房地产外债增长仍呈强势，主要原因是：

（一）房地产市场的强劲需求，不断推动投资和供给

据辽宁省统计局统计，2006年完成房地产开发投资1142.2亿元，增长30.6%，房屋新开工面积、施工面积和房屋竣工面积分别增长22.1%、23.7%和16.4%，商品房销售面积、销售额分别增长24.5%和37.4%，需求增速明显快于供给，部分存量房得以消化，商品房空置面积比上年同期下降3.8%，其中住宅空置面积下降9.3%。从沈阳的情况看，住宅投资超七成，据沈阳市统计局2007年1月最新统计数据表明，2006年在全部房地产开发投资中，住宅投资占据主导地位，所占比重达73.8%。

房地产市场需求的持续强劲，是外资不断进入房地产市场的重要动因。分析需求主要有以下方面的原因：（1）经济的发展，居民消费结构的升级，对住房提出了新的要求，同时由于历史等原因，住房欠债较多，人均住房水平较低，以沈阳为例（据市城建委统计），目前，沈阳市人均住房建筑面积比全国城镇人口住房面积少2.75平方米，比东部地区少4.64平方米，住房潜在需求大，房地产投资增长速度较高有一定的合理性；（2）被动购房成为房地产市场需求的主要因素。近年来，城市新建、扩建、拆迁项目增多，带动工业化、城镇化进一步加速，使居民被动购房成为房地产市场需求的主要因素。沈阳市规划三年内八成郊区改为城区，到2010年，沈阳于洪、东陵等四城区的城市化率将由现在的54%提高到80%。目前，沈阳市房地产开发建设呈现出开发投资增速较快，3月累计投资同比增长近40%，新开工项目和面积同比增幅较大，项目数量和面积同比增幅均在25%以上。

（二）外债资金的流入与外资房地产企业直接投资紧密相连

近年，房地产行业外商直接投资增长较快，新设房地产企业明显增加，从沿海到内地不断拓展，2005~2006年辽宁省共批准外资房地产项目420个，其中2005年项目数为178个，2006年为242个，增长了36%。企业大部分资本金用于缴纳土地出让金，借入外债成为后期工程建设的主要资金来源。

（三）从国家房地产调控政策效果看，对二级市场较为明显，而外债资金全部进入一级市场，效果有限

171号文明确对境外机构和个人在境内购买商品房，实行实需自用的原则进行管理，严格限制投机性需求。此项规定对房地产二级市场交易较大的城市效果较为明显。而从辽宁的情况看，外资全部用于房地产开发市场（一级市场），没有用于房地产交易市场（二级市场）。同时二级市场交易清淡。据统计从2006年9月至2007年2月末，境外机构和个人等非居民购房仅有6笔，金额仅为88.6万美元。

（四）房地产高收益、高利润仍然是外资流入的主要吸引力，而且房价持续上涨的预期心理，也对外资流入起到推动作用

一方面，在建房成本没有明显上升的情况下，获利空间明显，使房地产业成为高收益、高利润、高增长的行业；另一方面，从预期效应看，房地产市场是一个典型的预期市场，成交的多寡、房价的高低与消费者、地产商对后市的预期有着重要联系。从某种意义上说，市场预期和心态决定着市场行为和市场态势。而从全国到地区统计显示，房地产价格总趋势仍呈上涨态势，市场预期短期内不会改变。

（五）人民币不断升值带来的投资热

人民币的不断升值大大提高了外资对于中国市场的投资，房地产作为不动产则无疑是受影响最大的，这些资金在流入房地产市场后，以资产形式保有便可享受人民币升值所带来的资产升值的收益，大量的资金过剩将推动资产价格的上涨，人民币不断升值的势头成为支持外资房地产迎风而上的动力。

在全面分析房地产外债“居高不下”成因的同时，也注意到，地方追求招商引资快速发展使国家宏观调控政策没有得到刚性落实。地方政府招商引资的热度不减，加之全国各区域间利用外资和经济发展极不平衡，东北、中西部等地区利用外资水平低，经济发展急需资金的支持，存在扩大利用外资规模的客观需求；在政策执行上，政府相关部门之间缺乏沟通和协调，信息与数据共享机制不健全，没有形成自上而下、全方位的监管合力，在一定程度上影响了宏观调控政策的效果。对房地产行业的宏观调控，涉及企业设立、准入、行业监管等众多部门，是一个较为复杂监管体系，国家的宏观调控政策也体现了各个环节各司其责的原则，绝非单个部门所能实现的。存在的主要问题：一方面，政府相关部门之间缺乏沟通和协调，政策缺乏可操作性，给基层外汇监管工作带来困难。同时监管信息数据条块分割，信息与数据共享机制不健全，对监管主体整体综合分析较弱，不利于形成对决策有用的资源。另一方面，一些监管部门对政策内容理解、掌握方面还有待于提高，没有更好地发挥监管的作用。

三、政策建议

（一）国家宏观调控政策必须得到刚性落实，只有这样才能使政策发挥最大的效果

一是统一思想。各级政府、各部门必须把思想统一到国家宏观调控政策上来，严格执行国家经济调整政策，正确处理好全局经济健康发展与区域经济快速发展的关系。二是明确责任。政府及各监管部门应严格掌握国家政策，明确责任，各尽其责。只有政策从上到下得到刚性落实，才能发挥最大的监管效力，实现国家宏观调控目标。

（二）加大各主管部门间沟通和协调力度，理顺管理程序，完善市场监测分析工作机制，实行信息共享，形成监管合力

各监管部门应建立健全外资进入房地产市场信息监测系统，完善房地产信息网络，加强部门间的协调配合，尽快实行外资房地产统计数据的信息共享。同时政策出台前，有关部门对相关条款应进行充分的调研和论证，增加政策的科学性、严肃性和可操作性，避免发生由于政策内容不清，造成部门和地区之间口径和尺度不一，甚至混淆，进而影响政策的效力和严肃性，影响监管目标的实现。

（三）逐步调整房地产外债政策，实行“借外债、用外债”

调查数据显示，2006 年辖内外资房地产企业的外债资金绝大部分结汇成人民币使用，在资本项目结汇中占比不断上升。房地产外债资金的大量结汇，加大了国际收支顺差和外汇储备的压力，加剧了国际收支的失衡。建议逐步调整外资房地产企业外债政策，实行“借外债、用外债”，从根本上控制房地产企业外债资金的流入，缩减外债规模，缓解外汇储备的压力，促进国际收支平衡。

（四）政府部门应切实调整利用外资战略，转变经济增长方式

“十一五”期间，我国经济已进入新的发展时期，大力调整利用外资结构，转变经济增长方式，是经济发展的总体战略。政府部门要切实转变观念，从行政引资、追求外资规模，向遵循市场经济规律引资转变。同时要大力调整利用外资方向，从过去注重以外资投入拉动经济增长，向着引进技术、管理人才，促进自主产业升级转变；注重优化结构，鼓励引入技术辐射能力强、吸收就业能力强、资源节约型的外资企业，鼓励外资投向农业、高技术产业、基础设施等产业。只有这样，才能实现经济社会的可持续和谐发展。

（写作时间：2007 年）

为全面实施振兴东北老工业基地的战略，探索支持国有大型企业发展的新途径，为企业营造良好的政策和发展环境，进一步提高资金管理水平和使用效益，2004 年 10 月经国家外汇管理局批准对鞍山钢铁集团公司实行外汇资金集中管理。为密切跟踪试点政策执行情况和试点工作中的新情况、新问题，笔者在人民银行沈阳分行暨国家外汇管理局辽宁省分局工作期间，多次深入实地开展调研，为不断完善大型企业外汇资金集中管理进行了有益的探索和尝试。

鞍钢试行外汇资金集中管理成效显著

——对鞍钢集团外汇资金集中管理情况的调查

一、外汇资金集中管理的背景

鞍钢集团是隶属于国家发展和改革委员会的特大型钢铁联合企业，是辽宁省最大的钢铁进出口企业，在我国钢铁工业中占有重要地位。近年来，其生产规模不断扩大，产品在国际市场竞争力不断提高，国际贸易额逐年增加，外汇收入和支出总额连年大幅增长。2004 年，外汇收支总额达到 16 亿美元（含以产顶进），增幅在 138.8% 以上。鞍钢集团以所属子公司为主体的分散式的外汇资金管理方式已不适应集团整体对外经济贸易发展的需求，为提高外汇资金使用效率，降低资金成本和外汇风险，实现集团整体利益最大化，鞍钢集团在取得人民币集中管理的成功经验后，向外汇管理部门提出了外汇资金集中管理的需求。

为加大政策支持力度，扶持老工业基地龙头企业的科学发展，在多次深入鞍钢集团调研、论证，全面了解企业的生产经营状况、外汇收支和外汇资金管理情况的基础上，研究制定了适合该集团公司有效监管的外汇资金管理办法，提出了允许其开立经常项目外汇账户和运用远期外汇买卖规避风险的具体措施和操作办法报请总局，积极争取到了总局的政策支持，允许鞍钢集团实行外汇资金集中管理，在外汇管理政策上开辟“绿色通道”，切实帮助企业解决实际困难。

二、外汇资金集中管理的实施情况

坚持“抓住鞍钢，带动地方”的工作思路，积极组织实施对鞍钢集团外汇资金的集中管理。

（一）制定并实施外汇资金集中管理办法

指导鞍钢集团建立健全了《鞍山钢铁集团公司外汇资金集中管理暂行办法》和《鞍山钢铁集团公司贸易项目外汇风险控制暂行办法》，详细规定外汇资金集中管理的范围、原则、内容及相应程序，确定鞍钢集团计划财务部具体负责外汇资金集中管理和外汇风险控制的具体操作，两个办法的制定为外汇资金集中管理奠定了坚实的基础，并于 2004 年 10 月正式实施。

（二）开立经常项目外汇账户

核准鞍钢集团先后在当地三家外汇指定银行开立了美元、欧元、日元 8 个经常项目外汇账户，账户收支范围确定为贸易项下的“上缴下拨”外汇资金，即账户的收入范围为所属子公司上缴的贸易外汇收入，支出范围为向所属子公司下划的贸易外汇支出，严禁子公司之间相互划拨外汇资金。外汇账户限额为各子公司的经常项目外汇账户限额之和。2005 年 3 月 1 日实行新的账户限额调整政策以后，将鞍钢集团外汇账户限额调高为 1.4 亿美元。

（三）协助企业与银行签订外汇资金划转协议

根据协议要求，银行在每日业务终了时将鞍钢所属子公司当日外汇收入直接划入鞍钢经常项目外汇账户，根据需要再将账户中外汇划拨所属子公司。鞍钢集团每周匡算各子公司的外汇资金预算，并为其子公司核定外汇账户月底限额为 100 万美元，每月末各子公司必须将超限额部分外汇划入集团公司专项账户。截至 2005 年 3 月底，各子公司累计划入鞍钢集团专项账户外汇 35.61 亿日元、1.11 亿欧元、2.38 亿美元，鞍钢集团向子公司划拨外汇 19.1 亿日元、0.68 亿欧元、1.37 亿美元。

三、外汇资金集中管理取得显著成效

外汇资金集中管理政策的出台，得到了政府有关部门和领导的高度评价，也极大地提高了企业外汇资金的使用效率，保证了外汇资金协调、有序和高效运行，有效防范和规避了外汇资金风险。

（一）加强外汇资金管理，提高了预算管理水平

鞍钢集团自实行外汇资金集中管理以来，对外汇资金的流量和流向进行全面监督和统一调控，确保了外汇资金的使用安全。同时，外汇资金的集中管理，客观上改变了以往单一的资金预算管理体制，初步形成了本外币一体的预算管理体系，使资金预算管理向更科学、规范的方向发展。

（二）达到了资金成本最低化、资金效益最大化的目的

鞍钢集团实行外汇资金集中管理之前，由于内部外汇资金不能互相调剂，加之账户限额所制约，经常出现外汇资金多的子公司结汇而外汇资金少的子公司购汇的情况，子公司自身也受资金规模限制而出现外汇收入多月份需结汇，外汇收入少月份需购汇的情况，增加了工作量和外汇资金成本。在实行外汇资金集中管理后，集团所属子公司外汇收入全部上划集团公司，由集团公司根据外汇资金预算计划统一进行调配，减少了不必要的结售汇环节，节约了企业资金成本，提高了企业经济效益。据统计，2004年10月以来，减少结售汇汇兑成本约70万元人民币。

（三）有效规避了汇率风险

鞍钢实行外汇资金集中管理后，畅通了集团与下属子公司之间的外汇划拨渠道，集团公司可以根据资金预算情况，对外汇资金统一调配，也可根据付款币种及金额来协调出口收汇币种及金额，实现外汇币种匹配。从外汇资金集中管理半年运行情况来看，效果逐步显现，尤其在近期欧元、日元汇率波动较大的形势下，集团公司靠资金的统一调配，有效规避了汇率风险，节约了资金成本，取得显著成效。如通过对2004年0.85亿欧元和9.8亿日元外汇收入保留现汇，用于未来对外付款，成功规避了欧元、日元升值的5200万元人民币的汇率风险。与此同时，积极支持鞍钢集团开展远期外汇买卖业务，2004年购远期外汇58亿日元、0.30亿欧元，比合同签约成本节约了2285万元人民币。今年一季度，鞍钢集团共购远期外汇28.74亿日元、1.68亿欧元，对以前年度进口项目进行汇率锁定，使外汇风险得到了有效控制。

四、完善外汇集中管理政策建议

鞍钢集团为国内大型企业集团实行外汇资金集中管理和统一收付进行了有益的探索和尝试。随着企业的迅速发展和进出口规模的不断扩大，其经营风险和资金管理水平面临着新的挑战。对大型企业集团的资金管理应适应国际化发展的要求，运用多种管理手段降低成本，提高资金使用效率的要求迫在眉睫，外汇管理政策也应不断改进和完善，以适应形势发展的需要。

（一）进一步扩大外汇集中管理账户支出范围，增强外汇集中管理成效

由于鞍钢集团外汇集中管理账户支出范围仅限于向各子公司下划外汇资金进行贸易项下的外汇支出，一些非贸易支出和经批准的资本项目外汇支出还没有纳入到集中管理账户中来，一些集团正常经营活动的外汇收支无法通过集中管理账户实现。鞍钢集团每年出国团组、支付国外行业认证费等相关非贸易购汇额约300万美元，这部分非贸易用汇目前只能购汇支付。同时，鞍钢集团境内外融资也是由集团公司统一管理，现行办法规定对外还本付息由集团公司调集自有外汇后从还贷专户对外支付，不能从集中管理账户直接支付，增加了操作环节。建议在严格控制进入外汇集中管理账户外汇性质基础上，适当扩大外汇集中管理账户支出范围，允许用于因公出国等非贸易项下支出和经过外汇局核准的资本项下支出，进一步降低企业财务成本，从而最大限度提高资金使用效率，减少不必要的业务环节，增强外汇资金集中管理成效。

（二）外汇集中管理账户与提前购汇专户合并使用，简化外汇划转手续

为规避外汇风险，积极指导鞍钢集团根据贸易合同约定的付款时间和金额，由其具体经营进出口业务的下属子公司鞍钢集团国际经济贸易公司依据进口合同与银行签订远期外汇买卖合同，锁定汇率成本。但是受外方设备制造周期变化等因素影响，个别合同交割日购汇后需延迟付款，如果集团公司开立提前购汇专户，鞍钢国贸公司需逐笔将尚未到付汇期已经并入经常项目外汇结算账户的购汇按照不同币种分别划入鞍钢集团提前购汇专户，划转外汇时区分正常贸易收入和提前购汇收入手续繁琐，工作效率较低，多头开户也不利于鞍钢集团的资金统一管理。建议进一步简化审批手续，将外汇集中管理账户与提前购汇专户合并使用，远期买卖外汇交割日购汇后如未到付汇期，则将所购外汇暂存于鞍钢国贸公司经常项目外汇账户，并按照“上缴下拨”的管理方式，于月底统一将外汇上划至集团公司外汇集中管理账户，集团公司根据付汇需要随时将外汇下拨鞍钢国贸公司，从而简化手续，便利企业，同时也避免因账户过多，管理不力而造成的风险问题。

（三）加大对外汇集中管理账户资金流动监管力度，从资金源头加强监管，使外汇集中管理合规、有序、可控运行

鞍钢集团外汇收支总额逐年大幅增长，2004年外汇收支总额比上年增长138.8%，2005年一季度外汇收支总额已突破5亿美元，比去年同期增长近一倍，预计全年外汇收支总额将超过20亿美元。鞍钢集团与所属子公司之间将频繁划转外汇资金，划转的单笔资金少则几百万美元，多至几千万美元，大额外汇资金的频繁流动加大了外汇局对外汇集中管理账户资金流动的监管难度，同时也向外汇监管提出了新的课题。建议不断完善现场和非现场监管手段，通过外汇账户信息系统随时监控外汇集中管理账户资金流动情况，加强对外汇集中管理账户资金流动情况的非现场监测，从外汇集中管理账户的资金源头上强化监管，定期检查集中管理外汇账户使用情况，确保账户用于合理的使用范围，防止其他性质外汇违规进入账户，实现外汇集中管理合规、有序、可控。

（四）加大对海外分公司的外汇资金监管力度，真正实现跨国集团公司境内外外汇资金的集中管理

鞍钢集团于1998年建立了鞍钢集团香港有限公司，负责海外市场的销售和售后服务工作。近几年，随着海外公司业务的不断扩大，其进出口贸易额逐年增加。2003年，香港公司进出口贸易额为2.7亿美元；2004年，已上升到10.8亿美元；2005年，将继续保持上升的趋势。大量的资金流动需要一个高效的信息平台作为管理手段，而外汇资金集中管理政策的实施虽对鞍钢境内资金的集中管理和统一收付起到了积极有效的作用，但对于海外分公司的资金还没有达到实时监控的目的，资金管理与调拨有待进一步加强。建议加强对跨国集团公司海外分公司外汇资金的集中管理，如允许鞍钢集团在汇丰银行大连分行开立异地账户，通过汇丰银行的全球网银系统，使用网上银行功能查询海外公司的账户余额及账户收支状况，对海外资金进行实时监控，以加快国外资金的回流速度，防范资金风险，降低结算成本，彻底解决资金分散、管理手段弱化、资金利用效率低等问题。

（五）尽快出台外汇资金集中管理办法，推广集中管理模式，扩大受益企业范围，为国有大型企业快速发展提供强有力支持

随着经济全球化和一体化进程的加快，国有大型企业面临着更加激烈的国际竞争，面对挑战，国有大型企业迫切需要整合各类资源，特别是资金这一企业经营的重要资源，寻求最佳的资金管理模式，提高资金管理水平，实现增强企业实力、提高企业竞争力的目的。而实行外汇资金集中管理和统一收付后，可优化资金配置，最大限度降低企业财务成本，提高资金使用效率，规避汇率风险，充分发挥出集团雄厚的资金资源优势，增强国有大型企业的抵御风险能力和经营竞争力，促进企业加速发展。建议通过鞍钢集团外汇资金集中管理的成功试点，尽快出台国有大型企业集团外汇资金集中管理办法及操作规程，设定外汇资金集中管理企业的准入、退出标准和程序，向符合条件的国有大型企业集团推广外汇资金集中管理模式，扩大实现外汇资金集中管理企业范围及审批权限，为更多国有大型企业营造宽松外汇管理环境，支持企业快速发展。

（写作时间：2005 年）

金融稳定与金融服务部分

新时期人民银行会计财务管理工作面临的挑战与对策

近年来，随着我国社会主义市场经济体制改革的不断深入，金融开放程度的逐步提高，法律法规体系的日趋完善，内外部监督机制的不断强化，人民银行会计财务工作面临着前所未有的变化和挑战。如何做好新时期人民银行的会计财务管理工作，是当前摆在我们面前的一个重要课题。

一、新变化与新课题

（一）法律法规体系的日益完善对会计财务工作提出了更高的标准

工作中需要不断强化法律意识，认真学习研读新法律和新制度，做到知法懂法，依法理财。近年来，我国相继修订和颁布了《会计法》、《中国人民银行法》、《政府采购法》、《预算法》等法律，财政部和人民银行也相继出台了《中国人民银行财务制度》、《中国人民银行会计基本制度》、《中国人民银行固定资产管理办法》等部门规章制度，财经法规制度体系日趋完善，人民银行日常会计行为和权力运用已逐步纳入到法规制度的约束之下。法律环境的变化，首先对法律观念带来冲击，不论是单位主体，还是会计人员个体，不论职位多高、权力多大，都要对自己的会计行为承担相应的法律责任，法治将取代人治和人情。其次，法律环境的变化，对传统的思维模式和习惯做法带来冲击，工作中发现，用现在的法规制度衡量，有些原来曾经被认为是合理、合规、合法的思维观念和习惯做法，已经变成不合理、不合规甚至是违法的，不适用于现在的会计财务工作。因此，提高法律意识，及时转变观念是当前最为迫切的任务之一。

（二）不断强化的预算管理给人民银行的理财提出了更高的要求

近年来，人民银行财务管理体制在从利润留成制向独立的预算管理体制以及到部门预算改革过程中，预算科目设置日趋科学完善，预算编制日趋规范细化，预算控制日趋严格强化。但受以前利润留成体制和习惯行为的影响，一些单位还不同程度的存在预算观念不强，随意调整突破预算，预算执行缺乏强制性和约束性；预算编制不细、管理粗放；重预算分配、轻预算控制，重资金申请、轻执行管理等现象，这与部门预算管理理念格格不入。2006年人民银行实行的部门预算制度，是财政部为进一步强化预算管理、规范财务行为而推出的一项重要改革措施。部门预算与原预算管理制度相比，在预算的编制、执行和事后监督等方面将更加严格。同时，国家财政部、审计署不断加大对人民银行预算的审核和预算资金的跟踪检查力度，预算管理日趋规范。应积极转变思想观念，打破传统的思维定势，牢固树立硬预算约束观念，减少预算执行的随意性，提高预算管理工作的前瞻性和预见性。

（三）内外部监督管理机制的强化对会计财务工作提出了更严格的要求

一是依法理财和规范管理的工作要求，对健全和完善会计规章制度，提高执行会计法规制度的严肃性和自觉性，提出了新的要求。二是近年来频发的盗窃银行资金案件和贪污公款案件，再次敲响了人民银行内部资金安全管理的警钟。由此可见，加强内部控制与管理，防范资金安全风险，仍将是长期而艰巨的任务。三是从外部看，随着国家审计署定期将审计报告公之于众，国家审计以其特殊的功能，已经并将还会在相当长的时期内发挥它对国家行政机关财务行为的审计监督作用以及对违法违纪行为的巨大震慑作用。

（四）人民银行职能调整，对会计财务工作提出了更高的要求

人民银行职能调整后，突出了人民银行金融服务的职能。会计财务工作是人民银行金融服务的基础和重要组成部分，人民银行要提高金融服务水平，必须提高会计核算与管理的水平，提高当家理财和保驾护航的能力。当前，人民银行会计财务工作的理念、手段、方式与人民银行提高金融服务水平的总体要求还有较大差距，形势的发展变化要求在提供优质会计服务和推动会计理论创新等方面，必须与时俱进，下功夫，花力气，重调研，勤思考，务实事，求实效。对会计财务管理人员而言，要在加强职业道德意识的培养、提高职业素质和业务能力的同时，勇于从后台走上前台，增加工作的主动性、前瞻性和创新性，用积极主动的工作和优质高效的服务，为领导做好参谋助手。

（五）我国金融业和中央银行对外开放程度的逐步提高对人民银行会计财务工作提出新的挑战

加入世贸组织五年过渡期的结束，标志着我国金融业的对外开放进入了新的阶段。目前，我国金融市场已经向国外金融机构开放，今后不仅要履行对外资银行会计管理的职责，还要遵守加入世贸组织的承诺，按照国际惯例向外界提供会计信息。但目前，还缺乏管理外资银行会计工作的成熟思路和经验，人民银行自身的会计体系还比较封闭，会计信息的透明度不高，会计反映能力还不能适应公开会计信息的要求。因此，如何研究和借鉴国外中央银行的会计标准，完善人民银行会计体系和相关制度，实现对内外资银行会计的统一有效管理，提高人民银行会计信息的透明度，实现中央银行会计准则与国际标准接轨，是人民银行会计财务部门面临的紧迫任务。

（六）人民银行会计财务人员面临着社会不良行为的挑战

人民银行会计财务部门掌管着人民银行的财权和一定的物权，与社会众多的层面打交道，很容易受到不良行为的侵蚀。如何在会计财务系统深入开展廉政建设和反腐败斗争，建立并完善内控制度与监督并重的惩治和预防腐败体系，创造一个有利于人才培养的环境，引导广大会计人员提高自身素养，自觉抵制各种不良社会行为的诱惑，从根本上保护会计财务管理人员健康成长，也是人民银行会计财务部门面临的一项重要任务。

二、新挑战与新对策

面对新的形势、新的挑战和新的工作要求，人民银行会计财务部门和广大会计财务人员应进一步增强紧迫感和责任感，加强学习，牢固树立法制意识、廉政意识、创新意识，积极应对各种挑战。

（一）紧紧抓住学习贯彻《会计法》这条主线，将会计财务规范化管理工作引向深入

《会计法》是我国社会主义市场经济的重要法律，是会计行为的最高法律规范。认真贯彻实施《会计法》是各级人民银行义不容辞的责任。应按照会计法规制度的要求，健全内部管理措施，明确职责权限，严格地将会计财务行为置于法律和制度的约束和监督之下，保证各项会计财务行为符合法律和政策的规定。应加大对会计财经法规的宣传普及活动，积极教育和引导干部职工树立正确的价值观，正确处理国家、集体和个人之间的利益关系，理解并支持会计财务部门在政策和财力允许的范围内，通过合法合规的途径来改善职工福利。会计财务部门应按照法律和制度的要求，不断完善内控措施和工作程序，忠诚履职、依法履职，在法的约束下管好钱，理好财。会计财务管理人员应加强学习，更新知识，不断提高会计反映能力。应牢固树立法制观念，学法，懂法，守法，依法理财。

（二）健全会计内部控制机制，建立防范会计风险的长效机制

会计内部控制的目的在于规范管理，有效防范操作风险和道德风险。一是建立完善会计规章制度，从根本上杜绝各类案件的发生。健全完善的规章制度是做好人民银行会计财务工作的根本保障。因此始终应把建立和完善财务规章制度作为会计财务部门一项重要的基础性工作常抓不懈。特别是针对会计核算逐步实现电子化和网络化过程中出现的新情况和新问题，应积极研究对策，健全包括岗位制约、岗位轮换、逐级授权和重要事项审批等内容的内控机制；二是创新财务管理手段，学习和借鉴国内外及兄弟分行好的财务管理方式，逐步实现会计核算网络化、会计信息电子化、财务、固定资产管理精细化、基本建设管理程序化、采购管理集中化的目标；三是加大会计检查力度，将会计内控制度的落实情况作为会计专项检查的重要内容，坚决纠正有章不循、违章不纠的现象，及时消除风险隐患；四是强化事后监督、内审、纪检等部门的监督合力，形成齐抓共管的良好局面。特别是充分发挥事后监督部门及时、连续和全面监督的安全防线作用，突出风险环节的重点监督，堵塞各类不正当的会计行为，切实防范资金风险；五是严格执行责任追究制度。对存在违法违规案件或因管理不善造成重大损失的，要追究相关责任人的责任，并在业绩考核时实行“一票否决制”。

（三）严格按照部门预算的要求，全面加强财务管理工作

当前应重点把握四个要素：一是增加预算编制的科学性和可行性。树立先算账后花钱的理念，也就是“算了再用”，而不是“用了再算”。在编制预算时，要按照轻重缓急的原则，根据各项工作任务的性质和重要程度，统筹规划，精心测算，合理安排各项财务资源，实现财务资源的最佳配置；二是要严格实行“硬预算”制度。预算一经上级行批准，不得变更。应严格按照预算批复的内容，安排各项预算资金。未列入年度预算的支出项目，原则上不作安排；三是强化预算执行的严肃性。应严格按照批复执行预算，严禁超预算、挤占、挪用或随意改变提高支出标准、扩大支出范围和改变资金使用用途等行为；四是加强对项目资金的管理。项目资金的用途必须细化到项目，且不得随意调整；应加强对项目资金使用情况的监督检查，实行追踪问效，切实提高项目资金使用的安全性、规范性和有效性。项目资金管理要做到“三个跟踪”：一是跟踪项目，保证项目的真实性；二是跟踪项目资金的使用，保证资金使用的专用性；三是跟踪项目的竣工决算，保证入账的及时性。

（四）始终坚持“艰苦奋斗、勤俭办行”的财务工作方针

“艰苦奋斗、勤俭办行”是国家加快推进节约型社会建设、落实科学发展观和促进经济社会全面协调可持续发展的需要，是人民银行践行社会主义社会荣辱观的具体体现。近几年来，人民银行系统的财务状况不断改善，但是财务资金供需矛盾突出的问题，在今后一段时间内，仍然不可能完全得到解决。按照温家宝总理政府工作报告提出的要求，继续在系统内开展艰苦奋斗、勤俭节约的思想教育，制止办事不计成本、讲排场、比阔气、花钱大手大脚的不良风气，要在保证正常业务需要的前提下，压缩一切不必要的开支，精打细算，量入为出，有效避免各种资源的浪费，真正把钱花在刀刃上，花在最需要的地方，切实提高财务资金的使用效益。

（五）切实加强会计财务部门的廉政教育

“千里之堤，溃于蚁穴”，会计财务部门处在管钱管物的前沿，要警钟常鸣，不断加强思想道德教育和纪律教育，坚持标本兼治、惩防并举的方针，建立健全教育、制度、监督并重的惩治和预防体系，从源头上防止腐败的产生，构筑牢固的思想道德防线。要深入研究新时期会计财务人员思想道德教育的规律，改进教育的方式，增强教育的针对性和有效性，使思想道德教育更加贴近工作实际，使会计财务人员不断增强廉洁自律意识，在履行职责中遵纪守法、廉洁奉公。

（六）建设高素质的会计财务队伍

建设一支政治坚定、清正廉洁、业务精湛、作风优良的高素质会计财务队伍，是新形势下履行中央银行职责，做好金融服务工作的客观要求。通过“走出去”、“请进来”等各种方式，加强对会计财务人员的业务培训，学政治、学法律，学习新知识、掌握新技能，学习研究借鉴当前人民银行会计制度和国际惯例的差距，掌握会计电子化发展的客观要求，不断改进和完善金融服务的手段。同时还要培养高尚的职业道德情操，树立正确的人生观、价值观，爱岗敬业，无私奉献。各级领导要关心会计财务人员的工作和生活，为他们的健康成长创造条件，搭建平台。

（写作时间：2006 年）

规范、严格、高效的财务核算与管理，是人民银行依法履行中央银行职能、开展各项工作的重要保证。2002年以来，沈阳分行在分行机关及所辖辽宁省14个中心支行(营业管理部)相继实行了财权与事权相分离的管理制度，笔者认真总结了财权与事权分离管理工作的实践，就如何进一步规范财务收支行为，提高财务核算质量，提高资金使用效率，进行了相应的研究和思考。

财权与事权分离管理工作存在的问题及建议

一、财权与事权分离管理的基本概况

所谓财权与事权分离管理是指财务管理与相关事务管理双轨并行，分管部门各司其职，相互协作，相互制约，以保证各项工作透明公正，高效顺畅。财权是指以所有者权益和负债管理、资产管理、财务收入与支出管理、预算管理与监督、财务核算与报告、账户管理等为主要内容的财务管理权；事权是指与财务管理相关的事务管理权，即与人员经费支出、公用经费支出、固定资产购建支出、特殊支出、其他项目支出、其他支出相关的事务管理。财权与事权分离管理工作应把握两个环节：一是在组织管理上，财权和事权必须在本级单位党委的统一领导下，分离只是在具体操作环节上的分离，体现的是一种协作与制约；二是在实践中，从领导方面讲，分管财权的领导原则上不要分管事权，达到分管财权与事权领导的分离；从管理部门方面讲，财权管理部门不应直接从事具体的事务管理活动，事权部门在事务管理活动中，一般情况下不应有具体的财务支出行为。

二、财权与事权分离管理工作在实践中的作用

（一）实行财权与事权分离管理，有效地提高了财务预算编报的准确性和科学性

实行财权与事权分离管理，财务预算从各事权管理部门编起，事权部

门根据各职能部门业务开展的实际需要编制资金需求计划，财权部门根据需求将各项预算细化到各财务账户，统筹考虑汇总编制年度财务预算，提高了预算编制的科学性，增加了预算编报的透明度，使得财务预算与部门需求真正做到有机结合。

（二）实行财权与事权分离管理，有利于强化内部制约，防范资金风险

实行财权、事权集中归口管理后，所有涉及财务支出的事项，由“一把手”统一授权，明确事权部门、财权部门的审批权限、范围和限额，坚持“双签审批、先审后办”原则，建立了“首批负首责、谁审批谁负责”的财务支出审批管理责任制，强化了管理职能与操作职能相分离，财权审批与事权审批相分离的财务内控管理机制。同时，在授权范围内，对大额财务开支经过分管财权与事权领导的决策后，再由承担财权与事权的具体部门根据各自权限组织实施，提高了决策的科学性，在各部门之间形成牵制，增加了约束力，可在一定程度上避免因决策失误或执行者道德风险而造成的资金损失。

（三）实行财权与事权分离管理，提高了资金的使用效率

实行财权与事权分离管理后，各事权部门在所承担的事权活动中，能够结合实际，编制支出计划，确定合理的支出水平，最大幅度地降低损失，同时，各事权部门均具有较高的专业水平，对各项支出情况了解比较透彻，资金的使用效率得到了提高。会计财务部门对支出计划负有审核的职责，统筹合理安排资金，从而能够实现资金效用的最大化。

（四）实行财权与事权分离管理，有利于资金的统筹安排，增强预算执行的强制性和约束性

实行财权与事权分离管理，事权部门根据财权部门提供的资金情况，确定具体实施方案，量入为出，会计财务部门依据全账户经费预算指标及各事权部门制定的支出计划，统筹安排资金，确定支出进度，在一定程度上避免了突击花钱、虚列支出、硬性调账等违规现象的发生，保证了预算资金使用的合法性、合规性。同时，本着“保证重点、兼顾一般，保证刚性、压缩弹性”的原则，确定支出重点，保证了重点业务资金的需要。

（五）有利于从源头上治理腐败，提高财务工作的透明度

财权与事权决策权分离，避免了权力的过分集中，消除了资金使用决策中的“寻租”机会；在具体操作过程中，财权与事权部门相互监督制约，在一定程度上避免了在采购中“吃回扣”、“要好处费”等腐败行为；通过增加审批环节，提高了资金使用的透明度，防止“暗箱”操作行为的发生。

三、财权与事权分离管理工作实践中存在的问题

（一）在财权与事权相分离的实际操作过程中存在一些难度

一是受人民银行管理体制的限制，财权与事权分离管理的效果可能会打折扣。如受领导指数限制，有时分管财权与事权的领导无法分离，或财权由主要领导分管，事权由其他领导分管，造成双方权力不平衡，分离效果弱化。此矛盾在县（市）支行表现的更为突出。二是财权与事权分离管理，增加了审批环节，对有些物品采购，特别是零星的物品采购，容易降低工作效率。三是会计财务部门负责审核、财务核算、预算管理和监督，增大了会计财务部门的工作量，特别是中心支行会计财务部门还肩负着支付结算、反洗钱等工作职责，人员不足问题就显得尤为突出。四是会计财务人员对专业性较强、科技含量较高的电子网络工程、设备等专业知识不够了解，对设备的质量与价格匹配不十分掌握，在采购的审核过程中，有时也只能充当“结算员”的角色，监督作用不够明显。

（二）与现行的采购管理有关规定相冲突

按照集中采购管理有关规定，各级行采购管理委员会办公室作为集中采购活动的办事机构，负责采购活动的组织协调工作。该办公室既要负责汇总编制采购计划，又要参与确定采购方式，组织有关部门具体实施采购。而根据财权与事权分离管理工作的要求，各级行的采购管理委员会办公室都要设在本行会计财务部门，成员基本由本部门工作人员担任，这样就造成了财权部门参与事权活动，未能真正实现财权与事权分离。

（三）在有些业务环节不能实现严格的财权事权分离

财权与事权分离要求财权部门负责银行账户管理，但在个别具体业务却有些不相适应。如养老统筹业务，人事部门负责统筹资金的收缴、上划、退拨等具体核算工作，由于这些工作同统筹资金账户管理密不可分，很难做到由财权部门管理，从而很难实现财权与事权分离。

四、完善财权与事权分离管理工作的政策建议

（一）保持财务管理与事务管理决策权的平衡与制约

财务管理权与事务管理权应由不同的分管领导分工负责，尽量避免权力不平衡现象，真正发挥决策分离的制约作用。同时，要坚持党委的统一领导，重大财务与事务决策必须经过党委集体讨论决定，防止出现“少数人说了算”现象。

（二）总结实践经验，制定和完善相关制度

一是要尽快制定财权与事权分离管理制度，进一步明确财权与事权分离的内容范围，划分财权部门、事权部门和其他职能部门的职责分工，规定财务支出的权限，用制度的细化来保证工作的有章可循。同时，在确定财权与事权分离的内容时，要从实际工作出发，避免“一刀切”，要兼顾各部门间的协作与配合，使财权与事权分离更趋合理，更切实可行。二是要把财权事权相分离作为基本原则，各项规章制度，特别是采购管理方面的规章制度，要充分贯彻分离原则，防止出现原则与具体要求相矛盾现象。

（三）开发电子财务系统，提高预算管理的质量和效率

应充分利用网络资源，开发包括管理软件在内的电子财务系统，处理预算与财务相关工作。通过网上审批，减少审批环节，提高工作效率；摆脱手工记账，实现财务核算电子化、网络化管理；通过授权，实时监测到辖区各级行的经费账户的开设、财务预算的执行及预算项目库管理等情况，提高财务预算管理的管理水平。

（四）加大内审、纪检监察等部门的监督检查作用

内审、纪检监察部门要加强对财权事权分离的检查监督，既要重点监督是否分离，又要监督各部门是否认真履行职责；既要重点监督财权部门的财务活动，又要重点监督事权部门是否严格执行事权管理方面的规章制度，要做到日常检查经常化，专项检查个性化，飞行检查突击化，防患于未然，及时纠正违规违纪行为，把监督检查工作落到实处。

（五）加快财务管理人才的培养

要坚持“以人为本”，严格岗位分工，根据业务的实际要求，因事设岗，因岗定人，配备高素质的财务管理人员，并保证人员的合理配备及相对稳定。要重视对财务管理人员的培养和使用，多举办法律、财务预算管理、集中采购、基建管理等业务理论培训，努力提高财务管理人员的政治和业务素质；定期开展市场调查活动，了解熟悉市场，努力培养学习型、研究型、专家型、务实型、开拓型的综合性人才，以适应重要岗位的需要。

（写作时间：2005 年）

做好新形势下货币发行工作的几点设想

金融服务工作是人民银行重要职能之一，是中央银行实施货币政策和维护金融稳定的基础和保障，货币发行业务作为金融服务工作中最基础、最重要的工作之一，在经济迅猛发展的新形势下，面临着许多新的课题，只有运用科学发展观统领全局，深化改革思想，认真研究解决面临的这些新情况、新问题才能做好新形势下货币发行工作。

一、当前货币发行工作面临的新变化

（一）现金供应工作面临更大的压力和挑战

随着经济的发展，近年来，我国现金投放量逐年递增，特别是进入“十一五”时期，全国经济运行表现出“高增长、高效益”的突出特点，但是制约经济健康发展的深层次、体制性、长期性问题依然存在，金融调控、改革和发展面临诸多矛盾和挑战：流动性过剩矛盾突出；物价上行风险有所扩大，通货膨胀风险不容忽视；金融宏观调控和金融稳定面临更加复杂内外环境。中央收入分配制度改革；股票市场财富效应；汇率形成机制改革后，企业和居民结汇加快，经济生活中出现的新情况都加大了对先进的需求。受宏观经济金融环境的影响，保证发行基金总量供应依然是当前人民银行货币发行工作的重要工作内容之一。而我国居民现金使用偏好及经济转型中涉及结算手段、方式、信用环境等因素的影响决定了现金供应工作的长期性。同时，人民银行实施跨行政区划就近调拨发行基金、钞票处理中心运行等工作，对发行基金调拨工作亦提出了更高的要求。

（二）钞票处理自动化建设对货币发行工作产生重大影响

20 世纪 90 年代初以来，人民银行逐步引进国外先进的钞票处理设备和机具，开始走上了现代化处理钞票的道路。经过十几年来的努力，人民银行钞票处理现代化水平得到快速发展，已经达到相当的规模和水平。与此同时，钞票处理模式的变化也对发行基金调拨工作带来的新的变化，主要表现为以下三个方面：一是对调拨工作的科学性提出了更高的要求。由于要求回笼完整券需经钞票机械清分后才能再投放，因此，在保证市场现金供应的前提下，需要科学制定发行基金调拨计划。二是频繁的发行基金调拨业务增大了发行基金押运风险。三是钞票处理机械化增加了货币发行工作风险控制点，钞票处理中心机械清分工作成为风险防范的重要环节。

（三）反假货币形势依然严峻

当前，人民银行充分发挥反假货币工作联席会议工作机制作用，加强反假货币宣传教育，配合有关部门严厉打击制贩假币犯罪活动，使反假货币工作取得了丰硕的成果。然而，在总结反假货币工作成绩的同时，应该清醒地认识到我国市场现金流量巨大的现状为假币非法流通提供了客观环境，突出表现为以下几方面特点：一是流通领域的假币数量依然不减；二是假硬币问题凸显；三是假外币案件时有发生。当前反假货币工作形势仍然十分严峻。

（四）对人民币收付业务的监督和管理工作提出更高要求

《中国人民银行法》赋予人民银行“发行人民币，管理人民币流通”的重要职责。人民币流通管理是一个大的范畴和概念，广义讲它包括人民币从发行到回收的整个过程的管理。人民银行对外行使人民币流通管理除反假币工作外，主要包括两个方面内容，一个是对商业银行人民币收付情况的监督管理，主要目的是有效发挥商业银行货币流通主渠道作用，主要包括对商业银行柜面支付人民币、残缺污损人民币兑换情况及假币收缴情况的监督管理；一个是面向社会大众，对人民币图样使用管理和经营、装帧流通人民币的管理三项内容。

作为货币流通主渠道，商业银行的人民币收付业务直接影响到流通中人民币的质量。然而商业银行经营管理的需要，从减少工作量、劳动强度和经济成本方面考虑，在现金库存券别配比上倾向于储存大面额人民币，影响了流通中人民币券别合理搭配；在对流通中人民币整洁度的调控中，对收进的不易流通人民币，存在不缴存人民银行发行库而直接付出的现象，影响了流通中人民币质量的提高，甚至出现个别商业银行柜台对收进假币没有及时收缴而再次进入流通领域的情况。这些情况与服务社会、服务公众始终构成一对矛盾。

二、做好新形势下货币发行工作的几点思考

（一）进一步加强现金需求的分析和预测工作，积极建立货币发行预测模型

近几年，人民银行货币发行部门加强了现金流通分析和预测工作，逐步提高把握现金投放趋势和掌握货币流通规律的能力，对发行基金调拨工作提供了有力支持。但是，这些对现金流通分析和预测工作大多是对数据的简单定量分析。加强货币发行预测的科学性、前瞻性，改进分析预测的方式方法是必要的，我国现金供应工作的长期性以及做好当前现金供应工作的紧迫性决定了根据我国的实际情况建立科学的货币发行预测模型的必要性。具体操作中，要根据我国的实际情况，找出影响货币投放的主要因素，可以借助统计研究部门及科研院所的研究能力建立适合我国国情的货币发行预测模型。

（二）科学推动钞票处理自动化建设，全面提高流通中现金质量

尽管借鉴发达国家的先进经验，人民银行钞票处理中心的建立为提高流通中现金质量做出了贡献。然而，与发达国家相比，应该充分考虑我国现金支付比重过大的实际特点，科学推动钞票处理自动化建设。为了全面提高流通中现金质量，笔者认为对当前钞票处理机械化建设有必要进行更加科学深入的调查研究，不仅对人民银行钞票处理布局、管理等方面进行深入系统的研究，还可从推进商业银行进行钞票处理机械化的可能性及此过程中人民银行业务职责、钞票清分风险及经济成本效益分析等多角度进行可行性研究，并以此指导我国钞票处理自动化建设。

（三）进一步完善反假货币工作相关部门的科学分工与合作

我国的反假货币工作机制是联席会议制度，设立有国务院反假货币工作联席会议，办公室设在人民银行总行，目前大量具体工作由人民银行分支机构负责，公安、司法部门的职责不够明确。由于联席会议制度不是常设机构，因此不能够很好地形成反假货币的工作合力。笔者认为发达国家成熟的反假货币工作体系值得我们参考借鉴。德国的反假货币工作由政府统一领导，有明确的社会分工，中央银行仅负责宣传和收缴工作。侦破、打击假币工作由安全、司法、警察部门负责。而美国的反假货币工作与德国的类似，美联储负责宣传教育、印钞铸币局负责新版美元的研发设计，而隶属于国土安全部门的特勤局负责假美元犯罪的侦查工作。

（四）采用多种措施强化对商业银行人民币收付业务的管理

一是发挥人民银行在现金供应上的主导性作用，逐步建立完整的现金流通环节监控管理体系。以商业银行存取款预约制度为核心，充分利用商业银行现金运行分析报告制度进行人民币流通管理工作，利用券别比例搭配主动调控的方式，督促商业银行履行《人民币管理条例》中规定的“券别调剂是办理人民币存取款业务金融机构的法律义务”。二是加强宣传教育，形成社会监督。现场检查无疑是人民银行行使人民币流通管理职责，特别是对商业银行人民币收付业务质量进行管理的有效方式。然而从现金运行角度看，商业银行之所以成为货币流通主渠道是因为其处于中央银行和社会公众的中间环节，因此在人民银行加大监督检查力度的同时，应积极对社会公众宣传人民币流通法律法规，发挥其对商业银行人民币收付业务的监督效力。要发挥公众媒体的作用，加大宣传人民币流通标准方面的规章制度，如《不易流通人民币挑剔标准》、《残缺污损人民币兑换管理办法》、《假币收缴鉴定管理办法》等人民币流通法律法规及人民币防伪特征，让社会公众了解并掌握人民币一般防伪特征及可流通的一般性标准，对商业银行柜面假币收缴不作为及支付不易流通人民币行为自觉形成抵制和监督。同时，通过设立举报电话等形式强化人民银行监督检查的针对性。

（写作时间：2006 年）

监管与服务并重
构建“安全、高效”的支付体系

支付体系是指为实现和完成各类支付活动所做的一系列法规制度性安排和相关基础设施安排的有机整体。支付体系是国家核心金融基础设施，覆盖了几乎所有的银行业金融机构，连接着货币市场、证券市场、外汇市场等金融市场。支付体系通过严谨的法规制度和设施安排，向银行业和社会提供资金运行的工具和通道，提供快捷高效安全的支付结算服务，满足金融活动和社会经济活动的需要。安全、高效的支付体系必须做到加强监管和改善服务并重。

一、支付体系发展成为改进金融服务的重要内容

（一）支付体系在中央银行职能中的作用和意义

中央银行作为“发行的银行”、“银行的银行”和“政府的银行”，在一国金融体制中居于核心地位，承担着制定和执行货币政策、维护金融稳定与提供金融服务三项基本职能，而支付体系为中央银行履行基本职能提供了基础和通道。支付体系发展作为改进金融服务的重要组成部分，不仅为社会提供了优质、高效的金融服务，而且对畅通货币政策传导，维护金融稳定也具有重要的意义。

1. 支付体系的发展有利于促进经济增长以及金融效率和社会公众生活质量的提高

支付体系作为社会公共支付清算与结算平台，能够为各银行以及金融市场提供资金清算与结算服务，有利于加速社会资金周转，提高资源配置效率，是中央银行发挥金融服务职能的核心支持体系。支付系统的建设和非现金支付工具的推广应用，极大地便利了社会公众生活，降低了资金在途时间和风险，提高了交易效率。促进了金融业务创新和经济发展。

2. 支付体系的发展有利于货币政策有效传导

支付体系中的支付系统是传导货币政策的重要渠道。大额支付系统与中央银行公开市场操作业务系统相连，完成中央银行买卖有价证券资金清算，提高公开市场操作效率，直接影响金融机构的超额储备，调节货币供应。同时支付效率的不断提高增加了对货币供应的影响，使得商业银行流动性大为提高。

3. 支付体系的安全稳定是金融稳定的基础

由于支付体系将金融机构联系在一起，进行资金和证券的转账，并承担结算付款义务，成为在金融机构和金融市场间传递金融风险的渠道，因此，支付体系与金融体系的稳定密切相关。特别是支付体系中的重要支付系统尤为关键。如果其中一个参与者破产，会引起其他参与者无法按期履行其结算义务，从而可能引起更大范围内金融和经济的不稳定。另外，当金融风险发生时，中央银行或市场参与者要向陷入困境的参与者提供紧急流动性支持，帮助支付结算的有序进行。而安全和高效的支付体系能够在必要时提供流动性支持。

（二）支付体系的发展为社会提供了高效、快捷的金融服务

1. 日趋完善的支付清算网络体系促进了社会经济发展

2005 年 6 月，大额实时支付系统在全国推广完成，实现了资金在直接参与者之间 30 秒到账，提高了资金的利用效率和社会效益。2006 年 6 月，小额批量支付系统在全国推广完成，该系统支撑各种支付工具的使用，满足社会经济发展多样化的支付需求，能有效地促进社会公共支付水平的提高。2006 年，通过支付系统处理的业务金额为 5527636 亿元，占全国 GDP 总量的 26.4 倍。其中，大额支付系统共处理支付清算业务 14181 笔，金额 2575363 亿元，日均处理业务近 60 万笔，日均金额 1 万亿元 。小额支付系统共处理支付清算业务 3336 万笔，金额 21552 亿元。2007 年 6 月，全国支票影像交换系统在全国推广，实现了支票的全国通用。

2. 非现金支付工具的应用满足了多样化的支付需求

非现金支付工具的广泛应用，可以减少现金流通，降低交易成本，培育社会信用，满足多样化的支付需求。2006 年，全国使用非现金支付工具 1291159 万笔，金额 4693320 亿元，占全国 GDP 总量的 22.4 倍。其中，票据业务 119116 万笔，金额 2246786 亿元，占非现金支付工具业务量的 9.2% 和 47.9%；银行卡业务1091531 万笔，金额 705755 亿元，占非现金支付工具业务量的84.5%和15%。

二、加强支付清算监管是确保支付体系安全高效的关键

（一）加强支付清算监管的必要性

1. 支付清算监管具有法律基础

维护支付、清算系统的正常运行是人民银行的一项法定职责。中国人民银行法第三十二条规定："中国人民银行有权对金融机构以及其他单位和个人的执行有关清算管理规定的行为进行监督检查。"同时，第四十六条规定对违反有关清算管理可以依据不同情况进行处罚，这就使人民银行对支付清算的监管有了法律依据。《中国人民银行法》与《票据法》、《票据管理实施办法》、《支付结算办法》、《人民币银行结算账户管理办法》等法律法规以及其他相关规章一起奠定了支付体系运行和监督管理的法律基础。

2. 加强支付清算监管是支付体系安全高效的保证

安全、高效的支付体系对于货币有效发挥其支付手段职能和保证金融市场的顺畅运行至关重要。支付系统中的单个或多个参与者支付能力不足，有可能引发流动性风险、信用风险甚至系统性风险，产生"多米诺骨牌"效应造成整个金融体系风险和社会震荡。重要支付系统运行的中断还会造成金融市场交易和整个社会支付链的中断，引发严重的运行风险。为此，必须加强对支付系统参与者的管理，维护正常的支付清算纪律，避免因各种风险的发生导致整个支付体系的危机。

3. 支付清算监管的范围广泛

支付清算监管范围是指中央银行施行安全和效率标准与政策的支付领域。支付、清算系统的正常运行涉及支付系统、支付工具、支付服务组织等多个方面，内容涵盖支付体系运行中的各个环节。支付工具用于发起支付指令，是支付过程的起点；支付系统负责传送支付信息流和资金流，承担清算职能；支付服务组织在债权人和债务人之间充当中介，实现付款人账户资金向收款人账户资金的转移。由此，对支付清算的监管应当包括支付系统等基础设施的稳定运行、非现金支付工具的安全使用、支付服务市场和支付服务组织的规范运作等。

（二）支付清算监管的手段

1. 建立支付系统风险防范机制

一是引入国际公认的先进的支付结算安排，通过设置透支限额、自动

质押融资功能和设置净借记限额防范流动性风险和信用风险以及采取灾难备份和应对突发事件机制防范运行风险。同时，通过提供对排队业务的灵活的多边撮合功能，最大限度地提高各参与者支付业务处理的效率。二是通过制定有关业务制度和业务管理办法，规范业务处理、防范支付风险。主要有《大额支付系统业务处理办法》、《小额支付系统业务处理办法》、《中国现代化支付系统运行管理办法》等。

2. 运用支付信息管理系统加强对支付系统参与者的监测和管理

通过对支付系统参与者资金流动性以及支付清算纪律执行情况的监测分析，约束支付系统各参与者遵守支付清算规则，尽到各自的责任。制定并实施支付系统参与者准入、退出管理办法，维护支付清算秩序。

3. 对银行结算账户进行管理，从源头上规范支付行为

银行结算账户管理，是我国支付体系监管的一项重要内容，也是我国支付体系监管的一大特色。银行账户是社会资金运动的起点和终点，是商业银行提供支付结算服务的基础。加强账户管理，落实账户实名制，对于从源头上遏制洗钱、腐败、金融诈骗等违法犯罪行为，建立社会征信体系以及维护正常的经济金融秩序有着十分重要的意义。目前，人民银行主要通过制定和实施《人民币银行结算账户管理办法》及实施细则；推广全国统一的银行结算账户管理系统，实现人民银行对银行结算账户的非现场管理，对银行结算账户的开立和使用情况进行现场检查等手段规范账户管理。

4. 对签发空头支票等行为进行处罚

为保护持票人的合法利益，提高社会信用，人民银行下发了关于对签发空头支票行为实施行政处罚有关问题的通知，对空头支票行政处罚程序进行了规范，加大了行政处罚力度。以辽宁省为例，2006 年，全省共进行空头支票行政处罚 2995 笔，处罚金额 997.94 万元，有效地维护了支付结算秩序。

三、加强支付清算监管的几点思考

（一）牢固树立监管与服务并重的观念

风险是经济金融活动的固有属性之一，支付体系的发展过程中也必然潜在着各种风险。支付体系在追求高效运行的同时，其所面临的风险也将越来越多，且风险诱因日趋复杂化、影响范围日趋广泛化、危害程度日趋严重化。如果不能很好地防范和控制风险，将危及国内乃至国际金融市场

的稳定。为此，必须牢固树立监管与服务并重的观念，在进行支付体系建设的同时，要将确保支付体系安全作为首要目标，从而确定支付体系监管的公共政策目标：安全和效率。

（二）完善支付清算监管的法律体系

目前，我国虽然建立了一整套支付清算监管的法律、法规，但随着社会的进步和经济、科技的发展，部分法律和法规已不再适应当前支付体系监管的需要。支付清算监管的法律体系急需完善。比如，《票据法》、《支付结算管理办法》等法规中未对电子签名和支付密码的法律地位予以确认，在一定程度上束缚了支票业务和电子支付业务的发展，同时也给支付体系的监管带来困难。因此，要尽快完善支付清算监管的法律体系，出台有针对性和可操作性的部门规章，弥补现有法律法规的不足，进一步规范支付清算行为，提高支付清算业务的监管水平。

（三）增强支付清算业务监管的手段

1. 充分利用高科技手段，提高非现场监管能力

非现场监管是指通过金融机构向监管当局报送的报表所反映的各类信息和监管当局通过其他途径获取的信息，按照一定标准和程序分析、判断、评价和检测金融机构遵循支付清算规则情况的一种监督方式，是监管当局采用的一种重要的监管方式。通过非现场监管，可以提高工作效率，增强监管的主动性和时效性。人民银行要加快充分利用支付业务报表和账户管理系统采集到的信息，通过与支付系统、同城票据交换系统等清算系统采集的信息进行比对，或者直接与支付系统等资金清算系统连接，实现对非法账户的控制和监管，提高非现场监管的能力。

2. 制定支付清算业务现场检查方案，加强现场检查

现场检查可以使监管当局直接获取第一手的信息，督促被监管方提高执行支付清算规则的主动性和自觉性。目前，人民银行对支付清算业务的现场检查仅局限于账户管理，对其他支付清算纪律的执行情况未开展有效的现场检查。建议由总行对有关支付清算规则的条款和相应的处罚措施进行梳理，制定具有可操作性的支付清算业务现场检查方案，规范现场检查的程序、检查内容以及处罚依据，指导各分支行加强对支付清算业务的现场检查，维护支付清算秩序。

3. 加强对支付清算组织以及新兴支付工具的管理

近年来，随着经济的发展，我国陆续出现了一批专门处理支付信息的新型经济组织。例如，提供银行卡信息转接以及数据处理服务的组织，提

供网上支付服务的组织等。为进一步促进我国支付服务市场的健康发展，加强对上述组织的管理，要尽快发布实施《支付清算组织管理办法》，对支付清算组织的市场准入、退出机制、业务管理和风险防范等相关问题进行明确，改善当前对支付清算组织的管理真空。另外，随着计算机网络技术和电子商务的发展，网上支付、移动支付等创新支付工具和方式不断涌现，并呈现出较快的发展势头，为此要尽快建立和完善我国的电子支付业务规则，不断规范和引导创新支付业务的发展。

（写作时间：2007 年）

2006年10月31日，全国人大常委会表决通过了《农民专业合作社法》，该法是1949年以来，我国首部专门规范和发展农民专业合作经济组织的法律，也是1978年推行家庭承包经营后，首次以立法形式推进农民的经济互助与合作，对社会主义新农村建设具有重要而深远的意义。笔者围绕《农民专业合作社法》出台后各界反映以及东北三省农民专业合作经济组织的发展实际，进行了专题调研。

关于《农民专业合作社法》出台后东北三省反映情况的调查报告

一、农民专业合作组织发展实际迫切需要立法支持

东北三省的农民专业合作经济组织创办于20世纪80年代初，发展至今已经有20多年的时间。从专业协会到专业合作社，从单纯的技术服务到产加销综合服务，经历了一个比较漫长和曲折的过程。目前，东北三省农民专业合作经济组织已超过6000家，成员和带动农户超过100万。

（一）农民专业合作组织的组建模式

从组建模式上看，东北三省农民专业合作组织主要有以下几种：

一是企业牵头兴办。以企业为依托，成立农民专业协会。由协会将供应原料的农户组织起来，稳定企业的原料供应渠道，收购产品进行加工或销售。

二是行政村牵头兴办。行政村利用其组织优势，采取村委会为主导组建农民专业协会。由村出资，农民专业协会具体组织，对会员进行技术培训，传递信息，帮助农户提高生产技能，为农户销售产品，形成了“协会+科技示范户+农户”的运行模式。

三是能人或经纪人牵头兴办。由有一定影响力的能人或经纪人，利用其生产、经营、购销等优势，牵头组织成立协会，农户自愿参加，形成了“协会+基地+农户”的运行模式。

四是乡镇农业技术推广部门牵头兴办。农技部门具有资产、技术、信

息、服务等优势，通过牵头领办各种专业协会，把农民组织起来，为农民提供产前、产中和产后等服务。

（二）现阶段农民专业合作组织的特点

现阶段农民专业合作经济组织在发展过程中呈现出四个明显特点：

组织类型多样化。按照合作方式和运行机制的不同，可划分为专业协会、专业合作社、农村经纪人队伍，它们共同存在、共同发展。

经营服务全程化。多数农民专业合作经济组织的服务工作已经或正在从产品销售服务、技术服务、生产资料供应服务拓展到产加销一体化综合服务。

合作关系紧密化。合作关系正逐步从松散型向紧密型转变，呈现如下趋势：一是由小规模向大规模转变，二是由单一的技术交流或中介服务型向生产销售型转变，三是由社团虚体向经济实体转变、向协企一体化转变。

合作组织纯经济化。已有的合作组织去掉了20世纪50年代依靠发动群众、行政命令组建的具有明显政企合一性质合作组织的特点，而是农民自发、自愿、自主成立的互助和实现某种经济目的的合作组织。

（三）农民专业合作组织发展面临的局限

虽然，农民专业合作组织在提高农民组织化程度，促进农民增收，优化农业产业结构，改善农技社会化服务体系等方面发挥了越来越大的作用。但是，由于缺乏相应的法律基础，其发展所面临的局限日益明显。

一是运作、管理尚不规范。一部分协会在经营管理、制度建设等方面还不完善，内部既无章程，又没有管理机构和管理制度，活动较松散，组织能力较弱，经营也很不规范，基本停留在自发运行阶段。二是对农民利益保护不够。一些农民专业协会并没有从维护会员的共同利益出发，开展紧密的互助合作与联合，与会员只是简单的买卖关系，相当一批专业协会仅仅停留在生产环节或技术方面的简单合作，未真正解决把农民组织起来进入市场的问题，还有些协会只注意保护核心层的利益，而忽视外围会员的利益。三是政府虽然从促进发展和资金上给予了一定的扶持，但力度普遍较弱。

正是从农民专业合作组织这种既较快发展、又受到局限的实际出发，各界普遍希望能够出台相应法律，明确农民专业合作组织的市场主体地位，并对农民专业合作组织予以规范。

二、社会各界对《农民专业合作社法》反响热烈

《农民专业合作社法》的出台，在东北三省引起强烈反响，从总体上看，地方政府和农业主管部门对《农民专业合作社法》出台持欢迎态度，认为发展农民专业合作组织是市场经济发展到一定阶段的必然产物，是生产力的又一次解放，出台这部法规已经“水到渠成”；专业合作组织和广大农民认为这是件深得人心的好事情，符合“三个有利于”，必将促进农村经济快速发展。

（一）地方政府及主管部门反映

地方政府普遍认为，农民专业合作经济组织，自出现起，就一直鲜明地体现了“民办、民管、民受益”的原则特征，成为城乡市场上一个活跃的、新型的经济组织。随着农民专业经济合作组织的不断发展，实践中也暴露出一些问题和困难，如组建、解体随意性大，经济纠纷较多等。规范农民专业合作经济组织，制定出台专门法律十分必要 。《农民专业合作社法》的出台，在进一步提高农民生产专业化、组织化能力的同时，有了“三个明确”。一是明确了农民专业合作经济组织的市场主体地位；二是明确了合作组织中农民的主导地位；三是明确了合作组织“民办、民管、民受益”的原则。这对于政府部门支持和引导农民专业合作组织健康发展、统筹城乡经济、全面建设小康社会将起到积极作用。同时，对推动农业产业结构调整，加强农业产业化龙头企业建设也有益处。

农业主管部门对《农民专业合作社法》的出台均表示欢迎。他们认为，实行家庭联产承包责任制后，分散的农户难以抗衡较大的自然灾害，经不起市场风浪的冲击，缺乏与市场广泛联系的中间环节，因此，特别需要各种社会化的中介服务，各种合作社或农协正好可以大显身手。农民专业合作组织具有潜在8个功能，即规模集成功能、技术传播功能、智慧共享功能、专业协同功能、信息整合功能、分工互助功能、产业开发功能、信用培育功能。以前，主管部门对于农民合作组织只是尽可能地保护、支持，但从管理和发展的角度却缺乏依据，总是有所顾忌。《农民专业合作社法》的出台，对农民专业合作组织做出了准确定位，并对政府和管理部门提出了更高要求。合作社是个特殊的企业，它不仅具有经济功能而且还承担了一定的社会责任。农民是弱势群体，他们的合作组织更需要得到政府帮助和扶持才能发展。今后，主管部门将进一步依法支持农民专业合作社发展，重点做好服务工作，解决好合作社发展过程中存在的问题。

（二）农民专业合作组织反映

农民专业合作组织认为，这部法律的出台，解决了农民合作组织的调整对象和名称问题，使农民专业合作组织有法可依，这将有利于合作组织从事各种经营活动。合作组织在经营中，可以作为市场的主体进行谈判、进行交易，可以合法地开展各种交易活动。此外，这部法律的出台为合作社解决了户口的问题，这将有利于国家扶持农民的相关政策落到实处，增加农民的收入。

“《农民专业合作社法》出台，给农民合作组织赋与了法律地位，国家还将通过财政支持、税收优惠和金融、科技、人才的扶持以及产业政策引导等措施，促进农民专业合作社的发展，鼓励和支持社会各方面力量为农民专业合作社提供服务，这是我们期盼已久的事。”齐齐哈尔市龙江县鲁河乡水稻生产协会会长孙清秀这样说。孙秀清原是水稻生产大户，经多年探索培育出了适合当地的生产品种，结合新技术的推广，带动了全乡的水稻生产，其组建的清秀水稻协会，实现了产、加、销一体化，既避免了水稻种植户对外形不成合力、缺乏竞争实力的问题，又解决了内部竞争使农民的利益受损的矛盾，协会内产品远销北京、天津等地，协会会员的收入也较以前增加了10%左右。丹东市从事海产品收购的农民专业合作经济组织成员老张说：“这部法出台对我们农民来说太好了，我们也可以受到法律保护了，这部法律体现了国家政府对我们的关心，我们打心眼里高兴，感谢政府，我们一定要把经济合作组织办好。”

（三）农村金融机构反映

农村金融机构认为，《农民专业合作社法》明确了农村专业经济组织法律地位，农村金融机构支持专业经济组织发展将有法可依，为金融机构加大对农村专业经济组织的支持力度提供了法律保障。

农业银行方面反映：《农民专业合作社法》出台前，我国的农民专业合作社力量较为薄弱，大都为非盈利性组织，所办的各种服务性事业效率不高，自我积累能力相对不足，法律地位不明确，财务制度不健全，缺乏承担风险的能力。一些农民专业合作社财务无章可循、监督控制机制不健全。该法的出台，有利于改善上述问题。但是，对农民专业合作组织具体的信贷政策需要农业银行总行予以明确。

农村信用社方面反映：目前，东北三省农村信用社对农民专业合作组织的资金支持基本上都是采用对合作组织的会员发放小额信用贷款和联保贷款的形式。这样做的原因主要是，部分农民合作组织还不很规范，内控、财务等制度也不健全，农信社采用对农户贷款的方式，降低贷款的风险。《农民专业合作社法》出台后，农民专业合作社的管理将更加规范，其诚信度更高，发展更加稳健，农村信用社将依法支持其发展，在资金上向它们倾斜，真正做到为“三农”服务，为支持社会主义新农村建设服务。

其他金融机构由于原来的业务就很少涉及农村，目前只有个别金融机构持观望态度，其他的则表示不会对农民专业合作社进行信贷支持。

（四）其他社会各界的反映

城乡民营与私营企业也在密切关注《农民专业合作社法》，并且积极寻找政策依据和投资商机。据调查，《农民专业合作社法》出台后，民营、私营企业到相关部门咨询《农民专业合作社法》具体情况的日益增多，其关注重点为《农民专业合作社法》的适用范围、合作社资金来源和组织管理等情况。

三、《农民专业合作社法》作用发挥有赖于各项扶持政策配合

通过调查发现，在对《农民专业合作社法》持积极态度的同时，各界对该法作用能否有效发挥有一定顾虑，迫切期望各项扶持政策的尽快出台。

一是《农民专业合作社法》调整范围有限。新出台的《农民专业合作社法》未能包括现存的农村社区合作经济组织，而目前农村社区合作经济组织在广大农村中发挥的作用远远高于农民专业合作社，因此，该法对提高农民的组织化程度、对推进农民的经济互助与合作、增加农民收入和推动三农经济发展的积极影响有限。

二是《农民专业合作社法》未对农民合作社贷款难、融资难问题做出创新性规定。该法规定：“国家政策性金融机构应当采取多种形式、为农民专业合作社提供多渠道的资金支持。具体支持政策由国务院规定”、“国家鼓励商业性金融机构采取多种形式，为农民专业合作社提供金融服务”。至于农民专业合作社如何解决融资难题，并没有明确的说法。

三是该法规定“县级以上各级人民政府应当组织农业行政主管部门和其他有关部门及有关组织，依照本法规定，依据各自职责，对农民专业合作社的建设和发展给予指导、扶持和服务。”没有对各部门的具体职责、分工以及地位做出明确规定，容易产生分歧。

四、加速发展农民专业合作经济组织的建议

一是农民专业合作组织“主管机关”问题的规定尚有待明确，应尽快做出详细规定。该法规定，农民专业合作社由县级以上各级人民政府“组织农业行政主管部门和其他有关部门和有关组织”，依各自职责，对农民合作社的建设和发展给予“指导、扶持和服务”。但是，其他有关部门和有关组织具体所指是什么，以及其与农业行政主管部门的关系如何协调，指导、扶持、服务的具体内容等都未明确，在具体实施中难度较大，应予尽快明确。

二是应注意把握和处理好几个关系。一是农民专业合作组织与政府的关系。农民专业合作组织是农民自愿组成的组织，是为解决农民分散经营中遇到的实际问题，在家庭承包经营基础上创立的，而不是政府行政行为的结果。政府应做好政策引导、支持和服务工作，力争做到引导不参与、鼓励不包办、扶持不干扰。二是农民专业合作组织与集体经济组织的关系。农村集体经济组织在所有制形式、生产管理和分配等方面与农民专业合作组织有着本质的区别。集体经济组织不能代替农民专业合作组织，专业合作组织也不能靠外力改变资源、财产的所有者性质。两者应作为不同的农村经济组织形式并存。三是农民专业合作组织与农业产业化龙头企业的关系。农业产业化龙头企业是在农业产业化快速发展的形势下出现的，它和农民专业合作组织相互服务、相互联系，但不能相互替代。

三是有关部门应尽快制定与《农民专业合作社法》相适应的配套制度和办法，如农民专业合作社示范章程修订、财务会计办法、登记办法以及各方面扶持政策等，以利于《农民专业合作社法》的顺利实施。

（写作时间：2006 年）

辽宁省丹东市是我国最大的边境城市，与朝鲜隔江相望，是我国对朝边境贸易的重要通道。据海关统计，每年通过丹东口岸向朝鲜贸易出口额占全国对朝贸易出口总额的七成以上。国家实施振兴东北老工业基地战略以来，笔者在人民银行沈阳分行暨国家外汇管理局辽宁省分局工作期间，多次深入边境地区开展调研，探索解决对朝边境贸易中出现的新问题、新情况，并积极向总行和总局争取政策支持，规范并促进了对朝边境贸易的健康、快速发展，在促进地方经济发展、支持东北老工业基地振兴方面取得了明显成效。

规范对朝边境贸易
推进人民币区域化发展进程

随着中国世界经济地位的提高，以及中国与亚洲各国经贸、文化交流活动的逐渐增多，人民币在越南、缅甸、尼泊尔、朝鲜、蒙古等周边国家逐渐成为边贸结算的主要币种。人民币在边贸结算中所发挥的重要作用，已使其呈现区域化发展态势，成为人民币国际化的初始阶段。进一步加快人民币区域化和国际化发展进程，对于促进边境地区的经济发展具有重要意义。

一、对朝边境贸易发展的基本情况

辽宁省丹东地区是我国对朝贸易的重要口岸，据海关统计，每年通过丹东口岸的对朝贸易出口额占全国对朝贸易出口总额的七成以上。目前，丹东地区共有外贸企业700多家，其中有对朝贸易经营权的企业400多家。对朝边境贸易方式逐步呈现多样化，由早期单一的易货贸易发展到目前的一般贸易、加工贸易及转口贸易等。其中，以对朝服装出料加工后转口到韩国和欧盟地区，是丹东地区特有的对外贸易方式。进出口商品种类繁多，中朝贸易双方商品互补优势明显。出口以纺织原料及制品、化工产品、机电产品、塑料、橡胶及制品、纸及纸板、矿物材料及制品、粮油食品等为主。进口以矿产品、金属材料（钢坯及废钢铁）、油籽及药材、木材、木浆、毛皮及制品等居多。随着朝鲜近年来对外开放程度的逐步提高，以及丹东地区“走出去”战略的有效实施，丹东地区对朝边境贸易实现了迅猛发展，贸易额逐年增加。据丹东外经贸局统计，从 1995～2006 年丹东地区对朝贸易进出口额以平均每年 17.75%的速度增长，其中 2005 年进出口额达到最高为 6.3 亿美元，同比增长 103.23%，是 1995 年的 6 倍。2006 年以来，受朝核等因素影响贸易额有所下降，但仍占丹东地区进出口总额的 26.6%，朝鲜已成为丹东地区第一大贸易伙伴。

（一）对朝边境贸易结算方式及特点

1. 结算方式及占比情况

丹东地区对朝边贸结算主要是通过第三国转汇、代理行边贸账户、个人银行卡储蓄账户、易货贸易及外币现钞五种结算方式实现的。从 2006 年的数据来看，转汇、代理行账户、个人账户、易货及外币现钞结算占比分别为 9%、6%、14%、3%和 68%。

2. 结算方式现状

一是转汇结算。目前，朝鲜对外进行现汇结算只能通过新加坡、香港、澳门等极少数的第三国或地区进行，另有个别汇款通过欧盟国家进行划转(只限于欧元币种)。二是代理行边贸账户结算。按照中朝两国央行签订的支付结算协定，2006 年 5 月，朝鲜光鲜银行与中国建设银行股份有限公司签署边贸结算账户协议，并申请开立了美元、欧元、日元、港币及人民币五个币种的边贸结算账户。2006 年 10 月朝鲜进行核试验后，建设银行与朝鲜光鲜银行的合作暂时停止。在多方共同努力下，于 2006 年 11 月建设银行正式恢复了与朝鲜光鲜银行的合作，目前该账户运行正常。三是个人银行卡储蓄账户结算。一直以来，通过居民、非居民个人银行卡储蓄账户与边贸企业账户之间进行贸易资金结算的方式曾在丹东地区对朝边贸出口结算中占据了较大比重。自朝鲜进行核爆后，丹东地区外汇指定银行已相继停止办理通过个人账户之间的对朝贸易结算。目前，该种结算方式几乎处于停滞状态。四是外币现钞结算。外币现钞仍是对朝边贸结算的主要方式。目前，出口收取外币现钞已经有明确规定并纳入了银行体系，而以超过等值 1 万美元的外币现钞支付对朝进口货款的政策规定不明确，导致进口结算除了少量的转汇和易货贸易结算外，90%以上是通过企业间的外币现钞交易实现的。

（二）中朝两国货币的流通状况

1. 人民币现金在朝鲜境内有较大的流量和存量

目前，对朝边境贸易结算虽然仍以美元为主，但随着越来越多的朝鲜居民和贸易商社愿意接受人民币并以人民币支付中方货款，人民币在中朝边境贸易结算中的作用日渐显著。据不完全统计，人民币通过丹东地区流入朝鲜的总量呈逐年上升态势。据测算 2006 年人民币现钞在朝鲜国内的留存量为 44606 万元。

2. 朝元在我国境内尚未流通

朝鲜在美国长达半个多世纪的经济封锁制裁政策下，与外部世界的经贸联系几乎中断，外汇来源十分有限，而内部实行高度集中的计划经济导致经济发展缓慢，社会商品供不应求。朝鲜为改变经济困难局面，2002 年 7 月份推行市场化改革，取消“供给制”，大幅度提高工资收入，使货币供应量激增，而商品供应没有相应增加，导致物价上涨，货币贬值。2003 年在自由兑换点民间牌价，1 元人民币可兑换 100 元朝币，目前则可兑换 330 元朝币，经与美元折算朝鲜官方人民币兑朝元的汇率为 1 比 18，民间是官方规定兑换价的 18.3 倍，在不到两年的时间内朝币贬值了 70%，根本不具备在我国境内流通的条件。

二、推进对朝边贸发展采取的政策措施及效果

（一）制定并实施《辽宁省边境贸易外汇管理实施细则》（以下简称《细则》）

随着对朝贸易的日益扩大，由于朝鲜特殊的政治经济环境和信用状况，在对朝边境贸易外汇管理中存在的资金结算行为和账户管理不规范、结算渠道不畅及进出口收付汇核销难等问题逐渐暴露出来，影响对朝边境贸易的正常开展。由于各边境地区有其特殊性，根据全国《边境贸易外汇管理办法》及其他相关外汇管理规定，适应地方经济发展的需要，针对对朝边境贸易活动的实际情况和特点，以支持对朝边境贸易发展、促进边境地区经济繁荣、规范边贸经营活动为原则，制定了《细则》，于 2004 年 10 月经国家外汇管理局批准正式实施。《细则》的颁布实施，解决了中朝边贸结算渠道不畅以及进出口收付汇核销难等一系列问题，规范了对朝边境贸易中的资金结算行为和账户管理，促进了边境贸易的健康发展。具体为：一是边贸企业与境外贸易机构进行边境贸易时，允许用可自由兑换货币或人民币、易货贸易方式结算。二是放宽边境贸易账户管理限制，允许

朝鲜非居民个人在边境地区银行开立经常项目外汇账户。三是扩大了境外贸易机构及非居民个人开立的经常项目外汇结算账户的支出范围。四是积极开通银行结算渠道，逐步将边贸结算纳入银行体系。

（二）积极与朝方建立代理行关系

2004 年 10 月 26 日，中朝两国央行《关于朝鲜民主主义人民共和国中央银行与中国人民银行间支付结算的协议》(以下简称《协议》)签订后，丹东地区的中国银行、交通银行分别与朝鲜的光鲜银行和高丽银行建立了代理行关系，进一步疏通了与朝鲜商业银行的结算渠道，为企业提供了规范的银行结算服务。朝鲜光鲜银行于 2005 年 4 月 13 日在中国银行股份有限公司丹东分行开设了人民币边境贸易结算账户，这也是首家朝鲜银行在我国开设的人民币结算账户。

（三）实现人民币现钞跨境调运

为了解决朝鲜光鲜银行跨境调运人民币现钞用于支付边境贸易结算资金的问题，经中国人民银行和海关总署批准，于 2005 年 7 月实现了人民币现钞的跨境调运。

从中朝边贸本币结算的现状来看，人民币银行结算主渠道作用未能有效发挥。但事实上，人民币早已成为对朝边境贸易结算的重要币种，越来越多的朝鲜居民和贸易商社愿意接受人民币，且呈不断扩大的趋势。只是由于相关政策的影响，当前丹东口岸人民币跨境流动主要是以随身携带方式为主，结算方式比较隐蔽。

三、对朝边贸发展中的突出问题及成因分析

（一）银行结算功能未充分发挥，中朝双方商业银行间的合作尚需进一步加强

1. 相关配套政策措施不完善

中朝边贸支付结算协定的签订和《边境贸易外汇管理办法》的实施，为丹东地区商业银行开展边贸结算业务提供了政策依据。但在对朝边贸业务开展中，如清算系统向外延伸问题、两国商业银行之间结算账户的开立、人民币现钞跨境调运的管理、朝方银行和朝方商社如何将结算账户中的人民币兑换外币现钞后携出境外等问题没有及时出台相关配套管理规定，一定程度上制约了中朝代理行边贸结算账户功能的发挥。

2. 双方银行未建立清算账户

由于朝鲜在国际经济活动中属于政策、金融、法律、信用等方面风险

程度均较高的国家，因此在中朝贸易中，特别是在推动人民币资金合理合法流动的过程中，中方微观经济个体特别是商业银行普遍面临着较大的风险，对双方银行间的合作积极性不高。

（二）大量以外币现钞支付对朝进口货款的资金游离于外汇监管

由于相关外汇管理规定中未明确外汇局审核境内机构单笔提取超过等值1万美元外币现钞真实性的有效凭证和商业单据，对于边贸企业提取或购买外币现钞用于支付对朝货款的需求一直未能满足，导致企业间大量的外币现钞结算脱离银行结算渠道。

1. 正常的企业贸易结算转向外汇黑市交易

目前，丹东地区边贸企业基本上采取了用人民币现金或将从第三国收取的汇款结汇后在外汇黑市兑换成外币现钞的方式来支付进口货款。据人民银行反洗钱信息系统统计，2006年，丹东地区居民大额和可疑外汇资金交易笔数和金额分别比上年增长11.07%和23.52%；非居民大额和可疑外汇资金交易笔数和金额分别比上年增长9.33%和34.03%。近几年，丹东地区大额和可疑外汇资金交易量在辽宁省乃至全国始终位居前列。据保守估算，目前丹东地区外汇黑市年交易量在8000万美元至1亿美元左右。

2. 国际收支统计数据失真

边贸企业以外币现钞支付对朝进口货款使其进口付汇数据不能纳入国际收支统计监测系统，导致国际收支统计数据不准确。以2006年为例，据丹东国际收支统计监测系统统计，对朝进口贸易付汇额为50万美元；而据丹东外经贸局统计，对朝进口贸易额为1.67亿美元，远远大于国际收支统计数据。

3. 核定出大量有真实贸易背景的“关注企业”

丹东地区存在多家从事转口贸易的边贸企业，从第三国或地区收汇，向朝鲜付汇。由于从黑市购买外币现钞支付对朝进口货款，导致边贸企业在国际收支统计监测系统中只有收汇数据，没有付汇数据，出现了大量被“关注企业”，不仅影响了企业的正常经营，也给外汇管理工作带来了难题。

（三）相关政策制约边贸人民币结算政策的执行效果

1. 中朝边贸人民币结算出口退税政策尚未实施

尽管《协议》和《细则》顺应了人民币用于对朝边贸结算客观需要和发展趋势，允许用人民币进行结算和出口核销，但企业以人民币核销后不能享受退税政策。而边贸企业大多数依赖出口退税维持生存，不享受出口退税待遇触及了其根本经济利益，企业失去了使用人民币办理出口结算的动力，在权衡经济利益后，放弃使用人民币办理出口结算，影响了边贸以人民币结算政策的执行效果。

2. 携带人民币入境的规定限额难以满足边贸发展的需要

根据我国经济发展和对外往来实际需要，中国人民银行调整了人民币出入境限额。但这一规定主要是针对居民和非居民个人，对用于边贸结算的人民币出入境无明确规定。人民币可用于边贸结算后，朝方商务人员需要携带大量用于支付边贸货款的人民币现金入境，规定限额难以满足边贸的需要。限额以上的人民币入境海关不出具入境证明，无法证实人民币的真实来源，限制了边贸人民币结算方式的发展。

3. 人民币结算的范围有待扩大

目前，人民币结算还仅限于边境地区边贸项下的收支，对于服务贸易、资本项下还不能实行人民币结算，一定程度上制约了人民币结算的发展。

四、政策建议

目前，与我国毗邻的朝鲜地区经济发展水平较低，对外支付结算手段落后，企业间现钞结算占比较大，一定程度上助长了外汇黑市的蔓延。因此，加强丹东地区边境贸易外汇管理应坚持疏堵并举，一方面加大打击黑市力度，遏制非法交易行为；另一方面应积极拓宽贸易结算渠道，不断降低现钞结算比重，逐步实现将对朝贸易结算全部纳入银行结算体系的目标。

（一）加强中朝双方中央银行高层间的协调，为两国商业银行间的合作营造宽松环境

建议中朝双方中央银行建立联席会议制度，加强中朝双方中央银行高层间的协调及与朝鲜的金融合作，进一步研究有关政策执行中的具体问题和双边贸易结算中需要解决的问题，完善相关配套政策。同时，鼓励和引导商业银行转变经营理念，充分利用现有相关政策提供的有利条件，主动与朝方商业银行加强联系和合作，降低代理行结算收取的高额手续费，为边贸企业提供方便、快捷的结算服务。短期内可考虑在朝鲜建立中方银行的代理行，建立边贸外汇和人民币结算专用账户，长期可考虑建立中方边贸结算银行分支机构，吸引朝鲜民间资金纳入银行体系，同时改进跨境金

融服务，发展多种快捷的资金汇兑方式和工具，将跨境资金最大限度地纳入银行结算渠道，形成人民币正常的双向流通机制。

（二）满足有真实贸易背景的边贸企业一定限额内的现钞支付需求，促进对朝进口贸易发展

在积极拓展对朝边贸结算渠道的同时，建议在目前对朝边贸汇路不畅情况下，为缓解现存突出问题，对边贸企业一定限额的外币现钞支付需求，探索采取暂时性措施进行积极疏导，即对于边贸企业购买或提取小额的外币现钞，边境地区外汇局进行逐笔审核。同时，外汇局与海关签订信息互换协议，加强与海关的合力监管。

（三）将外币现钞结算纳入国际收支统计申报管理

针对丹东地区对朝边贸外币现钞结算占比较大的实际情况，建议将对朝边贸外币现钞结算纳入国际收支统计申报管理，保证丹东地区国际收支统计监测数据的真实性和完整性，便于外汇局准确、有效地掌握边境地区跨境资金的流动情况。

（四）加强与相关涉外管理部门的沟通协调，为推进人民币实现区域化创造条件

1. 对中朝边贸人民币结算实行出口退税政策

由于人民币结算无法享受出口退税政策是目前影响边贸企业选择人民币结算意愿的主要原因。鉴于云南试点成效显著，建议加强与国家税务总局和财政部等相关部委的协调，尽快解决人民币出口退税政策推广的问题，积极推进对朝边贸人民币结算。

2. 提高用于边贸结算的人民币携带限额

在审核贸易背景真实性的情况下，将用于边贸结算的人民币出入境携带限额上调至20万元人民币或由海关出具入境证明。

3. 进一步扩大人民币结算的范围

一是将人民币结算方式由边贸项下扩展到对朝其他贸易方式。随着朝鲜经济改革开放步伐的加快，朝鲜国内对各种生产资料的需求也将日益增强，但由于其本国粮食匮乏、原材料及轻工产品等结构性短缺的问题无法得到根本性解决，与我国的贸易往来对其国内经济生活与发展的支撑作用越来越明显，因而，我国众多企业努力抓住商机，大力开拓朝鲜市场，将人民币结算范围由边境小额贸易方式扩大到一般贸易和其他贸易方式。

二是扩大提供人民币结算服务银行的地域范围。打破目前提供人民币结算服务的银行所在地局限于边境开放地区的现状，将边贸结算区域扩大至非边贸地区，降低企业资金占用成本，提高资金的周转效率。另外，由于对朝贸易的特殊性，存在边贸结算通过边境地区以外的中间商进行的现象，为中间商提供结算服务的银行也可以开办人民币结算业务。

三是扩大人民币结算账户的支出范围。一是将人民币结算拓展到边境地区的服务贸易等项下，逐步实现对朝经常项目项下使用人民币结算；二是扩大人民币结算账户的支出范围，允许朝方将人民币利润从账户中提出用于人员开支等办公费用，或者兑换成外币现钞携带回国；三是鼓励双方使用人民币进行境外投资。逐步放宽边境地区人民币资本项下管制，选择一些对促进经济增长和提高对外开放水平有积极作用的资本项目进行试点。同时积极采取招商引资政策，吸引朝方以人民币进行在华投资。

4. 加强对人民币在周边地区流通的政策研究和人民币跨境资金流动监测

人民币区域化、国际化的过程也是放松外汇管制、使人民币逐步走向完全可兑换的过程，加大了反洗钱工作的难度。同时，在境外流通的人民币构成我国对外负债，增加了人民币需求和流通的不稳定性。一是加强对跨境人民币资金流动监测，将跨境人民币资金纳入我国国际收支监控范围；二是协调建立海关、银行、外汇局对大额贸易性质人民币现金出入境核查管理信息系统，防止洗钱、假币等性质的人民币现金利用边贸出入境，实现大额贸易性质人民币现金从入境到银行存入、划转全程事后跟踪监管；三是针对边境地区现钞交易大量存在的现状，加强与相关部门的协调与沟通，形成监管合力，适时打击“地下钱庄”。

（写作时间：2007 年）

建立适应新形势需要的现金管理体系

现金管理既是我国一项重要的金融管理制度，也是一项重要的财务制度，在我国经济生活和金融活动中发挥着重要作用。但随着我国市场经济的发展变化，以1988年出台的《现金管理暂行条例》为制度基础建立的现金管理框架已不适应形势需要，特别是社会信用体系建设的滞后与洗钱犯罪活动猖獗，进一步加大了中央银行现金管理的难度，对新形势下现金管理提出了新的要求。

一、现行现金管理体制缺陷及实际工作中存在的问题

（一）开户银行具体负责监督管理开户企业现金活动与商业银行性质相矛盾

以1988年《现金管理暂行条例》为基础建立的现金管理体系赋予了开户银行管理开户企业现金活动的职能，开户银行是现金管理的主体。这在计划经济时期专业银行体制下是可行的，专业银行作为国家计划调节经济的组成机构可以也能够承担这一职能。但随着金融机构商业化改革目标的实施，专业银行变为金融企业，由此产生两个问题：一是企业经营角色与管理角色的冲突。对于商业银行来讲，经营是其主业，一切日常工作都围绕经营进行，对于现金管理不具有内生动力。在不影响经营的情况下，负责的金融机构一定程度上可以发挥现金监督管理的作用。而一旦现金管理活动对其本身经营构成了影响，商业银行必然排斥这一外生行为。二是企业持有的开户投票权对银行具有极强的刚性约束。存款是商业银行稳定经营的前提和基础，争取和维持企业客户是银行经营的现实选择，如果银行不能提供令企业“满意”的现金服务，企业就会行使开户投票权，转移开户银行。因此，在实际工作中大多数商业银行行使现金管理职能具有一定的难度。

（二）现金管理覆盖面过窄，未开户单位及私营企业、个体户以及居民个人的现金流通处于监管真空

根据现行规定，现金管理的主要对象是在银行或金融机构开户的单位的现金支取，而对于未开户单位特别是私营业主、个体户通过汇兑结算方式进行的现金循环缺乏监督。特别值得强调的是，不管是《现金管理暂行条例》还是后来补充的相关规定，始终未把居民个人的现金收支活动纳入管理范围。事实上，随着社会经济发展水平的提高，个人收入水平提高，人均手持货币量不断增大。据统计资料测算，2005 年 3 月末，全国城乡居民人均持币量达 1633.9 元。与此同时，我国居民储蓄存款现金支出占现金总支出的比重已达 40% 左右，到 2005 年 3 月末，全国金融机构储蓄存款余额达到 13.74 万亿元。对于这部分活动不加以监督管理，将大大降低现金管理工作的整体效果。

（三）中央银行的约束力相对较弱

《现金管理暂行条例》第四条明确规定，各级人民银行“负责对开户银行的现金管理进行监督和稽核”。这就决定了人民银行作为现金管理机关，职能局限于对金融机构的检查、审批、登记、备案，不具备对企业等现金使用主体的直接管理处罚权，就不能渗入现金管理的全过程，应建立健全的金融监控网络，以全面了解和掌握各经济组织的现金活动信息。实际工作中存在企业对人民银行现金调查监督工作不配合的现象，降低了中央银行履行现金管理职能和执行货币政策的效果。

（四）对现金管理的反洗钱职能缺乏系统的设计

虽然，当前我国现金管理工作重点已转向防范和打击违法犯罪，但对反洗钱工作特质没有明确界定，尽管补充的一些规章（如《大额现金支付登记备案规定》）在一定程度上体现了反洗钱工作要求，但过于零散，总体上缺乏系统科学的设计。比如，金融机构反映，对 20 万元以上现金支取的报备手续与人民币反洗钱报表相重复，给金融机构增加了不必要的劳动。同时，《人民币大额和可疑支付交易报告管理办法》明确规定，现金单笔收付 20 万元以上都属于报告范围。要监测的资金交易起点比较低，对反洗钱工作的有效开展相对有利。但按照这样的标准，属于监测范围内的资金交易数量多，工作量大，而且缺乏必要的电算系统，以目前的反洗钱工作岗位设置和工作机制，无法胜任。

（五）1988 年制定的《现金管理暂行条例》对现金活动具体规定的可操作性差

一是规定的现金使用范围过窄，不适应市场经济不断发展和经济结构变化的需要，如矿业采掘占用农民耕地，要对农民进行相应的补偿，需要的现金量就很大。二是劳动部门的《工资管理手册》等管理手段已名存实亡，银行很难界定开户企业的工资额度和判定其工资用途的真实性。三是对具体多大规模的企业可提多大额度的差旅费没有明确规定，企业往往采取以差旅费的形式套取现金，使得以差旅费名义提取的现金不能真实反映它的实际用途。四是 1000 元的结算起点明显偏低，与目前企业间正常交易的需求不相适应。五是库存限额管理难以操作。从实际来看，开户银行对“核定开户单位的三天至五天的日常开支所需的库存现金限额”的要求也无法做到。

（六）现金管理与账户管理不能很好配合

从实际情况看，违规使用现金问题的一个重要原因在于账户管理不到位。一是账户年检工作滞后，对专用账户和一般账户使用情况检查力度不够，造成部分金融机构为企业多头开户或使用一般账户、专用账户套现提供方便。二是一些企业集团公司驻外子公司没有账户，其用现都通过集团公司账户办理，造成现金流量过大，对不合理部分不易识别。

二、建立适应新形势需要的现金管理体系

（一）强化人民银行在现金管理工作中的主导地位，把由开户银行行使的具体监督管理职能转变为中央银行的制度性监管

为适应市场经济和社会发展需要，应把现金管理职能定位为实施金融调控、反洗钱、反腐败的重要基础工作，现金管理工作要具有广泛的延伸性，把企业、居民、商业银行等所有现金活动主体纳入统一的管理体系内，人民银行不仅有权检查开户银行的现金收支，也有权检查企业、居民的现金使用情况。

现场检查与非现场监控相结合，提高现金管理效率。加强现金统计监测工作，发挥统计分析在现金管理中的预警作用，以及早发现异常问题。积极开发现金管理监测系统软件，充分利用现有网络资源，构建起上下贯通、横向融合、覆盖整个金融系统的现金管理网络，由过去事后监督型，逐步转向以日常网络监控为主、现场检查为辅的管理模式，提高实时现金管理监测能力。在此基础上，实施有针对性的现场检查，特别加强对银行

卡大额提现业务的重点检查。

在统一的反洗钱工作框架下，设计和明确现金管理的反洗钱内容和手段。一是把现金管理作为反洗钱工作的基本组成部分和第一关口，实施归口管理，由反洗钱部门具体承担现金管理职责。二是现金管理与账户管理有机配合，加强对账户非正常转移的规范、监控和处理。把基本账户转移作为重要的监控内容，必须明确规定，基本账户转移必须有充足理由，对可疑账户进行现金跟踪监测和检查。同时要加强对商业银行专用账户和一般账户的检查管理。三是严格督促基层金融机构认真贯彻实施“了解客户”制度。对本地固定客户可建立档案和跟踪制度，对其规模、经营方式、经营范围进行调查了解，充分掌握信息。对于一些外地的临时客户则要求其提供比较详尽的开户证明，进一步了解其营业规模、经营范围以及资金实力，对大额或频繁的现金支付进一步核实。在此基础上，对某些不符合地区消费水平和交易水平的现金收支业务进行重点关注和分析。金融机构一经发现有可疑现金交易行为，要按照大额现金管理办法和企业大额交易支付办法，认真填制报告及时报送当地人民银行分支机构。四是要规范大额现金审批、登记、备案制度，加强电子化建设，提高效率。

（二）重新界定商业银行在现金管理体系中的职责作用

一是作为我国主要的存款货币金融机构，要做好国家有关现金管理政策和制度的宣传工作。二是严格执行中央银行现金使用管理规章制度。三是严格执行账户管理规定，坚决制止多头开户和无证开户，对临时存款户和专用存款户支付现金要严格按规定执行。四是遵守反洗钱法规，严格执行人民币大额支付可疑报告规定，发现问题及时上报人民银行。五是严格执行现金收支统计制度，按照统一的统计项目及其归属内容认真进行统计，真实准确地反映本部门现金流量。

（三）加快立法，在修改管理条例、整合现金管理相关法规的基础上，提升立法层次，增强约束力和可操作性

根据我国经济形势发展和金融体制改革变化的需要，对《现金管理暂行条例》加以完善。一是重新明确现金管理主客体，把管理对象扩大到一切经济单位和个人的现金收支活动。二是重新规定现金的使用范围和结算起点，特别是对建筑施工单位、典当行业、破产清算、房屋拆迁补偿、集资返还、股利分红等新形势下产生的特殊行业的特殊现金需求，明确用途和范围。三是取消库存限额管理。四是严格界定违反现金管理行为应承担的法律责任，严格约束金融机构和存款人的现金交易行为。五是增加对金融创新和新型金融企业的现金管理内容，加强可操作性。提高立法规格，由全国人民代表大会以立法形式确认，强化约束力。

（四）改进和开发相结合，提高非现金支付结算工具的市场份额

要不断改进“三票一卡”等转账支付结算工具的服务质量，提高业务水平，提升各项业务的技术含量，尽量简化业务办理手续，缩短资金在途时间，加快流通速度，巩固并吸引市场客户；同时要积极开发更先进、更便捷的支付结算工具，合理引进国外先进产品，丰富和满足市场需求。积极推介各种非现金支付结算工具，加深新支付结算工具的社会影响力，提高其在结算往来业务中的比例。《人民币银行结算账户管理办法》规定个人可办理结算账户，因此要在大力发展现有票据的基础上，大力推广个人支票、网上银行、电话银行等支付结算工具，继续完善各银行之间银行卡联网工作，使非现金结算观念深入人心，减少现金流通量。

（写作时间：2005 年）

热点问题评述篇

试论我国国际收支失衡的原因与对策

2003年以来，受世界经济大面积回暖等因素影响，我国宏观经济也步入上升期，经济增长速度逐渐加快，国际收支出现连年顺差的局面，截至2007年6月末，我国外汇储备已达13326亿美元，比上年末增加2663亿美元。近两年来，我国的国际收支失衡问题已引起各方面的广泛关注，也给国家的宏观调控和央行的货币政策操作带来很大的压力。要缓解国际收支失衡的问题，笔者认为首先应该找到导致国际收支失衡的深层次原因，其次正确客观的评价我国国际收支持续顺差的现象，最后结合我国的实际找到解决的对策。

一、国际收支失衡的主要原因

（一）贸易顺差迅速增长是我国国际收支失衡的主要来源

自改革开放以来，我国的经常项目差额特别是贸易项目差额由负转正，且增速不断加快。例如，1978～1989年的12年间只有两年的时间是顺差；但在1990～2007年上半年的近18年间有17年为贸易顺差，2006年贸易顺差创纪录地达到2177.46亿美元，2006年贸易顺差占经常项目顺差比重为87.15%；2007年上半年贸易顺差仍然维持高位达1125亿美元，比上年同期增加511亿美元。不难看出，巨额贸易顺差是构成我国国际收支经常项目顺差的主要来源，而经常项目顺差又是我国国际收支顺差的主要来源。

（二）低廉的成本吸引越来越多的外商投资

一是改革开放初期，我国各行业的发展都处在较低的水平。为迅速改变落后的面貌，我们扩大了对外开放，各级政府都加大了招商引资的力度。理所当然的从税收、土地等方面给予了优惠政策；二是目前我国仍处于加快工业化、城市化、市场化、国际化时期，经济前景好，投资回报率高；三是国际市场资金流动性过剩，投资空间比较狭窄，竞争相对激烈，风险较大。从跨国公司的角度讲，实现全球采购和生产获得最低廉的成本，实现利益最大化，最终具有比较优势是他们最大的目的。他们看中的不仅是中国巨大的市场，更重要的是低廉的成本，包括劳动力成本、土地、水电等资源性成本和环保成本，这些都吸引着他们纷纷在中国建厂投资。

有种观点认为，当前资本的涌入是国外投机资本预期人民币升值，为获利而进入中国。笔者认为，通过2003年下半年和2007年上半年国家外汇管理局组织的收汇结汇的全国检查情况来看，特别是2005年，我们进行了人民币汇率形成机制改革以后，所谓的热钱涌入的现象并不具有现实依据，国外资本的流入，更主要的原因是看好我国的宏观经济金融形势和经济高速增长，中国是世界上经济增长最快的经济体，又有很多的优惠政策，所以纷纷选择来中国投资。

（三）国内经济结构不合理造成的内部失衡是导致国际收支失衡的又一重要因素

1. 储蓄与投资之间的不平衡放大了国际收支的外部失衡

根据宏观经济学中的投资与储蓄恒等式，在四部门经济中，

$$I+(X-M)=S+(T-G)$$

其中：I代表总投资支出；S代表个人储蓄与企业总储蓄之和；(X－M)代表卖给外国的货物和服务的金额与从外国购买的货物和服务的金额之差，如果（X－M）为正值，则表示净出口，即净国外投资；(T－G)代表政府储蓄，所以S＋（T－G）代表储蓄总额，统一记作S，则恒等式为I＋（X－M）＝S，移项得

$$S-I=(X-M)$$

从恒等式中可以看出，如果储蓄大于投资，则表现为净出口。国内会出现消费需求不足的现象，过剩的产能只好转向国际市场，同时，由于国内需求不足，进口商品的消费也相对萎靡。这样由于长期的内部失衡，必然导致贸易顺差的长期存在。

从1994年开始，中国的储蓄率持续高于投资率，根据以上的分析，就不难解释为什么经常项目持续顺差了。

2. 国内劳动力成本的增长速度低于劳动生产率提高的速度

劳动力成本的问题主要是受劳动力供求关系的影响，在中国有大量的农村剩余劳动力，这些劳动力需要转移，这是我们的国情，正因为如此，劳动力市场激烈的竞争把工资压得很低。据统计，1994～2006年，我国制造业当中的劳动力平均每年提高11%～12%左右，而职工货币工资每

年提高约10%，但这一统计数据主要反映的是正规部门、国企和外企的工资变化情况，而占中国劳动力主要部分的农民工工资提高的速度却远低于平均增长速度。

有观点认为，要求人民币升值的一个原因就是要提高中国出口商品的成本，进而提高中国劳动力成本，但实际上我们的成本是提高了，但在国内由于劳动力供过于求问题十分严重，劳动力成本增速并未显著提高，即工人并未从人民币升值中获益。

二、客观看待我国的国际收支失衡问题

维护国际收支平衡是每个主权国家都希望达到的宏观经济目标之一，但事实上，每个年份国际收支都不可能完全平衡。众所周知，国际收支持续顺差或逆差都会给本国带来许多负面影响。例如，持续顺差会导致外汇占款过多，造成流动性过剩，影响一国币值稳定等经济金融问题。但笔者认为，对于我国的国际收支失衡问题应该客观的积极的去看待，而不应盲目的夸大其消极影响。

一是目前的双顺差和高储备是我国改革开放成果的体现。在中国改革开放的29年间，我国的经济发展规模、速度和水平都有了较大水平的提高，不但解决了温饱问题，而且我国的综合国力大大增强，出口产品竞争力不断提高，招商引资的规模和质量也不断攀升，改革的成果来之不易应倍加珍惜。事实上，在2004年以前的很长一段时间里，我国的国际收支并不是持续顺差的，即使是顺差的年份，顺差额也只有二三百亿。只是最近两年，随着贸易顺差的大幅增加，国际收支顺差增幅才有所提高。笔者认为，国际收支顺差毕竟是钱多带来的问题，幸福感是随之增加的，总比因为没有钱而苦恼好很多，它反映了我们的成长和进步，其他的消极影响我们可以慢慢的解决而没必要惊慌。

二是国际收支失衡几乎是每个经济高速发展中的国家都要经历的必然阶段。我国贸易顺差实际上是一个发展水平相对落后的国家在追赶发达国家过程中普遍存在的问题。据统计，从1874～1997年的120多年中，美国有94年是国际收支顺差；日本也在相当长的时间一直都存在顺差；德国现在每年也仍然是顺差，顺差并不可怕，关键是要处理好随之出现的问题，如有效利用增加的外汇储备等。另外，我国虽对美国有大量顺差，但对所有亚洲经济体几乎都是逆差。中国对美国的顺差问题，不是由于对美国出口的太多，而是由于从美国进口的太少，其中一个原因是美国对许多

高科技产品禁运。在中国的出口产品中，其实诸如原材料、机械设备等很多都是亚洲其他国家制造，只是最后在中国加工，结果就算做中国的出口。所以美国的逆差不应只与中国的顺差相联系，其实是应与整个亚洲的贸易总顺差相联系，这其实是一个国际产业分工的问题，我国在制造业具有比较优势，贸易顺差具有长期性。

三、对策建议

从我国国际收支格局的特点来看，维护国际收支基本平衡是一个长期、复杂的过程，有些问题不能单靠货币政策来解决，需要采取综合措施加以解决。

（一）坚持扩大内需

由于我国的疆土辽阔，发展状况不平衡，还有一些地区相对不发达，再加之社会保障、教育和医疗等改革的严重滞后等原因，居民特别是农民不是“有钱不花”而是“无钱可花”，因此，短期内通过提高消费水平来达到扩大内需的目的可能十分有限。笔者更赞成采取扩张性财政政策即适当增加政府支出，如扩大政府在养老保险、社会保障、教育等方面的支出来扩大内需。

需要指出的是，扩张性的财政政策会对未来物价造成影响，因此，不可长期使用。长期还应大力刺激内部需求以消除巨额贸易顺差产生的中长期负面影响。通过调整投资和消费的关系，增强消费对经济增长的拉动作用。通过扩大就业、加快社会保障体系完善、加快调节不合理的收入分配，改善消费环境。重视培养内生增长能力，包括培育国内消费市场、提高企业自主创新能力、开发人力资源、提升劳动者素质，实现各种生产要素的合理配置等。

另外，当前我国的外汇储备已经相当丰富，国家的经济实力也日渐强大，应该采取多种措施实现财富的再分配，渐进地实现财富从国家向居民的转移，更好地支持消费，真正实现“国富民强”，从而达到促进消费、拉动内需的目的。

（二）加快外贸增长方式转变，限制“两高一资”企业出口，保持出口合理增长

加快转变外贸增长方式，注重提高出口企业非价格竞争力。鼓励高技术含量、高附加值的自主核心技术、自主品牌产品出口，注重提高主要出口产业的核心竞争力。限制或取消高污染、高耗能以及资源性产品的出

口，取消资源和能源的进口关税；完善规避国际市场资源价格风险的机制；积极融入全球资源定价体系，争取定价参与权、协调权和影响力。

（三）进一步提高利用外资的质量

对利用外资政策进行必要的调整，由“招商引资”转为“选商择资”、“养商育资”等。进一步提高外资利用水平。一方面，对中外资企业要一视同仁，取消对外资的超国民待遇，实现中外资企业所得税合一，让中外资企业享有公平的竞争环境；同时，要尽量吸收一些高质量的外资，真正有竞争力的外资，提高外资利用水平。另外，改革政绩考核方式，将单纯的考核出口及招商引资改为考核国际收支平衡状况，督促地方政府提高服务经济全局的意识。

（四）有序引导企业“走出去”

近几年，我国的许多企业自身实力不断发展和壮大，在站稳国内市场的同时，也开始融资开拓国际市场。作为政府的各级部门应综合运用各种手段和措施，引导家电、纺织等有比较优势的企业或开发境外资源性行业的企业“走出去”。为鼓励企业“走出去”提供更多的便利，特别是给企业更多的信息咨询服务和境外权益保障。

（五）继续完善人民币汇率形成机制改革

为缓解我国国际收支持续顺差的态势，人民币的小幅升值具有一定的意义。但应看到，对于汇率政策的实际效果不应过高估计，因为名义汇率的调整并不一定导致实际汇率的同步波动，而真正影响进出口竞争力的是实际汇率。因此，一是要引导社会舆论，稳定人民币升值预期，有效控制热钱流入；二是继续按照主动性、渐进性、可控性原则逐步推动汇率形成机制的市场化改革，更好地发挥汇率机制的调节作用。

当然，解决国际收支失衡问题是一项长期艰巨的任务，需要各种政策工具共同发挥作用和更需要各部门协调、配合和支持，单靠任何一个部门和一种工具都无法实现预定的目标。

（写作时间：2007 年 7 月）

对当前人民币汇率热点问题的几点认识

2005年7月21日，中国人民银行发布公告，自公告之日起，我国实行以市场供求为基础，参考一篮子货币进行有调节、有管理的浮动汇率制度，人民币汇率不再盯住单一美元，形成更富有弹性的人民币汇率机制，当日人民币对美元法定升值2%。2006年，经过多方会谈后，人民币汇率中间价节节上升，至2007年6月份上升幅度与2005年7月份相比近7.5%。随着人民币汇率的不断攀升，不仅学者对人民币汇率的相关问题展开了激烈的探讨，百姓亦对人民币汇率的热点问题日益关注，针对当前的相关热点问题，谈几点认识。

人民币升值仅仅是外部压力么？

在国内经济持续强劲增长的大背景下，抑制人民币升值已显得不合时宜，但仍有人认为升值是屈服于外部的压力，甚至在汇改两年来，汇率变化对我国贸易顺差没有明显作用的情况下，认为人民币升值无助于解决中国贸易不平衡的问题，笔者认为这是陷入了一个巨大误区。

首先，人民币升值是中国经济增长模式发展的必然结果。长期以来，我国实行的是出口导向型发展战略，以出口增长带动经济增长，而鼓励外商直接投资的政策，加上巨大的市场潜力和低廉的劳动力成本，使我国成为国际直接投资的热点区域，跨国公司在全球产业结构调整中大举将生产基地转移到中国。经常项目顺差的持续扩大反映了我国商品在国际市场的竞争力在不断提升，以及商品的对外销售价格可能被低估；金融与资本项目的持续顺差反映了我国存在着比其他市场高的投资机会。人民币升值的压力不仅来源于其他国家希望藉此缓解本国国内经济不景气等外部因素，更为关键的是源于我国持续多年的经常项目和资本项目双顺差、结售汇制度以及人民币汇率对相关货币的实际升值。这里特别强调长期以来的出口导向型发展战略引起的两个问题：一是我国利用外资的质量有待于进一步提高。我国在大量引进外资的同时，贸易项目实现了持续的顺差，但是已经出现了资本净流出的现象，这种持续的双顺差与我国发展中国家的地位和情况是不相称的，我国出口导向、外资驱动发展战略曾经是十分成功的发展战略，也是我国目前出现双顺差的原因，一方面我们需要引进外资发展经济，另一方面我们还有钱去投资，既然有钱投资为什么还去借钱呢？其次，中国经济的不断增强，使我国累计了高额的外汇储备，现在已经积累了1.2万亿美元的外汇储备，相当一部分的外汇储备购买了美国的国库券，构成了对美国的巨大补贴，然而美元的实际购买力自2002年以来已经贬值了20%，甚至有不少经济学家预测美元已经被严重高估，中国以及其他亚洲国家不断积累的美元是一件相当危险的事情。对我国而言，当前的问题是如何把富日子过好？虽然人民币对美元升值，会减少外汇储备的财富，但是如果人民币不升值，外汇储备所代表的财富还是会减少，在人民币对美元升值的同时，欧元、韩元、泰铢、印尼盾均对美元大幅升值，外汇储备向外汇资产转化的同时，黄金等贵金属、石油、原材料已经出现惊人的暴涨。所以，人民币升值并不是上述问题的“因”，但却为我国经济增长模式战略转变提供了契机。

人民币汇率升值应当“小步快跑”或“大幅提升”么？

当前，对人民币升值的主流看法是“小步快跑”，也有部分看法是“大幅提升”人民币汇率，中央银行对人民币汇率升值的观点是“进一步完善人民币汇率形成机制，坚持主动性、渐进性和可控性原则，进一步发挥市场供求在汇率形成中的基础性作用，保持人民币汇率在合理均衡水平上基本稳定”。笔者的看法与中央银行的政策一致。战略上，随着我国经济的增长，人民币的升值是必然的，因为汇率的高低归根到底是由国家之间的综合经济实力所决定的；在战术上，当前人民币面临的升值压力被货币投机活动夸大了，在投资和价格走势严重偏离预期轨道的情况下，短期内不必对人民币进行大幅调整。

人民币升值“小步快跑”给予了中国企业应对汇率变化的时间，然而正是这种预期成为目前加剧国际流动资本流入的主要因素。要预防套利资金形成的人民币升值压力可能超过人民币实际的升值空间，日本以及台湾地区在货币升值后所带来的股市大幅飙升的案例应引起我们的重视并加以防范。虽然“大幅提升”能够挤出人民币升值预期，但在我国国内经济结构不平衡，价格不能反映真实成本的情况下，在劳动生产率和产品的技术含量水平提高较慢的情况下，猛然升值的后果是，一方面继续用国内资源无偿补偿国外消费者，另一方面削弱了本国商品的国际市场竞争优势。对人民币升值“主动、渐进、可控”的观点则可借用“温水煮青蛙”的故事进行比喻，因此建议汇率浮动的政策主流宣传导向不再宣传“小步快跑”，而是实质性的加强浮动粘性，弱化升值预期。

如何缓解人民币升值压力？

当前，人民币升值的压力依然较大，汇率水平的重估与汇率形成机制的改革依然是未来较长一段时间内中国经济改革开放中必须要面对的重要课题。同时，在全球流动性过剩的大背景下，受国内外因素的影响，未来的一段时间人民币仍然存在较大的升值压力。可以说，中国经济正处于一个货币升值与通胀两种压力同时存在的阶段。

有学者通过对人民币汇率形成历程的分析指出，人民币汇率的长期影响因素是货币供给和产出水平，中期影响因素是物价、财政因素和进出口，短期影响因素是利率、通货膨胀率和国际收支。因此，中短期内，应着力实行有效的外汇措施、利率政策来缓解人民币的升值压力；长期来看应该从宏观经济的角度来看待人民币升值压力的缓解问题。

外汇措施上，今年下半年，我国已经开始实施一系列出口紧缩政策。2007 年 7 月 1 日，大规模取消或降低 2831 项商品的出口退税，这些产品包括高耗能、高污染、资源性产品，以及服装、鞋帽、箱包、玩具等容易引起贸易摩擦的产品。8 月 23 日，实施了针对加工贸易出口的紧缩政策，而我国加工贸易出口占整个出口的 50%。这些措施反映了我国已经加快了调整和完善对外出口模式。在利率政策上，2007 年以来，央行已经多次上调利率。而当前缓解人民币升值压力不仅要充分利用外汇政策、利率政策，更要从我国宏观经济的发展的大局出发，寻求解决之路。

既然人民币升值及外汇储备增长的直接压力来自于进出口，那么就从进出口高额顺差的原因来分析。前文已述，我国长期实行的出口导向战略所带来的出口成本的严重低估以及人民币的低估是进出口长期高额顺差的主要原因。影响出口成本的因素除了已经提到的进出口政策及相应措施外，就是生产成本。在我国，进出口商品的生产成本亦被严重低估。从生产要素角度，农民工是我国出口行业的主要劳动力，由于我国的社会福利体系的不完善、劳动用工监管的缺位以及户籍制度的限制，我国农民工的工资水平大大低于社会平均用工工资；土地国有使用工业用地的成本非常低廉；持续的低利率甚至负利率使资金成本极低，加上在缺乏监管力度的我国环保体制中，企业对环境的污染无需做出充分的补偿，这些都大大降低了企业的生产成本。应该认识到人民币升值压力、外汇顺差扩大、外汇储备急剧上升和热钱不断增加，这些国际收支方面所表现出来的问题，表明我国经济存在着一定意义上的外部不均衡，经济的外部不均衡显然与内部不均衡是相互联系和影响的。因此进行涉及生产要素的市场化改革是我国经济改革领域在中长期需要做的重要工作。

一是提高劳动力工资水平，推进完善社会保障体系。人民币升值压力的内在原因之一是我国劳动力成本优势。因此提高工人工资水平，特别是普通工人工资以及农民收入水平，同时提高社会保障标准，完善社会保障体系，提高劳动力及生产要素价格水平，提高出口产品成本，通过调整国内要素的成本价格达到新的均衡，减少贸易顺差，直接针对人民币升值的内在压力。提高工资水平还有利于增强购买力，刺激国内市场需求，促使我国经济增长模式由依靠外需逐步转向内外并重，并且在一定程度上促使改变我国大多数企业过分依赖廉价劳动力，忽视技术进步以及粗放型的低价竞争的经营模式。

二是转变经济增长方式。按现行汇率初步测算，中国 GDP 总量占世界的比重约为 5.5%，但重要能源资源消耗占世界的比重却较高，例如能源消耗 24.6 亿吨，标准煤占世界的 15% 左右，钢铁的消费量为 3.88 亿吨，占 30%；水泥消耗 12.4 亿吨，占 54%。资源消耗高、环境压力大，突出地表明我国“高投入、高消耗、难循环、低效率”为特征的粗放型增长方式还没有根本转变。若想中国经济“又好又快”发展，必须转变增长方式，在继续鼓励和支持高新技术产品、自主创新产品扩大出口，压缩“三高一低”类产品的出口。

三是着力解决“三农”问题。针对我国的流动性过剩，笔者认为并非资本的真正过剩，本质而言，是资源错配，而我国的城乡资源错配问题是最为严重的问题。农民工工资低廉表象的深层原因是我国的农民没有受到同等的国民待遇。城市的基础设施建设、医疗、义务教育都由国家来承担而农村的基础设施建设、医疗、义务教育的负担者都是农民，农村户口限制了农民自由迁徙的权力，歧视性的政策及不合理的收费阻碍了农民就业和农民增收。而与此相对应的是占百分之十几 GDP 比重的中国农业养活了近百分之七十的人口。基础设施、义务教育、医疗卫生保健、户籍制度以及农业产业结构诸多方面的改革已不仅仅是中国经济体制改革的重要部分，更成为中国改革进程中重要环节。

（写作时间：2007 年）

流动性过剩的分析及对策

随着经济环境的宽松、社会的和谐和政治的稳定，我国经济已连续四年保持两位数以上的增长速度。2006年，国内生产总值首次突破20万亿元，达到20.96万亿元，增长10.9%，居世界第四位。经济高速增长的同时，也传来了不和谐的声音，资本流动性过剩。所谓的资本流动性过剩，是相对于流通中的实际货币量同经济均衡状态下所需货币量而言，简单地说，就是货币供应量增长过快，市场资金充沛，在宏观经济上表现为货币供给超过经济增长需求。从我国目前的货币供应量以及经济上的一些现象，也可以看出资本流动性过剩的迹象。

一、资本流动性过剩的表现

（一）受贸易顺差增大，人民币升值预期的影响，整个社会货币资金流量增加

2006年我国对外贸易总规模为3.33万亿美元，同比增长38%，与同期GDP之比达到127%，比2005年上升18个百分点。我国对外贸易以较快的速度持续稳步的增长，使我国经济对外贸依存度达到了较高的水平，国内经济更多依靠扩大出口和投资扩张的拉动。对外贸易继续保持“双顺差”的格局，经常项目顺差2499亿美元，增长55%，连续五年呈现大幅增长态势。贸易顺差的高速增长和资本项目净结汇增加的影响，外汇储备持续攀高。2006年底，外汇储备总额越过1万亿美元大关，达到10663亿美元，增加2475亿美元，超过日本跃居世界第一位。然而，有数据显示，2006年结售汇顺差3617亿美元，超过对外贸易和实际利用外资的数额。由此一些专家学者推断，我国有近千亿美元“热钱”流入，导致外汇储备增加和基础货币投放增大，引起流动性过剩。

（二）货币供应量增加，流动性压力增大

2006年底，我国的广义货币M2已达34.56万亿元人民币，按当年汇

率折算，相当于4.3万亿美元，当年GDP总值为20.94万亿元人民币，折合2.6万亿美元，货币存量相当于GDP的1.65倍。而美国这一比值为0.55，其他主要国家比值也远低于我国。根据世界银行和美联储的数字，2006年，美国GDP总值为12.9万亿美元，12月末的M2为7.1万亿美元，美国货币存量相当于GDP的55%。我国的货币存量已相当于美国的60.6%，GDP总值却仅相当于美国的20.2%，如果换算成同等经济规模，我国的货币存量是美国货币存量的3倍。2000年，每百元国内生产总值136元，上升到2006年的165元，增长21%，增长幅度远高于同期G D P增速（见表1）。假定在物价水平不变的情况下，以2000年每百元国内生产总值需要货币量为基数，2006年实现的国内生产总值就需要285056亿元，而实际流通中的货币比理论所需的货币多60544亿元，如果考虑到物价上涨因素、劳动力收入增加等因素，流通中货币量还是比实际所需要的高出许多。这一方面反映我国生产力水平低，资金生产率不高，损失浪费严重，相同的资金不能产生相同的效益；另一方面也说明存在资本过剩的可能。

表1：2000～2006年货币供应量M2与国内生产总值GDP情况表

	2000年	2001年	2002年	2003年	2004年	2005年	2006年
货币供应量	134610	158302	185007	221223	254107	298756	345600
国内生产总值	99215	109655	120333	135823	159878	183868	209600
M2/GDP	1.36	1.44	1.54	1.63	1.59	1.62	1.65

（三）资产价格上涨过猛

资金过剩势必带来资产价格的提高。近年来，全球房地产、证券、黄金、石油等市场十分活跃，各类资产价格出现了大幅上涨的行情。2001～2005年，许多发达国家房地产价格上涨了近一倍，不少发展中国家的房地产价格出现普遍上涨的局面。美国道琼斯工业平均指数创下了历史新高。其他发达国家和新兴市场国家的股市也普遍涨势强劲并突破历史纪录。国际现货黄金价格和国际原油期货价格均创历史最高纪录。

我国房地产市场持续升温。2003～2006年，全国房屋销售价格涨幅分别达4.8%、9.7%、7.6%和5.5%。特别是一些大城市涨幅更大，如北京和深圳，2006年房屋销售价格分别上涨8.8%和12.3%。

我国股票市场交易活跃，沪、深股市成交量大幅增加，沪、深股指创历史新高。股票市场也全面回暖并逐渐火爆。2006 年，上证综合指数上涨 130.4%，涨幅居全球首位，沪深股票市场总市值全年增长近 1.8 倍，两市总市值突破 11 万亿元。这表明前些年国家加大固定资产投资力度，扩大信贷投放，支持经济发展的举措收到了较好效果，是政策发挥效果的时滞反映，是投资者对我国经济增长信心增强的表现，但也不排除银行体系过多的流动性向股市等投资市场转移的现实。

（四）固定资产投资增速过快

2006 年，全社会固定资产投资 109870 亿元，比上年增加 21096 亿元，增长 24.0%。近年来，固定资产投资逐年增加，2003 年，固定资产投资 55567 亿元，比上年增加 12067 亿元，增长 28%；2004 年固定资产投资 70477 亿元，比上年增加 14910 亿元，增长 27%；2005 年，固定资产投资 88774 亿元，比上年增加 18297 亿元，增长 26%。虽然 2003 年以后固定资产投资增长幅度逐年下降，但投资绝对数额却在增加，连续四年以超过 20% 的速度增长。每百元国内生产总值由 2000 年的 33 元，上升到 2006 年的 52 元，增长 57.58%（见表 2）。假定在物价水平不变的情况下，以 2000 年每百元国内生产总值需要货币量为基数，那么，2006 年实现的国内生产总值就仅需要 69168 亿元固定资产投资，扣除价格上涨因素，实际投资也比需求多出很多。

表 2：2000～2006 年固定资产投资与国内生产总值情况表

	2000 年	2001 年	2002 年	2003 年	2004 年	2005 年	2006 年
固定资产投资	32918	37214	43500	55567	70477	88774	109870
国内生产总值	99215	109655	120333	135823	159878	183868	209600
比值	33	34	36	41	44	48	52

2006 年，固定资产投资对 GDP 增长贡献率达到了 69.88%，而 2004 年全社会固定资产投资对 GDP 的贡献率 44.4%，提高了 25 个百分点。固定资产投资对 GDP 的拉动率达到了 7.62%，远远超过了美国固定资产投资对 GDP 增长的贡献率和拉动力水平。说明我国经济增长对固定资产投资拉动的依赖增强，固定资产投资规模过大，推动国内工业化进程的加快，刺激经济的快速增长。然而，这种投资率水平明显高于国外相同发展阶段，一方面反映出我国劳动生产率水平低下，造成对资源的浪费；另一方面，固定资产投资增加过度，不能全部用于拉动 GDP 的增长，就会有部分资金沉淀于社会，造成资金的浪费和流动性过剩。这种情况如果持续

下去，不仅会造成消费对投资的制约，影响国民经济良性循环，而且可能诱发通货膨胀，导致宏观经济大起大落。

二、抑制流动性过剩的手段

固定资产投资过度增长，出口剧增和热钱涌入，使得货币供应明显宽松，消费品市场比较活跃，尤其是社会消费品零售总额出现了较快增长，社会总需求扩张步伐较快，对价格水平形成拉动作用。要缓解由此带来的资金流动性过剩，一般采用价格释放、冻结资金、汇率升值和调整结构等方法。

（一）价格释放

价格释放是国际上通用的缓解流动性过剩的方法之一，通过产品涨价来消化过剩的流动性资金。这种方法虽然简便、实用，时间短见效快。然而后果却十分严重，我国是个低收入国家，工资收入较少，低收入人群占比较大，如果采取提升物价的方式化解流动性过剩的矛盾，人们的收入就会相应地减少，生活水平相对下降。而且，我国就业、养老、医疗等社会保障体系不很完善，很多人得不到保障，一旦采取调节物价方式缓解流动性过剩的矛盾，无疑是雪上加霜，使低收入群体生活困难，给社会增添不稳定因素。

（二）资金冻结

资金冻结是国家中央银行利用货币政策工具，将一部分资金的流动性冻结起来，实现流动性在时间上的转移，调整流通中的过剩资金。主要工具有票据对冲、调整存款准备金率等。显然，这种办法是很难长期维持的，冻结总有一个上限，中央银行需要承担的成本也越来越大。

（三）汇率升值

汇率升值是通过调整汇率，使货币大幅升值，达到缓解流动性过剩矛盾。改革开放初期，我国是以价格低廉和低汇率水平赢得了国际市场，占据了一定的市场份额。在经济全球化中的今天，中国获得了最大输出国和世界最大加工厂的称号。目前，对外贸易已成为我国经济发展的主体，低汇率水平给国内企业出口创造了条件，也为就业提供了保障。如果，人民币大幅度升值，出口受限，将涉及企业的生存和发展，影响到就业和人们生活保障以及社会的稳定。

（四）结构调整

结构调整主要是通过产业政策的变化，来实现对宏观经济各行业、各部门的调整。调整产业结构一直是国家宏观调控的主要内容。改革开放以来，我国的产业结构一直是以出口为主，这符合当时的社会发展需要。在税收政策、货币政策、产业政策等方面以奖励支持为主，吸引了大量的国外资金，促进了外向型经济的发展，使中国经济连续多年保持高速度增长。然而，靠廉价劳动力和资源的低估、环境被破坏换来的外向型经济发展，要付出沉重的代价来调整和改变。过去数年，中国一直追求经济的高速发展，诸多的生产要素价格有意或无意地被扭曲，很多成本没有计入或者计算不足。工资低，劳动成本计算不足；资源产品价格偏低，能源原材料成本低估；政府控制土地，地价偏低；利率管制，资金价格低；污染严重，环境成本没有计入。以能源为例，据国际货币基金组织统计，我国单位产出能耗大大高于发达国家（相当于日本的6.5倍、美国的3.9倍），而且高于新兴工业化国家和发展中国家（相当于韩国的2.3倍、印尼的1.1倍）。国外一些高能耗、高污染的行业转移到中国，耗费了大量的能源，污染了环境。世界银行数据显示，中国目前是世界上空气污染和水污染最严重的国家之一。国家为维持经济发展速度，保持稳定的就业率，一方面支持廉价商品、资源类产品出口；另一方面又要为廉价出口而造成的影响买单，为环境的破坏来承担责任和义务。同时，中央银行为维持人民币汇率的稳定，保持出口竞争力，就得不断地干预外汇市场，投放大量的基础货币，吸收用资源换回的外汇，从而释放出大量的流动性。因此，调整产业结构，扩大内需是缓解当前流动性过剩的当务之急。尽可能从根本上解决产业失衡、劳动力价格偏低、资源成本低估和环境破坏等问题。

三、当前缓解流动性过剩应采取的措施

既然外向型经济发展是引发流动性过剩的主要矛盾，就要把解决问题的着眼点放到外向型经济结构调整、分配制度改善上来。为此，需要积极调整经济发展战略、积极调整对外贸易发展政策和利用外资政策，缓解流动性过剩的压力。

（一）调整外向型经济政策导向

一是调整现行出口退税政策，使出口退税政策和其他支持贸易发展的政策，既体现支持具有真正比较优势、附加值高的一般贸易出口；促进出口产品结构调整、增加自主知识产权和具有品牌效应的产品出口；又能限制高耗能、高污染和资源性产品的出口。二是调整利用外资政策。按照科学发展观的要求，积极调整引进和利用外资的策略，使引进和利用外资向

引进先进技术、先进管理经验和海外智力方向发展；注重外资的质量，提高外商投资企业特别是外资加工贸易企业准入门槛，引导跨国公司把一些高端制造技术向我国转移。推动国内企业“走出去”投资并购。美国利用20世纪40年代和50年代积累的庞大贸易顺差，从60年代开始大规模对外直接投资，对我国是一个很好的借鉴。三是调整分配制度，增加劳动力价格在产品价格中的比例。

（二）灵活地应用货币政策工具

1. 增加货币供应量调控节奏和频率

控制货币供应量过快增长，最好、最便捷的方式之一就是调整存款准备金率。在保证经济发展正常的货币需求、稳定币值的基础上，有效地利用公开市场操作和调整存款准备金率等货币政策工具，保持货币供应量合理的增长。根据市场需求状况，发挥货币市场作用，加大对冲力度，加大存款准备金率调控深度和频率，控制基础货币投放的过度增长。

2. 发挥利率调节作用

我国有高储蓄传统，在体制转型阶段由于社会保障体制改革等尚未完全到位，居民用于养老、医疗和教育等预防性储蓄意愿较强。同时，国内储蓄转化为投资渠道不畅，金融市场发展相对滞后，导致企业不得不更多地依赖自有储蓄。近年来，我国投资增长较快，但国民储蓄增长更快，导致储蓄对投资的剩余有所扩大。因此，发挥利率调节国民经济杠杆作用尤为重要。确定利率水平的高低，一方面要保证国民经济发展对资金的需求，促进资金合理使用；另一方面要解决好拉动消费与储蓄的关系。在持续的流动性过剩和低利率条件下，不能一味地调整利率水平，解决国内流动性过剩问题。要保障经济发展对资金的需求，同时要兼顾拉动国内消费市场发展，促进合理的消费。

（三）合理、稳健地推进人民币汇率升值

2005年7月21日起，我国开始实行以市场供求为基础、参考一篮子货币进行调节、有管理的浮动汇率制度。2006年底，美元对人民币的汇率为7.8087元，人民币升值幅度达到5.65%。花旗中国首席经济学家沈明高表示，短期内人民币升值速度并不大可能加快，但就中长期而言，扩大波动区间还是会加速人民币的升值速度。而摩根大通中国首席经济学家龚方雄则认为，明年人民币将突破7.00元大关。2006年末，香港无本金交割(NDF)交易一年期市场价格为美元贴水3906点，即预期人民币一年内会升值5.27%。美联储主席伯南克曾指出，中国货币政策失灵，就是因为人民币兑美元在一个很窄的范围内波动，资本流动抵消了央行货币政策的效果。然而，人民币汇率到底要升值多少？中国目前的出口总额占GDP的40%左右，表明国内经济对出口的依赖性较强。此外，劳动密集型企业和出口加工型企业居多，如果高估人民币币值就要给国内经济带来损害，失业率增高，收入降低，社会福利得不到保障，直接影响社会的稳定和经济的发展。因此，人民币汇率水平的确定要根据中国的国情和市场的需要来决定，不能受到经济强国的影响而丢了以市场供求为基础、参考一篮子货币进行调节、有管理的浮动汇率制度的原则，要有中国的特色。日本在20世纪80年代也遇到了这一问题，广场协议后，日元大幅升值的同时，日本中央银行放松银根，在资产泡沫破裂后陷入长期的经济低迷。这种通过放任金融资产价格上涨、放松银行监管的教训在我国决不能重演。

（写作时间：2007年3月）

利差与我国外汇储备关系的研究

一、问题的提出

自 1994 年以来，我国国际收支开始呈现连年顺差的格局，外汇储备不断增加，且增速不断加快。出现这种局面原因很多，主要是我国自改革开放以来经济基本面因素良好，本外币正向利差等共同作用的结果。国际收支持续顺差的结果造成外汇储备规模不断扩大。截至 2006 年二季度我国外汇储备达到 9411 亿美元，比 2005 年末增加 1222 亿美元，已超过日本位居世界第一位。外汇储备的过快增长，在安全性和流动性保障的难度进一步加大的同时，也在诸多方面带来了不利影响。以往对我国外汇储备影响的分析中，大多只停留在定性分析上。本文在收集和整理相关统计数据的基础上，利用 1996 - 2005 年人民币与美元可比较的利率指标差异、人民币对美元汇率及我国外汇储备等相关数据，对利差、汇率与我国剔除进出口变动的外汇储备构成三者之间的关系进行了实证研究，分析并找出我国外汇储备过快增长因素，为抑制外汇储备过快增长提供依据。

二、模型的建立

（一）利差及外汇储备指标的选取

经过比较利率指标，考虑到数据的期限、频率以及数据的可得性，本文选取 1996—2005 年的月度数据作为指标样本，使用我国银行间人民币与国际市场（伦敦）银行间美元 7 天同业拆借实际利率的利差进行相关指标数据分析。下面用图表 1 来说明对利率指标的选取：

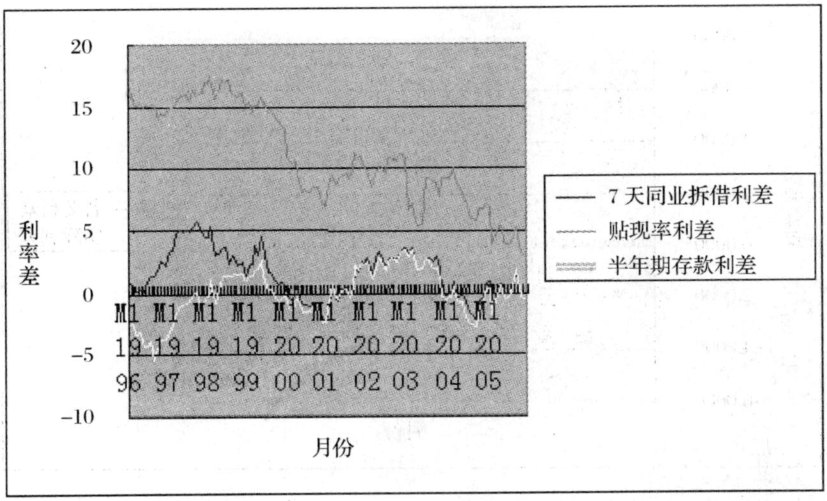

图 1：利率指标比较

数据来源：国家外汇管理局、IFS

从图 1 中可以看出，贴现率利差指标数值较大，说明中美两国贴现率水平相差较大；半年期存款利率差指标波动较为剧烈，说明两国该指标的利率差值不是十分稳定；而 7 天同业拆借利差指标与以上两指标比较，数值适中，且序列比较平稳，表明了该指标更适合被选取作为本文的利率指标数据。

考虑到名义利率与实际利率数据的差别，将二者用图形进行比较，见图 2 所示：

在图 2 中，实际利差波动更贴近坐标轴，波动离差较小。并且与名义利率相比，实际值能去除价格趋势的影响，波动幅度小而频率高，可以更真实地反映利率水平的实际波动情况。因此文中所使用利率指标均采用实际指标。

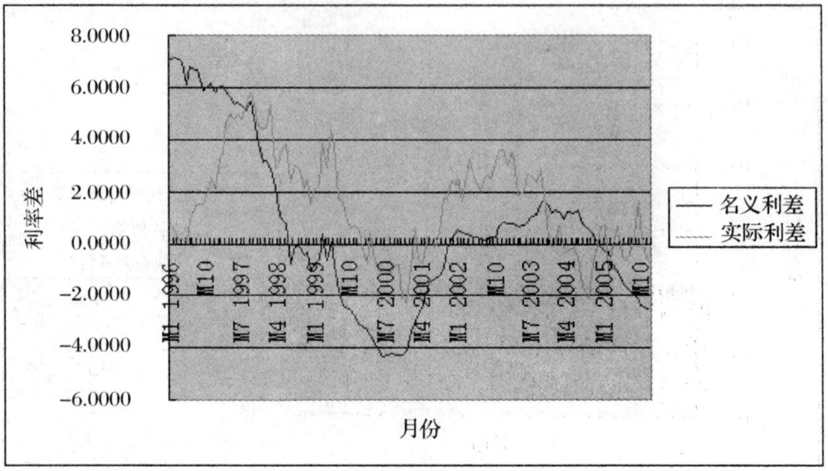

图 2：名义与实际利率差比较

数据来源：中国人民银行、IFS

由于利差不是一国进出口贸易的主要影响（通过数据建模发现单纯使用外汇储备月增加额分析三个变量之间的关系协整性不好，亦证明了这种观点），所以使用的外汇储备数据剔除了进出口变动数据。又由于进出口变动量占经常项目变动量的绝对比重，因此这种外汇储备数据的选取方式有利于分析利差、汇率与资本与金融项目所产生的外汇储备变动之间的关系。

（二）利差、汇率与外汇储备变动的 VAR 模型分析

本文中，使用我国银行间人民币与国际市场（伦敦）银行间美元 7 天同业拆借实际利率的利差、人民币对美元的汇率期末值以及我国外汇储备月增加额经过我国进出口差额调整后的值（单位：百万美元）三个变量，使用计量分析软件 Eviews5.0 进行分析，建立向量自回归（VAR）模型。VAR 模型常用于预测相互联系的时间序列系统及分析随机扰动对变量系统的动态冲击，在实际应用中，由于 VAR 是一种非理论性的模型，它无须对变量做任何先验性约束，因此本文在建立并使用 VAR 模型进行分析时，不对变量做约束性假设。

进行 VAR 模型分析前首先进行变量的平稳性检验。本文采用 ADF（Augmented Dickey－Fuller）单位根检验方法，运用计量软件 Eviews5.0 检验数据的平稳性（结果见表 1）。得出的结论是，三个时间序列变量在

5%显著性水平都是一阶差分平稳的，三个变量均存在一个单位根，即一阶单整I（1），属于同阶时间序列数据，因此可以对它们进行协整分析。

表1　　一阶差分后的单位根检验

		t – Statistic	Prob. *
Augmented Dickey – Fuller test statistic		3.385049	0.0009
Test critical values:	1% leve	–2.585587	
	5% level	–1.943688	
	10% level	–1.614850	

		t – Statistic	Prob. *
Augmented Dickey – Fuller test statistic		–2.580547	0.0102
Test critical values:	1% level	–2.585962	
	5% level	–1.943741	
	10% level	–1.614818	

		t – Statistic	Prob. *
Augmented Dickey – Fuller test statistic		–2.652689	0.0083
Test critical values:	1% level	–2.586960	
	5% level	–1.943882	
	10% level	–1.614731	

由于选取的指标均为月度数据，为了在建模中消除季节因素的影响，分别对三个变量进行去除季节因素处理，各变量调整后分别记作Ir、Er、R。

外汇储备指标的数值一般较大，且存在单位量纲影响。为去除外汇储备指标的量纲，对其取对数，记作LnR。以下采用线性模型与对数线性模型的混合，即半对数模型。

再确定模型的滞后阶数。由表2看到，通过各项检验标准的测试，在5%的概率水平下，大部分检验标准都支持该模型5阶滞后，因而将5阶确定为模型的最佳滞后阶数。

表 2　　　　VAR 模型滞后长度的检验

Lag	LogL	LR	FPE	AIC	SC	HQ
1	541. 6933	NA	1. 48e - 08	- 9. 512380	- 9. 293929	- 9. 423747
2	903. 3683	684. 5993	2. 73e - 11	- 15. 81015	- 15. 37325	- 15. 63288
3	1123. 101	404. 1508	6. 35e - 13	- 19. 57323	- 18. 91788	- 19. 30733
4	1248. 399	223. 7458	7. 97e - 14	- 21. 64997	- 20. 77617	- 21. 29544
5	1277. 463	50. 34405	5. 58e - 14 *	- 22. 00827 *	- 20. 91602 *	- 21. 56511 *
6	1280. 502	5. 100517	6. 23e - 14	- 21. 90182	- 20. 59111	- 21. 37002
7	1290. 678	16. 53705	6. 13e - 14	- 21. 92283	- 20. 39367	- 21. 30240
8	1302. 869	19. 15673 *	5. 83e - 14	- 21. 97980	- 20. 23220	- 21. 27074

还需要检验 VAR 模型的稳定性。我们用 Eviews5. 0 软件分析了 AR 特征多项式的根，如图 3 所示：

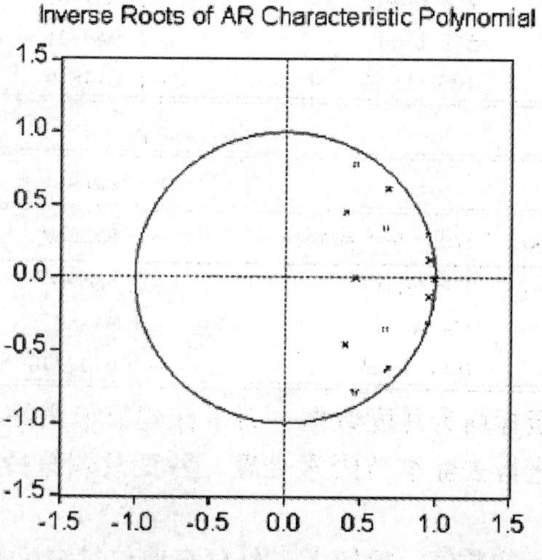

图 3：AR 根的图形

从图 3 看出，VAR 模型所有根模位于单位圈内，即倒数小于 1，说明该模型满足稳定性条件。

对利差、汇率、外汇储备变动进行 Granger（格兰杰）因果检验(在经济变量中有一些变量显著相关，但它们未必都是有意义的。Granger 提出一个判断因果关系的检验，用以判断一个变量的变化是否是另一变量变化的原因，即 Granger 因果检验)。我们对三个变量两两之间做因果检验，检验结果见表 3：

表 3　　　　　　　　　　**Granger 因果检验结果**

Dependent variable：LNR

Excluded	Chi - sq	df	Prob.
Ir	15. 85087	5	0. 0073
Er	17. 33942	5	0. 0039
All	28. 15231	10	0. 0017

Dependent variable：Ir

Excluded	Chi - sq	df	Prob.
LNR	7. 063435	5	0. 2160
Er	5. 189118	5	0. 3932
All	13. 89919	10	0. 1776

Dependent variable：Er

Excluded	Chi - sq	df	Prob.
LNR	5. 626952	5	0. 3442
Ir	5. 705733	5	0. 3359
All	12. 13282	10	0. 2763

从表 3 结果能够看出，外汇储备不能 Granger 引起利差与汇率指标，而利差和汇率指标均可以 Granger 引起外汇储备。因此，可以得出结论，利差和汇率变化是外汇储备变化的原因，前二者与后者存在因果关系，即利差与汇率可以作为外汇储备的内生变量。

再进行模型协整检验。检验结果见表 4：

表 4　　　　　　　　　　**序列协整检验结果表**

Data Trend：	None	None	Linear	Linear	Quadratic
Test Type	No Intercept No Trend	Intercept No Trend	Intercep No Trend	Intercept Trend	Intercept Trend
Trace	0	0	0	1	2
Max - Eig	0	1	1	1	2

在表 4 中，迹检验和最大特征根检验存在冲突，如存在截距而不存在趋势的线性检验中，前者认为有 0 个协整向量，而后者检验结果为有 1 个协整向量，这可能是由协整方程的定义导致的。但由于 VAR 模型不涉及协整向量的选择，所以该结果仍然足以证明此模型存在协整关系。

最后建立向量误差修正模型（VEC）。模型的误差修正项为：

$$ecm_t = \ln R_t - 1.2643 Er_t + 0.8549\ Ir_t \quad \text{（方程 1）}$$

由于本文主要目的是研究利差对外汇储备的影响，因此在这里只给出部分 VEC 模型，如方程（2）所示：

$$D(LNR) = -0.0033 * (LNR(-1) - 1.2643 * Er(-1) + 0.8549 * Ir(-1)) + 0.8884 * D(LNR(-1)) + 1.9289 * D(Er(-1)) + 0.0312 * D(Ir(-1)) \quad \text{（方程 2）}$$

通过观察统计检验值（见表 5）可以看出：在模型中，各变量系数基本通过显著性检验。当然，该 VEC 误差修正模型拟合效果并非十分理想，并且模型中有一些参数不显著，但是这些可以通过引入更多的滞后项来进行调整，也可调整误差修正项来解决该问题。

表 5　　VEC 模型统计检验结果

R - squared	0.851377	0.91107	0.888045
Adj. R - squared	0.847466	0.908730	0.885099
Sum sq. resids	0.118005	0.000455	0.877836
S. E. equation	0.032173	0.001997	0.087751
F - statistic	217.6806	389.3056	301.4232
Log likelihood	240.1202	568.0951	121.7231
Akaike AIC	-4.002038	-9.560934	-1.995307
Schwarz SC	-3.908116	-9.467012	-1.901385
Mean dependent	0.015815	-0.002174	-0.002209
S. D. dependent	0.082379	0.006611	0.258876

在方程(1)和(2)所示的误差修正模型中，ecm_t 为误差修正项，ecm_t 的系数 -0.0033 的大小反映了对偏离长期均衡的调整力度。从系数估计值来看，当短期波动偏离长期均衡时，将以 -0.0033 的调整力度将非均衡状态拉回到均衡状态。

（三）脉冲响应函数图及结果

为了更形象地观察利差、汇率对外汇储备的影响，我们在这里利用脉冲响应函数图反映这一过程。

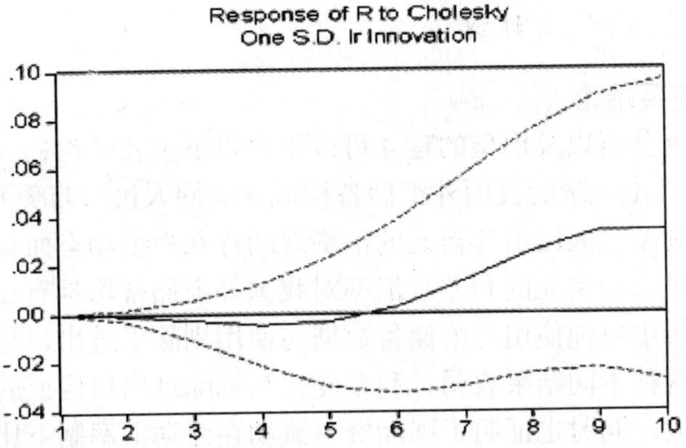

图 4：利差冲击引起外汇储备响应函数图

从图 4 看出，在本期给利差一个正冲击后，外汇储备在前四期内小幅波动之后，在第五期达到最低点，然后外汇储备开始稳定增长，直到第九期波动平稳。这说明中美两国利差在受到外部某一冲击后，经市场传递给外汇储备，给我国外汇储备带来同向冲击，而且这一冲击具有显著的促进作用。

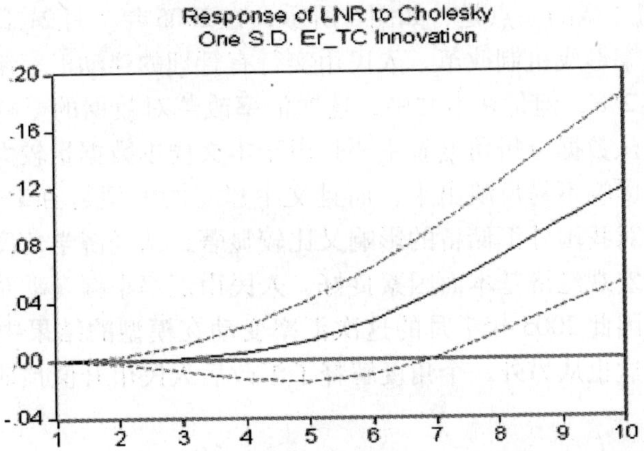

图 5：汇率冲击引起外汇储备响应函数图

从图 5 中可以看出，在本期给汇率一个正向冲击后，外汇储备作出了很显著的同向响应，出现平稳增长。说明我国汇率增长对外汇储备的增加是存在很好的推动作用。

三、主要结论及建议

（一）主要结论

总结以上分析以及模型的建立可以得出以下主要结论：

1. 剔除进出口量的我国外汇储备构成变动同人民币与美元银行间的7天同业拆借利差、人民币与美元的汇率之间存在短期动态而长期均衡的协整关系。人民币和美元的利差及汇率对我国外汇储备均具有显著的正向促进作用。分析中单纯使用外汇储备数据与使用剔除了进出口量的外汇储备数据产生的两种不同结果表明，利差变化与剔除进出口构成的外汇储备构成相关性较大，同时也证明了国际资本流动在浮动汇率制下比在固定汇率制下对利率更敏感。

从我国外汇储备的来源结构来看我国经常项目差额基本保持了稳定的增长态势，它主要是正常的经济活动形成；资本和金融项目差额与外汇储备增减额的走势具有很强的一致性，短期不稳定因素带来的资本流动是导致外汇储备波动的直接原因。因此，从以上分析中我们不难看出利率和汇率是导致外汇储备波动的主要因素之一，这与我们在本文中所作的定量分析结果是一致的。

2. 值得注意的一点是，如图6所示，在2005年7月21日，我国实行了人民币汇率形成机制改革，人民币实行有管理的浮动汇率制，对美元汇率法定升值2%。但是在本文中，这次汇率改革对数据的影响并没有特别体现出来。从数据分析角度看主要是由于本文样本数据量较大，短期内的变动对整体影响不易反映出来，而且文中建立的模型是由3个变量组成，且两国利差对我国外汇储备的影响又比较显著；从经济学角度分析，主要是由于我国宏观经济基本面因素良好，人民币汇率小幅变动对外汇储备的影响较小，因此2005年7月的这次汇率变动在模型的结果中就没有显著表现出来。这也从另外一个角度解释了汇改后人民币升值预期依然强烈的原因。

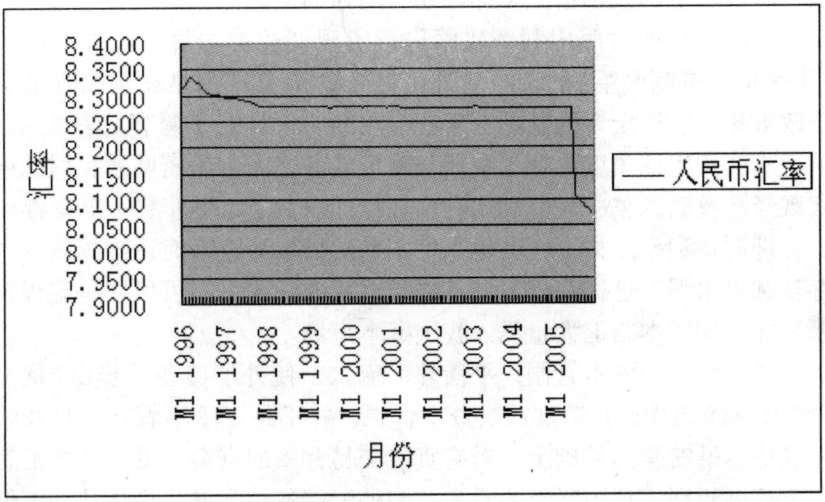

图 6：人民币汇率变动趋势

数据来源：中国人民银行、IFS

（二）政策建议

解决国际收支不平衡问题是一项全局性的战略性的工作，需要各部门共同努力。只有切实落实好国家加快宏观经济结构调整政策，辅以货币和涉外经济政策调整才能从根本上解决国际收支不平衡的问题。本文将结合实证分析结果重点找出调节国际收支顺差过程中如何运用利率、汇率杠杆和外汇管理政策方面的政策建议。

一是以市场供求为基础，根据市场价值规律，进一步增强人民币汇率弹性。人民币汇率改革并非是为了应对外部压力采取的，而是为了保持我国经济可持续发展的战略举措。从 2005 年 7 月汇改至今，人民币对美元汇率在波动中稳步升值。但与之相反的是，中国的双顺差格局以及全球国际收支失衡并未缓解，反而进一步加大，而且从本文的实证分析中我们也发现 2005 年 7 月的汇率变动在模型结果中也没有显著表现。这并不代表汇率调节杠杆无效，反而从另外一个侧面反映出汇率调整的力度不够，所以应充分遵循市场规律，以市场供求为基础，进一步增强人民币汇率弹性。

当然，汇率弹性会受到市场成熟程度的影响，具体是受到利率市场化程度和央行干预水平的影响。汇率弹性不可能一步到位确定，要充分考虑国内外综合因素的影响，循序渐进的开展。就中国经济的发展水平和势头来看，目前水平的人民币汇率弹性还有增强的空间。

二是进一步加大使用利率政策进行宏观调控的力度。涉外经济政策（如汇率形成机制改革）的调整对外汇储备的调节作用是在国家其他宏观经济政策相互协调配合的基础上发挥作用的，单靠汇率调节无法达到预期效果。本文从实证角度论证了利差与外汇储备之间的紧密联系，因此可以在宏观经济政策调整中充分利用利率杠杆加以调节，逐步扩大利率浮动区间，合理调整利率结构。在其他条件不变的情况下，适时适当提高国内外币存款利率水平，这样在外汇储备增长过快的情况下，可以在一定程度上控制国际短期资本结汇大量涌入我国资本市场。

三是适度放松资本管制，平衡外汇流入，使外汇储备逐步由“藏汇于国”转为“藏汇于民”。适度放松资本管制，并不是甩手不管，而是在维护国家经济金融安全的基础上，对有真实交易背景的资金流动，从外汇管理层面要提供便利。从国际经验看，控制外汇储备超常增长应该从外汇供求着手，而不是单纯着眼于外汇资产的经营管理。在资金流出方面，外汇管理部门应加大对境外投资企业融资的政策支持力度，取消境外投资用汇额度限制，放宽前期相关费用汇出限制，支持国内企业“走出去”，尤其是私人企业对外直接投资，为海外投资收益在未来成为稳定的外汇来源打下基础。同时应该适当开放居民海外金融投资的渠道，要注重落实于5月1日起开始执行的国家外汇管理局关于调整经常项目外汇管理政策；在资金流入方面，进一步规范资金流入，外汇管理部门应继续按照从紧原则核定银行短期外债指标，尝试用经济手段调控银行超外债指标借款行为。根据中国对外开放的进程，遵循经济发展规律，积极稳妥地放松外汇管制，尽快建立健全资本项目下境外债权、投资与再投资、证券投资等方面的外汇管理法规，从而营造规范、健康的利用外资环境。

四是进一步拓宽外汇储备的使用渠道和用途。外汇储备持续增长并超出了合理的水平，会导致我国大量的经济资源闲置或低效率的利用，从而给我国的经济增长潜力和可持续发展能力带来了一系列问题。因此在遵循“安全、流动、效益”原则的前提下要合理有效利用，增加收益，控制风险。目前我国外汇储备和个人外汇存款中主要是美元，且在外汇储备资产中也主要是以美元计价的美国政府和公司债券，为了适应我国“一揽子”汇率政策的调整，今后要逐步形成以美元、欧元和日元等世界三大货币为主体的多元外汇储备资产管理体系。在增加欧元、日元等其他货币和资产的同时，选择合适的时机，将部分外汇储备转换成黄金储备，进而通过外汇储备的多元化来提高外汇储备的安全性。另外，超额的外汇储备可以购买战略性资源，从而分散外汇储备的经营风险。通过实证分析我们得出了汇率和利差是外汇储备的内生变量，同时我们亦应该看到外汇储备规模的适度调整也会有效缓解汇率升值的压力。

当然，我国国际收支长期较大顺差，根本原因是全球经济失衡和国内经济运行不平衡所致。由此可见，解决国际收支不平衡问题不能“头痛医头，脚痛医脚”，简单利用涉外经济政策进行单一调节。众所周知，涉外经济管理部门在调节国际收支不平衡过程中起着不可或缺的作用，但是我们必须清醒的认识到国家外汇管理局作为国际收支调节的下游部门，应该以维护国际收支基本平衡为中心目标，准确定位，强调多部门、多角度的合作，与其他经济部门协调配合，在国际收支调节过程中发挥积极作用。解决当前我国国际收支不平衡的问题，关键是要将加快经济结构调整和扩张的财政政策相结合，辅以包括汇率调节和利率调节在内的经济政策调整，才能有效抑制外汇储备的过度增长。

（写作时间：2006 年）

周小川行长创造性地提出了金融生态的问题，把生态的概念引入到金融领域中，使得金融生态问题越来越受到社会尤其是金融界的广泛关注，关于金融生态的研究方兴未艾。本文对生态概念在金融领域的引入背景进行了简单介绍，并对金融生态的概念和加强金融生态环境建设的现实意义进行了叙述，在此基础上重点分析了当前金融生态建设中存在的主要缺陷和存在的问题，并提出了加强当前金融生态化建设的现实路径思考。

我国金融生态建设的现实性路径思考

一、生态概念在金融领域的引入及加强金融生态环境建设的意义

中国人民银行行长周小川曾在不同场合多次谈到“金融生态”，让人耳目一新。周小川说“金融生态”是一个比喻，它指的主要不是金融机构的内部运作，而是金融运行的外部环境，也就是金融运行的一些基础条件，这个概念不是我先用的，是别人先创建而我跟进的。正因为周小川行长所提出的改善金融生态的意见，将生态概念更深地引入到金融领域，才使得金融生态成为社会关注的热点，改善金融生态环境问题也越来越受到关注。

金融生态环境这个全新的概念究竟有何含义？可以说这是一个仿生概念，经济学辞典中很难找到类似术语。从广义上讲，是指与金融业生存发展具有互动关系的各种社会、自然因素的总和，包括政治、经济、文化、地理、人口等一切与金融业相互影响、相互作用的方面。从狭义上讲，是指微观层面的金融环境，总体来说包括法律制度、社会信用体系、会计与审计准则、中介服务体系、企业改革的进展及银企关系等内容。金融生态环境的概念，既包含我们通常意义上所讲的微观层面的金融环境，也包括整个金融市场得以生成的环境。与通常的金融市场的概念相比较，金融生态环境更强调金融系统与所处环境的相互依存、相互影响以及协调发展。简而言之，金融生态环境就是由金融系统和与之相关联的其他系统所组成

的生态链，这个生态链与金融业可持续发展息息相关。

在当前，提出改善地区金融生态环境是经济发展到一定阶段的一种必然的要求，从生态的角度看金融发展问题，反映了科学发展观的根本要求，也是系统性和可持续性观念的体现。构建良好金融生态是金融业遵循科学发展观的根本要求，也是推进金融业发展壮大的客观需要；构建良好金融生态有助于降低金融风险，是维护金融稳定的重要保障，也是实现金融经济和谐发展的必然选择；对于地区发展来说，构建良好金融生态是提高区域经济竞争实力的重要抓手。所以，优化和改善金融生态环境对经济社会和谐发展具有十分重要的意义。

二、当前我国金融生态体系建设中存在的一些问题

据银监会的信息，仅 2004 年一年内共处理各类违规金融机构 2202 个，比上年增加 690 个。其中仅农村信用社及农村商业银行就有 1057 个，加上国有商业银行 376 个，两者占到了违规金融机构的 65.08%，上面的数据表明国内的金融生态存在失衡现象，原因也是多方面的。

（一）金融机构行业规模、内部结构“双失衡”，直接导致了金融生态结构的失衡

从行业规模来看，目前中国金融行业中银行业所占比重过高，尤其是国有商业银行。2003 年底，银行业的资产占金融机构总资产的 90% 以上，而证券业、保险业、信托业等非银行业所占比重偏低。从银行业内部结构来看也同样存在着失衡现象，我国银行业仍然呈现出集中化程度过高现象，即一方面是体系庞大而缺乏活力的国有银行，另一方面是数量繁多、规模较小且生存发展能力受到考验的农村信用社，而中等的、规模适度的银行相对较少，呈现出“反纺锤型”的结构状态。这种金融结构的行业规模失衡，一方面使金融风险高度集中于银行，特别是国有商业银行；另一方面使得中国金融业不能满足社会多元化的金融服务需求。与发达国家银行业市场结构相比，我国银行业呈现的不是平滑的、修匀的结构，而是一种不规范的形态，直接导致了金融资源配置的市场化程度不高，不利于形成良性和互动的金融生态结构。

（二）对金融生态环境建设认识上缺乏统一认识，金融生态创建的整体协调机制缺失

目前，社会各界对金融生态环境建设的长期性、复杂性缺乏全面准确的把握，更多的是局限在人民银行独家推动的层面上。如作为金融生态建

设重要参与主体之一的政府及有关部门，对创建金融生态环境的认识则更多地停留在过去“金融安全区”和“信用创建”的认识上，仍局限于改善信用环境的单一范围内；各家银行对金融生态环境则更多地局限在加强自身的内部管理上，认为创建金融生态不是自己主导的事情，这种认识上的局限性直接导致了参与创建的积极性不高；人民银行则基本上处于一种“烧火的铁棍子——一头热”的境地。认识的不到位、不统一，使得各地在创建金融生态环境上力量分散，处于“头疼医头，脚疼医脚”的被动局面，缺乏统一的、系统的规划和阶段性的具体目标，缺乏在一定的政治、经济、文化、法制等宏观环境下各个层面和环节的通盘考虑和安排，实施中也没有明确的主导部门，推动金融生态环境建设的工作呈现出低层次、微观性、分散性等特点，仍处于一种“雷声大，雨点小”的状况。

（三）金融生态链各组成“链扣”断层，没有完全形成连续修匀、有效铰合的金融循环体

从当前我国的金融运行现状看，我国金融机构远没有形成一个健康的、有机的生态链，现存不同规模、不同层次的金融机构之间更多的是一种非理性竞争关系。以银行业为例，四大国有商业银行、新兴股份制商业银行及其他地方性商业银行机构普遍存在着一种“做大做强”的非理性膨胀趋势，却忽略了边际效率递减规律的存在，粗放经营的格局依然存在，服务定位相同、恶性竞争直接导致了有规模却不经济现象的产生，没有形成为不同层次客户提供相应的金融产品和金融服务的“梯状”金融服务体系，缺乏自身的核心竞争力，导致部分金融服务领域过于饱和，而有些金融服务却明显开发不足，金融服务的“断层”和缺失不仅加剧了我国银行业的竞争程度，而且也增加了中国金融业的脆弱性。一个健康的金融生态链应该是多环节、多层次的，并且是立体的、修匀的、有机的和有效“铰合”的。而当前金融体系缺乏功能互补、竞争合作良性格局的情况下，大小银行都争走规模扩张的“独木桥”，这种“争上游”的直接结果是金融生态链“下游”环节发展不足，而“上游”产品的供给存在质量缺陷，形成短粗的、断裂的和不健康的金融生态链。

（四）金融资源配置的市场化程度不高，存在金融生态链循环运转不畅、“卡链”现象

改革开放20多年来，中国的金融业在改革发展的过程中，对经济的高速发展发挥了重要的作用，自身也赢得了发展壮大，取得了巨大的成效。但也存在着一些深层次的问题，制约和羁绊着其向纵深发展，集中表现为金融体系的脆弱性和不和谐性，究其根源，还是要归于体制的影响。长期以来，我国实行中央高度集权的金融体制，货币政策的制定权、金融业的监督管理权均集中在中央，并实行垂直管理，金融市场基本上由中央金融机构垄断。虽然近年来，在经营管理体制、监督管理体制等方面都进行了一系列改革，情况有所好转，但金融的责、权、利集中在中央的基本格局没有改变，一些关键的"瓶颈"，如市场机制、经营管理体制、利率市场化问题等没有完全突破；地方政府对金融生态环境建设不重视，更多地关注采取各种方式争取金融资源以此擎托地方经济的发展，换取更多的政绩；此外，现行"一行三会"的金融监督管理模式，职责交叉，与地方政府的关系更加复杂化，金融业的责、权、利分配不合理问题仍然没有解决，金融业整体市场化许多焦点问题亟待解决。特别是证券市场，从上市公司的审批、监督，到证券经营交易的运作，均缺乏有效的市场机制，直接制约金融资源的公平有效配置，并导致金融生态中各个子系统金融资源的循环运转不畅，金融生态链"卡链"现象突出。

（五）内外部不利因素导致金融生态环境脆弱，影响了金融生态环境的平衡和优化

金融生态与自然生态一样，是具有自我调节机能和调节极限的体系，外力的影响一旦超越了其自调机制，或完全取代了其自调机制，金融生态就会失去平衡。目前，这些外力的不利影响主要表现在五个方面：一是长期以来我国金融业的主要特征是国有垄断和利率管制，国家对金融业的这种保护性措施，削弱了竞争机制对金融机构功能作用的强化和创新推动；二是法律制度的不健全，目前还没有适合现行金融机构破产的新法规，经营失败的金融机构得不到有效的处置，金融风险得不到有效防范；三是我国司法与行政未严格分离，行政干预直接或间接形成的银行不良资产占相当比重，金融胜诉案件执行难、金融债权受偿难等执法不力问题依然严重，制约着金融生态环境的优化；四是企业改制的不规范性影响了金融资产的质量，企业逃废银行债务现象屡屡发生；五是信用体系不健全制约，各地社会信用中介机构数量少，专业素质低，专业化服务水平不离，制约了金融生态环境的进一步改善和优化。

三、完善当前金融生态建设现实路径的思考

（一）建设规模结构均衡的金融体系，完善我国的金融生态结构

生态学研究表明，生态链的组成成分越多样，生态系统的自动调节恢

复稳定态的能力就越强。金融生态也是这样。提高金融生态的自我调节能力，必须健全金融生态链，丰富金融物种。从我国金融生态结构缺陷的分析中可以看出，发展直接融资和直接融资市场，在直接融资中重点发展债券融资和债券市场，是改善我国金融生态结构的基本出路。发展直接融资，可以将金融风险的承担社会化，而不是过度集中于银行。均衡发展的直接融资和间接融资市场、均衡发展的股票市场和债券市场，是良好金融生态结构应该具备的一个基本特征。当然，发展我国的直接融资市场和服务于这个市场的金融机构，不是简单地成立机构和建设市场，而是要为这个市场的健康运行提供良好的制度保障。如果金融结构中的子系统是不健康的，再平衡的金融生态结构也不会带来健康的金融生态体系。我国银行业有沉重的历史承载，我国资本市场的建立应尽量有一个较为良性的起点，并且在体系和制度建设方面为银行体系的改革提供一个好的参照。

（二）重视金融生态环境的建设，构建职责明确、分工协作的创建协调机制

一是建立系统可行的建设规划，明确建设思路。要按照有利于金融生态平衡的基本要求，结合地方实际，把金融生态环境建设纳入到地方的政治、经济、文化、法制等宏观环境下通盘考虑和安排，制定系统可行的规划和阶段性的具体目标，循序渐进，逐步达到预期目标。二是明确建设主体，落实建设责任。在优化金融生态环境中，地方政府作为主导者和参与者，应充分发挥协调管理职能，加强宣传引导，在辖区有效地树立诚信意识，为经济可持续发展提供良好的产业环境；人民银行作为优化区域金融生态环境的主倡者，重在发挥引导、协调和参谋作用，应当充分发挥积极的引导作用，积极加强与地方政府及有关部门的沟通和联系，加强对当地生态环境建设和货币政策执行的监测与分析，有针对性地提出政策建议。金融机构则要侧重制度完善与服务创新，做好改革上市等工作，创新服务产品和服务方式。三是建立协调沟通机制，形成建设合力。在建设金融生态环境活动中，要充分发挥地方政府领导、协调、督办作用，可探索建立金融机构与政府经济主管部门、司法部门、监管部门、企业的多层次沟通协调机制，通过联席会议、联合检查、信息通报、座谈研讨、评比活动等形式，形成合力。四是建立严格的奖惩落实机制，确保工作实效。建立金融生态环境建设研究布置催办落实机制，可以政府下文形式督办各项工作，确保各项工作落实。同时建立健全建设金融生态环境考核制度，细化考核指标体系，制订出具体的评价标准和评比办法，并纳入各级政府、相关部门考核范围。

（三）加强金融生态各子系统的建设，构造有机修匀、平滑铰合的金融生态链

政府在政策倾向上应引导银行发展符合自身核心竞争力的差异化业务。中国金融业应借鉴国际成功经验，根据自己的实力、特点与实际情况，在一个有机的金融市场上合理布局，通过分析与细分市场，找准定位与发展方向，这样才能在激烈的市场竞争中找到自己的合理位置，成为有机金融生态链条中的一个必要环节。完整、齐全的金融组织体系是金融生态环境建设的重点，根据我国金融业、特别是银行业发展的具体情况，一是人民银行和各金融监管机构要改善调控、监管体系，正确履行职责，加强联系协调。二是要积极推进国有商业银行股份制改革，加快建立现代金融企业制度。三是积极发展和规范地方性金融机构，推进地方商业银行向资本市场筹措资本金，进一步发展壮大城市商业银行，提高市场竞争能力。四是积极发展非银行金融机构，重点是规范和发展信托投资公司并促其稳健经营，创造条件大力发展财务公司。五是发展证券机构，促进证券公司、基金管理公司和证券评估公司等机构和业务发展。六是发展保险机构，在发挥中保财产、中保人寿、中保再保险公司作用的基础上，积极引进股份制商业保险公司，拓展保险领域。七是建立风险投资机制，重点发展一批支持高新技术开发和科技成果产业化的风险投资机构。这种服务层次“梯度化”金融生态结构，各生态“链扣”之间存在竞争的关系，但更多的是互补与联盟的关系，这样形成的生态链才是有机健康的，才是有效“铰合”运转畅通的。

（四）提高金融资源配置效率，提高金融生态流转机制

长期以来，我们将金融简单地定位于为经济发展提供资金融通，没有将其作为一个产业来研究和发展。事实上，金融既是第三产业的重要组成部分，更是现代经济的核心，金融对经济的贡献除体现为金融产业增加值外，更主要的是金融作为现代经济的核心，在资源配置、分散风险、提供经济发展激励方面，具有不可替代的作用。要促进以货币政策为核心的金融政策对经济主体行为的驱动力，加大货币资金对国民经济渗透的广度和深度，从而提高其整体的流通速度和使用效率；大力支持金融改革，重视通过引进战略投资者等方式，完善地方金融机构的产权结构和治理结构，提高市场竞争力；要提高调控金融资源配置的集中度，保证资金对朝阳行业和有市场、有效益、有信用企业的有效供给，强化市场经济优胜劣汰、新陈代谢的竞争机制。通过金融政策、融资方式和融资条件的调整，促进金融资源向高效益配置转变，带动生产要素跨区域优化组合，从而促进金融资源的高效配置和流通，畅通金融生态流转环节。

（五）完善金融政策支持体系，优化金融生态内外部环境

金融生态建设是一项系统工程，不能指望一蹴而就，当前更重要的是采取有针对性的措施，不断完善金融政策支持体系，完善金融生态自身调节机制。一是深化金融改革，对国有商业银行加大股份制改造的力度，用市场的手段来培育其基于市场化条件下的生存、创新和发展的能力，加快我国利率市场化的进程，营造金融自我约束、规范发展的微观经营环境；二是要出台《金融机构破产法》，使风险金融机构处置有法可依，消除风险金融机构对整个金融体系带来的危害；三是各级政府要按照“服务型”政府的要求，进一步规范自身行政行为，实行行政执法责任制和执法过错追究制，减少各种直接和间接干预，营造廉洁高效的政务环境和公正透明的司法环境；四是一方面要按进一步加快国企改制，增强国企的效益和经营能力，释放国企倒逼银行的压力；另一方面要积极支持金融部门参与企业改制工作，要按照法律、法规和政策，落实好金融部门的债权债务，维护商业银行的合法权益。五是完善信贷征信系统，形成覆盖全社会的基础信用信息网络，在全社会开展多层次的信用创建活动，有效推动社会信用环境建设。

（写作时间：2005 年）

主要参考文献

1. 李新耀：《对改善金融生态环境构建和谐金融的思考》，《南方金融》，2005 年第 4 期；

2. 董彦岭、李柯：《我国金融生态体系优化问题探讨》，《济南金融》，2005 年第 4 期；

3. 杨子强：《金融生态环境与经济健康发展》，《银行家》，2005 年第 5 期；

4. 庞皓、杨作禀：《统计学》，西南财经大学出版社，2000 年；

5. 高铁梅：《计量经济分析方法与建模》，清华大学出版社，2006 年；

6. 李庆云、宋芳秀：《中国外汇储备的来源结构与外汇分析》，《中国货币市场》，2004 年第 12 期；

7. 刘墨海：全球经济持续失衡与中国经济政策选择，《中国外汇》2006 年第 1 期；

8. 戴相龙、黄达主编：《中华金融文库》，中文版第二卷，中国金融出版社，1998 年；

9. 刘锡良、罗德志：《金融制度变迁与金融稳定》，《财贸经济》，2000 年；

10. 刘沛：《金融稳定的制度分析》，《南方金融》，2002 年第 12 期；

11. 王振山：《金融效率论——金融资源优化配置的理论与实践》，经济管理出版社，2000 年；

12. 国际货币基金组织：《银行稳健经营与宏观经济政策》，中译本，中国金融出版社，1997 年；

13. 国际货币基金组织：《世界经济展望》，中译本，中国金融出版社，1998 年；

14. F. S. 米什金：《货币金融学》，中译本，中国人民大学出版社，1998 年；

15. 约瑟夫·斯蒂格利茨：《金融稳健与亚洲的可持续发展》，《经济社会体制比较》，1998 年第 3 期；

16.《新帕尔格雷夫经济学大辞典》，中文版第二卷，经济科学出版社，1996 年；

17. 孙健：《金融危机与国家安全》，经济科学出版社，1999 年；

18. 刘仁伍：《金融稳定：机理与评价》，中国财政经济出版社，2007 年；

19. 罗伯川："建设长效工作机制促进深圳金融稳定"，中国金融出版社，2005 年；

20. 高小琼：《建立我国金融监管协调机制的设计思路和模式选择》，中国金融出版社，2005 年；

21. 苗文龙：《金融稳定与货币稳定》，《金融研究》2007 年第 1 期；

22. Andrew Crockett. Why Is Financial Stability a Goal of Public Policy? "Maintaining Financial Stability in a Global Economy", held in Jackson Hole, Wyoming, August 28—30, 1997. Economic Review, Fourth Quarter 1997.

23. 郭敏华：《信用评级》，2004 年；

24. 詹原瑞：《银行信用风险的现代度量与管理》，2004 年；

25. 国家外汇管理局：《外汇管理与社会信用体系建设》，2006 年

后 记

首先要感谢妻子张丹卡和女儿初宪一直以来对我生活的关爱和工作的支持。感谢鲁昕副省长于百忙之中为本书作序，感谢宋兴国行长以及众多领导、同志、朋友、同学在工作及学术研究上给予我的支持和帮助。在此，还要特别感谢帮助收集整理书稿的同志们，在他们的帮助下，本书才得以如此顺利地出版。

2003 年，我来到沈阳分行工作，时值国务院“振兴东北”战略开局之年，恰逢中央银行职能调整新时期，作为辖辽宁、吉林、黑龙江三省的中央银行九大分支机构之一，沈阳分行相继出台了一系列振兴东北的金融举措。本书收录的大部分文章便是东北振兴以来，我对人民银行切实履行中央银行职能、支持地方经济发展所进行的理论思考和实践探索。书中收录的一些文章所反映的观点通过具体工作得到了实践检验，在形成过程中吸收了集体的智慧；本书还收录了一些对当前经济热点问题的看法，其中有些观点还需进一步深入研究探讨。

本书作为本人阶段性学习和工作的总结，受学识所限，不足之处，恳请大家批评指正。在本书即将付梓之时，国务院正式批复了《东北地区振兴规划》，若说有些期待，希望能抛砖引玉引起学术交流，为东北振兴做出一些贡献。

初本德

2007 年 8 月